7    hügel

_zivilisation

**7 hügel**———**Bilder und Zeichen des 21. Jahrhunderts**

# IV)zivilisation

STÄDTE——BÜRGER——CYBERCITIES

DIE ZUKUNFT UNSERER LEBENSWELTEN

Herausgegeben von Gereon Sievernich und Thomas Medicus

Henschel | Berliner Festspiele

**7 hügel** ___ Bilder und Zeichen des 21. Jahrhunderts 14. Mai — 29. Oktober 2000

im Martin-Gropius-Bau Berlin  Eine Ausstellung der Berliner Festspiele

Ermöglicht durch die Stiftung Deutsche Klassenlotterie Berlin

SCHIRMHERR **Bundespräsident Johannes Rau**

VERANSTALTER **Berliner Festspiele GmbH** Intendant **Prof. Dr. Ulrich Eckhardt** | Geschäftsführung **Hinrich Gieseler**

AUSSTELLUNGSLEITUNG **Bodo-Michael Baumunk, Gereon Sievernich**

___ IMPRESSUM I ) **k e r n** Wissenschaftliche Konzeption **Dr. Peter Bexte** | Gestaltung **Ken Adam, London** | Wissenschaftliche Mitarbeit **Livia Bade, Ulrike Goeschen, Maria Kayser, Tilo Plake** II ) **d s c h u n g e l** Wissenschaftliche Konzeption **Dr. Jasdan Joerges** | Die Abteilung Dschungel wurde bis Dezember 1998 von **Eleonore Hein** konzeptionell betreut | Gestaltung **Tina Kitzing, Augsburg** | Wissenschaftliche Mitarbeit **Daniela Kratzsch, Anne Pfeil** III ) **w e l t r a u m** Wissenschaftliche Konzeption **Dr. Ralf Bülow** | Gestaltung **Charles Wilp, Düsseldorf** | »Mondhaus« **Hans-J. Schmitt** | Wissenschaftliche Mitarbeit **Ekkehard Endruweit** IV ) **z i v i l i s a t i o n** Wissenschaftliche Konzeption **Dr. Thomas Medicus** | Die Abteilung Zivilisation wurde seit August 1999 von **Jean-François Machon** betreut | Gestaltung **Lebbeus Woods, New York** | Wissenschaftliche Mitarbeit **Jean-François Machon** V ) **g l a u b e n** Wissenschaftliche Konzeption **Eva Maria Thimme** | Gestaltung **Gerrit Grigoleit, Lars Gräbner, Berlin** | Wissenschaftliche Mitarbeit **Miriam Rieger** VI ) **w i s s e n** Wissenschaftliche Konzeption **Dr. Hendrik Budde** | Gestaltung **Edouard Bannwart, Berlin** | Wissenschaftliche Mitarbeit **Bernd Graff** VII ) **t r ä u m e n** Wissenschaftliche Konzeption **Dr. Margret Kampmeyer-Käding** | Gestaltung **Kazuko Watanabe, Berlin** | Wissenschaftliche Mitarbeit **Annette Beselin, Philipp von Hilgers, Saskia Pütz** ___ WEITERE WISSENSCHAFTLICHE MITARBEIT **Dr. Anna Czarnocka-Crouillère, Dr. Michaela Diener, Sabine Hollburg, Christoph Schwarz, Maya Shikata-Bröker** ___ PRODUKTION **Christian Axt** | Produktionsbüro **Josef Binder** (ab November 1999), **Joachim Bredemeyer, Andreas Glücker, Christoph Schmuck** (bis Dezember 1999), **Susanne Walther** | Lichtgestaltung **Michael Flegel** | Medientechnik **Dr. Reiner Chemnitius** | Statik **Gerd-Walter Miske** | Sekretariat **Ingrid Schreiber, Evelyn Simhart** | Modellbau **Monath & Menzel (Berlin), Dwayne Oyler (New York)** ___ ORGANISATION Koordination und Leihverkehr **Sabine Hollburg, Regina Gelbert, Christoph Schwarz** | Ausstellungsbüro **Bärbel E. Fickinger, Claudia Simone Hoff, Michaela Illner, José Jupy, Elke Kupschinsky** | Projektverwaltung **Thomas Schwarz** | EDV-Betreuung **Dr. Saleh Salman** ___ KONSERVATORISCHE BETREUUNG **Klaus Büchel, Ernst Bartelt, Friederike Beseler, Petra Breidenstein, Ekkehard Kneer, Rüdiger Tertel** ___ KATALOG I ) **k e r n** Redaktion **Dr. Peter Bexte** | Mitarbeit **Ulrike Goeschen** II ) **d s c h u n g e l** Redaktion **Dr. Jasdan Joerges** | Mitarbeit **Daniela Kratzsch und Anne Pfeil** III ) **w e l t r a u m** Redaktion **Dr. Ralf Bülow** IV ) **z i v i l i s a t i o n** Redaktion **Dr. Thomas Medicus** | Mitarbeit **Jean-François Machon** V ) **g l a u b e n** Redaktion **Eva Maria Thimme** VI ) **w i s s e n** Redaktion **Dr. Hendrik Budde** | Mitarbeit **Bernd Graff** VII ) **t r ä u m e n** Redaktion **Dr. Margret Kampmeyer-Käding** | Mitarbeit **Saskia Pütz** | Gesamtredaktion und Koordination **Dr. Michaela Diener, Elke Kupschinsky** | Bildredaktion **Christoph Schwarz** | Grafische Gestaltung *fernkopie*: **Matthias Wittig, Claudia Wittig, Stefanie Richter, Sonja Jobs, Antonia Becht** | Übersetzungen **Dr. Ralf Bülow** (Englisch), **Dr. Gerd Burger** (Englisch), **Hatice Demircan** (Englisch), **Youssef El Tekhin** (Arabisch), **Doris Gerstner** (Englisch), **Dr. Gennaro Ghirardelli** (Englisch), **Ulrike Goeschen** (Englisch), **Dr. Henning Schmidgen** (Englisch), **Andreas Vollstädt** (Englisch) ___ PRESSE- UND ÖFFENTLICHKEITSARBEIT **Nana Poll, Annette Rosenfeld** | Mitarbeit **Anna Badr** | Übersetzungen **Liliane Bordier** (Französisch), **Anna Cestelli Guidi** (Italienisch), **Dr. Anna Czarnocka-Crouillère** (Polnisch), **Stephen Locke** (Englisch), **Veronika Mariaux** (Italienisch), **Maria Ocon Fernandez** (Spanisch), **Holly Jane Rahlens** (Englisch), **Christine Rädisch** (Russisch), **Maya Shikata-Bröker** (Japanisch) ___ TRANSPORTE / VERSICHERUNGEN **Hasenkamp Internationale Transporte GmbH & Co. KG** | **Kuhn und Bülow Versicherungsmakler GmbH**

___ VERLAGSIMPRESSUM **Die Deutsche Bibliothek – CIP-Einheitsaufnahme.** Ein Titelsatz für diese Publikation ist bei Der Deutschen Bibliothek erhältlich. ISBN 3-89487-344-2 **Kern** | ISBN 3-89487-345-0 **Dschungel** | ISBN 3-89487-346-9 **Weltraum** | ISBN 3-89487-347-7 **Zivilisation** | ISBN 3-89487-348-5 **Glauben** | ISBN 3-89487-349-3 **Wissen** | ISBN 3-89487-350-7 **Träumen** | ISBN 3-89487-356-6 **Gesamtpaket** | © 2000 by Berliner Festspiele GmbH, Autoren und Henschel Verlag in der Dornier Medienholding GmbH, Berlin | Die Verwertung der Texte und Bilder, auch auszugsweise, ist ohne Zustimmung des Verlags urheberrechtswidrig und strafbar. Dies gilt auch für Vervielfältigungen, Übersetzungen, Mikroverfilmungen und für die Verarbeitung mit elektronischen Systemen | Grafische Gestaltung *fernkopie*: **Matthias Wittig, Claudia Wittig, Stefanie Richter, Sonja Jobs, Antonia Becht** | Druck und Bindung **Westermann Druck Zwickau** | Printed in Germany | Gedruckt auf alterungsbeständigem Papier mit chlorfrei gebleichtem Zellstoff ___ COPYRIGHT-HINWEISE © für die abgebildeten Werke bei den Leihgebern und Autoren, bei den Künstlern oder ihren Rechtsnachfolgern sowie den Bildagenturen: © VG Bild-Kunst, Bonn 2000 für **Bettina Allamoda, Herbert Bayer, Max Beckmann, Karl Blossfeldt, Giorgio de Chirico, Max Ernst, Raoul Hausmann, Wifredo Lam, Germaine Richier, Brigitte Schirren, Anna Franziška Schwarzbach, Katharina Sieverding, Sophie Taeuber-Arp** | © VG Bild Kunst, Bonn/DACS, London für **Francis Bacon** | © VG Bild-Kunst Bonn/Demart Pro Arte, Paris – Genf für **Salvador Dalí** | © VG Bild Kunst, Bonn/ADAGP, Paris für **Le Corbusier, René Magritte** | © VG Bild-Kunst, Bonn/ SABAM, Brüssel für **Jan Fabre** | © VG Bild-Kunst, Bonn/Pro Litteris, Zürich für **Cornelia Hesse-Honegger, Meret Oppenheim** | © VG Bild-Kunst, Bonn/ Succession Matisse, Paris für **Henri Matisse** | © VG Bild-Kunst, Bonn/ARS, New York für **Georgia O'Keeffe** | © VG Bild-Kunst, Bonn/VEGAP, Madrid für **Jaume Plensa** | © Anton Räderscheidt – VG Bild-Kunst, Bonn für **Anton Räderscheidt** | © Albert Renger-Patzsch Archiv – Ann und Jürgen Wilde, Zülpich/VG Bild-Kunst, Bonn 2000 für **Albert Renger-Patzsch** | © 2000 Oskar Schlemmer, Archiv und Familien-Nachlass, I-28824 Oggebio für **Oskar Schlemmer** | Bildnachweis Umschlag siehe Anhang

——UNSER DANK GILT DARÜBER HINAUS **Claudia Baumgartner** Berlin **Marcus Bernhardt** Jülich **Hrafnkell Bir-gisson** Berlin **Elke Blauert** Berlin **Hans-Joachim Blume** Berlin **Axel Bruchhäuser** Lauenförde **Dr. Dirk Bühler** München **Hannah Büttner** Heidelberg **Alain Chevalier** Vizille, Frankreich **Sylvia Claus** Berlin **Sabine de Günther** Berlin **Daniela Dietsche** Berlin **Dr. Sigrid Dušek** Weimar **Prof. Dr. Alexander Dückers** Berlin **Prof. Dr. Bernd Evers** Berlin **Prof. Dr. Wolf Peter Fehlhammer** München **Prof. Dr. Horst Gundlach** Passau **Dr. Bettina Gundler** München **Mig Halpine** New Haven, USA **Katy Harris** London **Prof. Dr. Wolf-Dieter Heilmeyer** Berlin **Prof. Dr. Klaus Helfrich** Berlin **Prof. Dr. Wolfram Hoepfner** Berlin **Dr. Jenns Howoldt** Hamburg **Friedrich Huber** Berlin **Friedemann Jette** Leipzig **Frau Joseph** Potsdam **Dr. Renata Kassal-Mikula** Wien **Dr. Renate Köhne-Lindenlaub** Essen **Dorothée Kohler** Berlin **Prof. Dr. Sören Kohlhase** Rostock **Prof. Dr. Manfred Koob** Bensheim **Dr. Markus Kristan** Wien **Dr. Anita Kühnel** Berlin **Dr. Liselotte Kugler** Berlin **Nathalie Leleu** Paris **Dr. Petra Lennig** Berlin **Jannie Mayer** Paris **Dr. Klaus Möhlenkamp** Mönchengladbach **Axel Möller** Berlin **Hélène Moulin** Valence, Frankreich **Dipl.-Ing. Lutz Münter** Berlin **Andreas Murkudis** Berlin **Prof. Dr. Winfried Nerdinger** München **Dr. Dagmar Neuland** Berlin **Prof. Dr. Erich Plate** Karlsruhe **Dr. Gertrud Platz** Berlin **Christian Politsch** Wien **Evamaria Popp** Ulm **Alain Prévet** Paris **Jean-Pierre Ravaux** Châlons-en-Champagne, Frankreich **Susanne C. Ritt** New York **Dr. Michael Roth** Ulm **Léon Rottwinkel** Berlin **Ottmar Rücker** Berlin **Dietmar Ruppert** Berlin **Jack Rutland** New York **Hans-Jürgen Scharpak** Beeskow **Dr. Bärbel Schönefeld** Berlin **Dr. Jutta Schuchard** Kassel **Prof. Dr. Peter-Klaus Schuster** Berlin **Prof. Dr. Burkhard Schmitz** Berlin **Philippe Sorel** Paris **Dr. Klaus Stemmer** Berlin **Norbert Thaler** Wien **Robert Thiéry** Montmorency, Frankreich **Nicole Toutcheff** Paris **Evelyne Tréhin** Paris **Dr. Gerlinda Thulke** Berlin **Ines Voigtländer** Berlin **Nicole Vilain** Berlin **Dr. Hiltrud Westermann-Angerhausen** Köln **Navena Widulin** Berlin **Dr. Klaus-Jürgen Winkler** Weimar **Prof. Dr. Gerhard Zimmer** Berlin **Dr. Ingeborg Zetsche** Frankfurt am Main ——UNTERSTÜTZENDE UNTERNEHMEN **BVG, Berliner Verkehrsbetriebe | DaimlerChrysler Services (debis) AG | Kronos Consulting, Berlin**

——DANKSAGUNG FÜR WISSENSCHAFTLICHE KOOPERATION Hochschule der Künste Berlin, Institut für zeitbasierte Medien | Staatliche Museen zu Berlin, Kunstbibliothek | artemedia, Berlin | CAD Service GmbH, Bensheim | Technische Universität Darmstadt, Fachgebiet CAD in der Architektur

GEREON SIEVERNICH UND THOMAS MEDICUS ____ vorwort ____ 009

LEBBEUS WOODS ____ aus einem interview mit ____ 010

THOMAS MEDICUS ____ ein neues zeitalter der ungewissheit. zivilisation im 21. jahrhundert ____ 019

HEINER KEUPP ____ formwandel sozialer bindungen. die suche
nach dem kitt posttraditionaler gesellschaften ____ 026

WALTER PRIGGE ____ metropolisierung. zum strukturwandel der europäischen stadt ____ 033

CHRISTIAN MEIER ____ der traum von der polis –
rückbesinnung auf die verantwortung des bürgers ____ 044

THOMAS Y. LEVIN ____ die rhetorik der überwachung: angst vor
beobachtung in den zeitgenössischen medien ____ 049

BORIS GROYS ____ die weltstadtbürger ____ 064

NORBERT BOLZ ____ paradoxe lebensstile ____ 075

RAINER HANK ____ bilder der arbeit – bilder der ungleichheit ____ 080

THOMAS MACHO ____ der machbare mensch ____ 089

MARCUS FUNCK ____ vom zeitalter der extreme in eine epoche der mäßigung?
weltgesellschaft und kriegerischer konflikt im 21. jahrhundert ____ 101

verzeichnis der leihgeber ____ 108
verzeichnis der leihgaben ____ 109
verzeichnis der auftragsproduktionen ____ 125
literaturverzeichnis ____ 126
biografien der autoren ____ 127
abbildungs- und textnachweis ____ 128

Lebbeus Woods: Präsentationsmodell für das Kapitel »Zivilisation« der Ausstellung (Modellbau: Dwayne Oyler)

——— GEREON SIEVERNICH ——— THOMAS MEDICUS

Für Leben im 21. Jahrhundert ist die Frage wesentlich, wie sich unsere Zivilisation entwickeln wird. _____ Im Deutschen hat der Begriff der Zivilisation eine schwierige Vergangenheit. Civitas durften sich im Mittelalter jene europäischen Städte nennen, die ihren Bürgern besondere Freiheiten bis hin zur Gleichheit vor dem Gesetz zusichern konnten. Der Begriff der Zivilisation war deshalb immer auch mit politischen Freiheitsrechten verbunden. Ohne an Frankreich, das Mutterland der Zivilisation zu denken, unterschied Immanuel Kant allerdings bereits im 18. Jahrhundert zwischen Kultur und Zivilisation, wobei er Zivilisation mit guten Manieren und geschliffenen Formen, Kultur hingegen mit Wissenschaft, Kunst und Sittlichkeit gleichsetzte. Im 19. Jahrhundert erhielt diese Unterscheidung von deutscher Seite eine verhängnisvolle chauvinistische Ausrichtung: deutsche Tiefe wurde gegen französische Oberflächlichkeit ausgespielt. Bis zum Ende des Zweiten Weltkrieges stand Zivilisation in Deutschland auch für Westbindung, für Republik, französisches Denken, also für all das, was man in vordemokratischer Zeit ablehnte und uns heute als essenziell für die Qualität aller Demokratien gilt. _____ Die Unterscheidung zwischen Zivilisation und Kultur ist im öffentlichen Sprachgebrauch jetzt hinfällig geworden: Kultur ist kein antidemokratischer Kampfbegriff mehr, und unter Zivilisation verstehen wir – wie unsere westlichen Nachbarn – die wissenschaftlich-technische Zivilisation, die demokratischen Institutionen und Zustände sowie Phänomene der pluralistischen Massen- und Konsumgesellschaft. Nach gegenwärtigen Maßstäben gehört zur Zivilisation das Postulat, den Menschen als Individuum in den Mittelpunkt zu stellen. _____ Das Konzept der Abteilung »Zivilisation« knüpft hier an. Der Begriff wird in einem doppelten Sinn verwendet: politisch und anthropologisch. Auf Vergangenheit wie Zukunft des politischen Bürgers weist die Abteilung vornehmlich unter der Überschrift Polis, Kosmopolis hin, verbunden mit der Frage nach der Herkunft und Zukunft der großen Städte. In diesem Zusammenhang stellt sich das Problem der Einengung individueller Freiheitsrechte durch die Perfektionierung digitaler Überwachungstechniken – Polis oder Police, lautet hier die Frage. _____ Wird das weltweite Problem, die Menschen ausreichend mit Wasser zu versorgen, zu neuen Kriegen führen, die unsere Zivilisation bedrohen? In einer Art Andachtsraum wird an eine sich auflösende Kultur, die der traditionellen Arbeitsgesellschaft, erinnert. Ob die technologischen Errungenschaften den Menschen von der Last der Arbeit befreien und in eine bessere Zukunft führen werden, ist eine durchaus offene Frage. Lösen sich die Zivilgesellschaften in den Städten auf? Wird das Netz von Urbanität und Arbeit durch digitale Technik zerrissen? _____ Ebenso unabsehbar ist die Entwicklung einer in den Bereich der Machbarkeit geratenen Selbstverwirklichungskultur, die den Menschen zu einem Baukasten aus Im- und Transplantaten zu machen droht und ihn seiner Fähigkeit beraubt, an demokratischen Prozessen teilzuhaben. Individualisierung als Zeichen des 21. Jahrhunderts findet sich exemplarisch im Freizeitwahn und Verlangen nach dem Rausch der Extremerfahrungen. Korrespondenzen der Zivilisation mit dem Antizivilisatorischen ziehen sich als roter Faden durch die gesamte Abteilung, veranschaulicht in den komplexen Raumerfindungen von Lebbeus Woods. Es soll deutlich werden, dass bei allen menschlichen Entdeckungen und Erfindungen, bei allem Fortschritt der Zivilisation, das Wesen des Menschen als emanzipiertes Individuum behauptet und verteidigt werden muss.

DIE ANFANGSIDEE DER ABTEILUNG »ZIVILISATION« »WAR EIN BAROCKES, FÜR UNSERE ZIVILISA-TION REPRÄSENTATIVES WUNDERKAMMER-KABINETT. MIR GEFIEL DIESE IDEE SEHR, WEIL FÜR MICH »ZIVILISATION« IN ERSTER LINIE MIT FRAGMENTIERUNG ZU TUN HAT. MAN SOLLTE NICHT MIT DEM ZEIGEFINGER ZEIGEN UND SAGEN KÖNNEN, DAS SEI ZIVILISATION. ZIVILISATION IST ZU EINEM ENORMEN TEIL VERSCHWENDUNG.

Auszüge aus einem Interview mit Falk Jäger (Januar 2000)

❶ Lebbeus Woods: Entwurfszeichnungen für das Kapitel »Zivilisation« der Ausstellung ❷ Lebbeus Woods, 1999

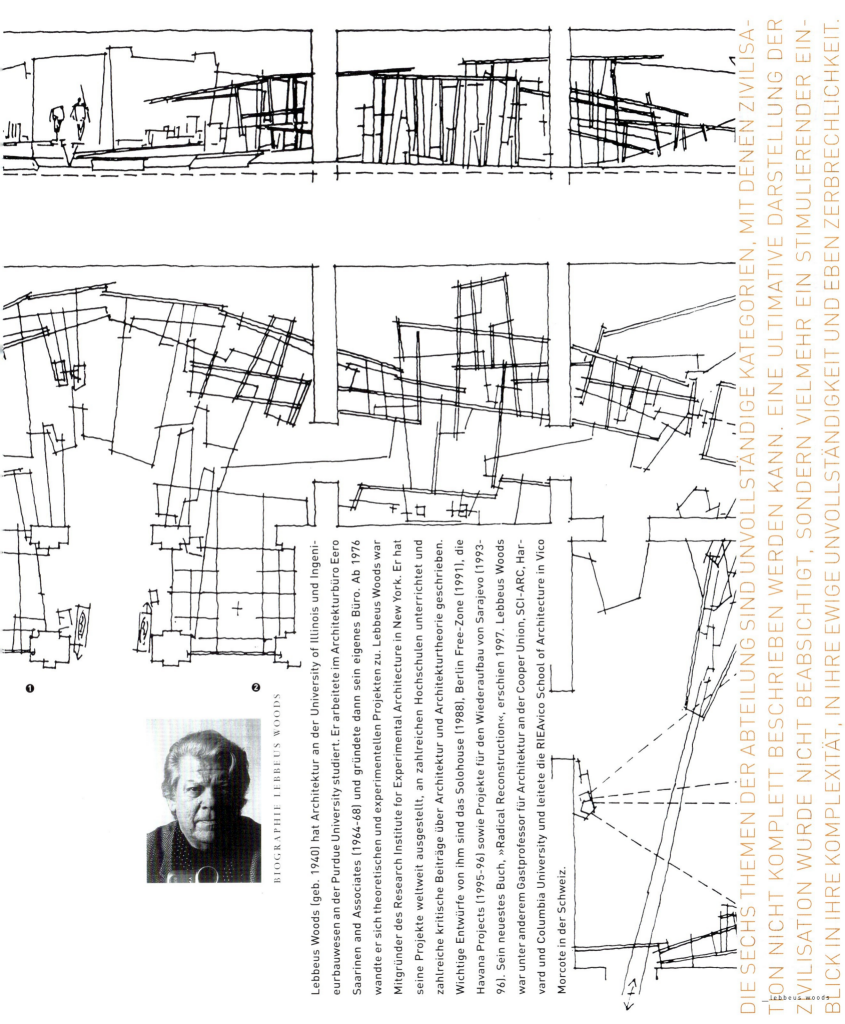

❶                    ❷

BIOGRAPHIE LEBBEUS WOODS

Lebbeus Woods (geb. 1940) hat Architektur an der University of Illinois und Ingenieurbauwesen an der Purdue University studiert. Er arbeitete im Architekturbüro Eero Saarinen and Associates (1964–68) und gründete dann sein eigenes Büro. Ab 1976 wandte er sich theoretischen und experimentellen Projekten zu. Lebbeus Woods war Mitgründer des Research Institute for Experimental Architecture in New York. Er hat seine Projekte weltweit ausgestellt, an zahlreichen Hochschulen unterrichtet und zahlreiche kritische Beiträge über Architektur und Architekturtheorie geschrieben. Wichtige Entwürfe von ihm sind das Solohouse (1988), Berlin Free-Zone (1991), die Havana Projects (1995–96) sowie Projekte für den Wiederaufbau von Sarajevo (1993–96). Sein neuestes Buch, »Radical Reconstruction«, erschien 1997. Lebbeus Woods war unter anderem Gastprofessor für Architektur an der Cooper Union, SCI-ARC, Harvard und Columbia University und leitete die RIEAvico School of Architecture in Vico Morcote in der Schweiz.

DIE SECHS THEMEN DER ABTEILUNG SIND UNVOLLSTÄNDIGE KATEGORIEN, MIT DENEN ZIVILISATION NICHT KOMPLETT BESCHRIEBEN WERDEN KANN. EINE ULTIMATIVE DARSTELLUNG DER ZIVILISATION WURDE NICHT BEABSICHTIGT, SONDERN VIELMEHR EIN STIMULIERENDER EINBLICK IN IHRE KOMPLEXITÄT, IN IHRE EWIGE UNVOLLSTÄNDIGKEIT UND EBEN ZERBRECHLICHKEIT.

_lebbeus woods

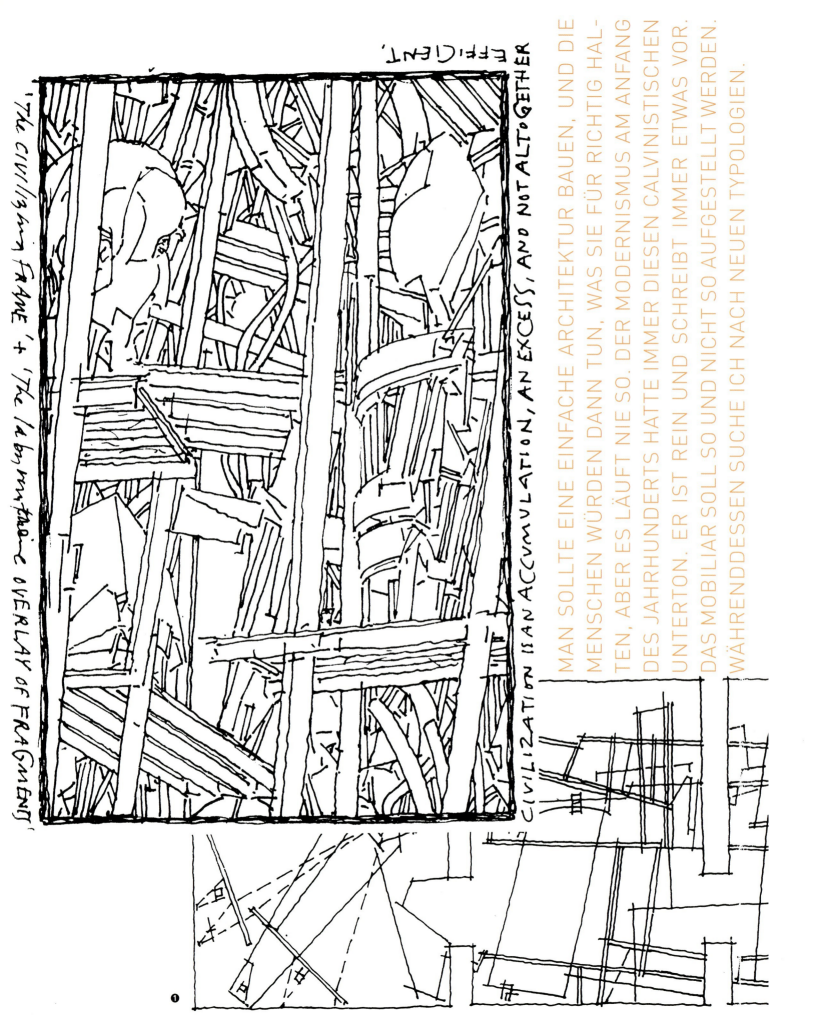

'The civilizing FRAME' + 'The labyrinthine OVERLAY of FRAGMENT'

CIVILIZATION IS AN ACCUMULATION, AN EXCESS, AND NOT ALTOGETHER EFFICIENT.

MAN SOLLTE EINE EINFACHE ARCHITEKTUR BAUEN, UND DIE MENSCHEN WÜRDEN DANN TUN, WAS SIE FÜR RICHTIG HALTEN, ABER ES LÄUFT NIE SO. DER MODERNISMUS AM ANFANG DES JAHRHUNDERTS HATTE IMMER DIESEN CALVINISTISCHEN UNTERTON. ER IST REIN UND SCHREIBT IMMER ETWAS VOR. DAS MOBILIAR SOLL SO UND NICHT SO AUFGESTELLT WERDEN. WÄHRENDDESSEN SUCHE ICH NACH NEUEN TYPOLOGIEN.

❶ Lebbeus Woods: Entwurfszeichnungen für das Kapitel »Zivilisation« der Ausstellung ❷ Lebbeus Woods: Präsentationsmodell für das Kapitel »Zivilisation« der Ausstellung (Modellbau: Dwayne Oyler) ❸ Figura Labyrinthi, um 1495, Holzschnitt, unbekannter Nürnberger Meister

ICH GLAUBE, DAS 20. JAHRHUNDERT WAR ENTWEDER FAST VOLLSTÄNDIG ZIVILISIERT – ODER ES KOLLABIERTE VOLLSTÄNDIG.

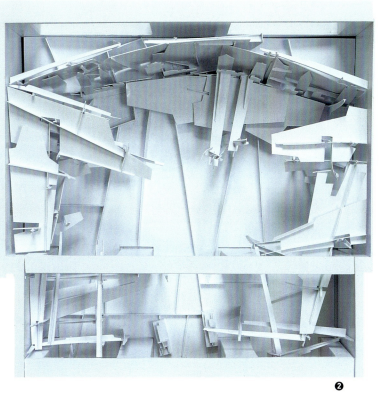

❷

❸

FÜR MICH WAR ES EINE SEHR GROSSE HERAUSFORDERUNG, EIN KONZEPT ZU PRÄSENTIEREN, DAS EINERSEITS EINE KONTINUITÄT VERSINNBILDLICHT UND ANDERERSEITS EINE GEWISSE FLEXIBILITÄT ERMÖGLICHT. DIESES KABINETT IST EINE ART LABYRINTH IN EINEM DREIDIMEN-SIONALEN RAUM, DURCH DEN MAN LAUFEN KANN. DARIN SIND DIE OBJEKTE NICHT HIERAR-CHISCH, SONDERN FRAGMENTARISCH GEORDNET. SIE STEHEN EINANDER GEGENÜBER UND SIND NACH DEN SECHS ABTEILUNGSTHEMEN ZUSAMMENGESTELLT WORDEN. ALLES LIEGT UNTER, NEBEN UND ÜBER EINEM UND UMARMT EINEN. EINE UMGEBENDE ANARCHISCHE RAUMSTRUKTUR MACHT DIE WAHRNEHMUNG UNMITTELBAR. MAN LÄUFT AUF DER ZIVILISATI-ON UND GLEICHZEITIG DURCH SIE HINDURCH.

013

❶ Der Untergang von Babylon, 1831, John Martin (1789-1854). *Babylon steht biblisch für Hybris. Überheblichkeit eines Staates ist Grund für seinen Untergang.* Staatliche Museen zu Berlin, Kupferstichkabinett ❷ »Reisende auf den Ruinen an den Ufern der Themse«, Gustave Doré (1832-1883), *Holzschnitt aus: Louis Énault | Gustave Doré, »Londres«, Paris, 1876* ❸ Der runde Turm, Giovanni Battista Piranesi (1720-1778), *aus: »Carceri d'Invenzione«, 1761*

BANK OF ENGLAND IN ITS STATE OF DECAY, BIRDS EYE VIEW    SIR JOHN SOANE

**❶** 4/103 Der Triumph der Zivilisation, 1795, Jacques Réattu. Hamburger Kunsthalle **❷** Die Bank von England in Trümmern, 1830, Joseph Gandy (1771-1843). London, Sir John Soane's Museum **The Course of Empire** (Der Lauf der Zivilisation), Gemäldezyklus, 1836, Thomas Cole. New-York Historical Society. ©Collection of the New-York Historical Society: **❸** 4/76 The Savage State (Der primitive Zustand) **❹** 4/77 The Arcadian or Pastoral State (Der pastorale Zustand) **❺** 4/78 The Consummation of Empire (Die Vollendung der Zivilisation) **❻** 4/79 Destruction (Die Zerstörung) **❼** 4/80 Desolation (Die Verödung). Der fünfteile Gemäldezyklus »The Course of Empire« von Thomas Cole ist eine kulturkritische Meditation über die Entwicklung der Zivilisation vom barbarischen Naturzustand über den pastoralen zum imperialen Zustand, der in Zerstörung und Verödung endet.

# \_ein neues zeitalter

## der ungewissheit. zivilisation im 21. jahrhundert

THOMAS MEDICUS_____

Jede Beschreibung unserer Lebenswelten droht an deren Überkomplexität zu scheitern. Zukunftsprognosen in einer Situation zu stellen, da schon mit der Bestandsaufnahme unserer Gegenwart viel erreicht wäre, ist – seit der Niedergang der großen politischen Ideologien Zukünfte ohne messianische Verheißung hinterlassen hat – weitaus schwieriger. Mit dem Ende des Fortschrittsoptimismus ist auch der aufklärerische Glaube an eine im Prozess der Geschichte zunehmende Vervollkommnung des Menschengeschlechts dahin. Während sich die wissenschaftlich-technische Zivilisation der Gegenwart von ihren menschlichen Schöpfern emanzipiert hat, ist es umgekehrt dem Menschen nicht gelungen, sich von seiner eigenen Natur zu emanzipieren. Dass wir über äußere wie innere Wirklichkeiten nur scheinbar verfügen, ist am Ende dieses Jahrhunderts Gewissheit. Die Dialektik des gegenwärtigen Zivilisationsprozesses lehrt uns, dass es Zivilisation ohne die Gleichzeitigkeit des ganz Anderen der Antizivilisation nicht (mehr) gibt. Die Beschleunigung dieser Entwicklung lässt den Abstand zwischen Gegenwart, Vergangenheit und Zukunft schrumpfen. Unter hochtechnologischen Bedingungen kehrt die Anthropologie einer Menschheit zurück, die mit dem Schrecken atavistischer Stadien rechnet und

Zivilisiertheit stets von neuem erkämpfen muss. Auf der Schwelle zum nächsten Jahrhundert ist Zivilisation – auch in der westlichen Welt – kein sicherer Bestand abrufbarer, verinnerlichter Werte mehr. _____ Die Beziehungen, die der friedliche Garten der Zivilisation mit dem Antizivilisatorischen unterhält, bestimmen den kleinsten gemeinsamen Nenner der Abteilung »Zivilisation« in der Ausstellung »Sieben Hügel«. Seinen räumlichen Ausdruck erhält dieses »Zeichen des 21. Jahrhunderts« in der Struktur des Labyrinths. Kontrafaktisch zur Berechenbarkeit und Übersichtlichkeit dessen, was seit zweihundert Jahren als Zivilisation gilt, verwendet Lebbeus Woods, der Gestalter der Abteilung, den Topos des Labyrinthischen als Metapher für gegenwärtige wie zukünftige Zivilisationen. Zivilisation zeigt der in New York ansässige, mit europäischer Kultur wohlvertraute, amerikanische Architekt als Ansammlung ihrer Funktion entrissener, mythologische Landschaften des Labyrinthischen bildende Fragmente. Solch eine Topographie ist im Martin-Gropius-Bau in sieben als Kabinette gestalteten Räumen zu besichtigen. Von anderen Ausstellungen unterscheidet sich dieses – im engen Dialog mit der inhaltlichen Konzipierung entstandene – Design grundlegend. Gestaltung besitzt hier nicht die Funktion, wertvolle Objekte zu rahmen und sich selbst weitgehend unsichtbar zu machen. Der integrale Charakter von Woods' Entwurf stellt Design und Leihobjekte vielmehr gleichberechtigt nebeneinander. In jedem der sieben Kabinette lagern die Ausstellungsstücke wie in einer soeben geöffneten ägyptischen Grabkammer, wo Funktion wie Ordnung der Dinge dunkel bleibt und der sie bedeckende Staub keine geringere Bedeutung besitzt als die Gegenstände selbst. _____ Beseitigung gewohnter Sinnzusammenhänge, von Letztbegründungen sowie Linearitätsvorstellungen ist das Kennzeichen der Arbeiten von Lebbeus Woods. Die visionäre Zukunftsarchäologie dieses Architekten – dessen Entwürfe keineswegs zufällig nie gebaut, sondern sich immer mit dem Irreales und Phantastisches bewahrenden *disegno* zufrieden gaben – löst die Hierarchien der Macht wie die Linearität zeitlicher Abfolge auf. Woods, für den die brennenden Hochhaustürme Sarajewos während des Bosnienkrieges 1992 das Ende des Zeitalters der Vernunft besiegelten, versteht sich als Propagandist einer *terra nova*. Dort ersetzen die »Heterarchien« sogenannter *free zones* oder *free spaces* die Hierarchien der alten Welt. Die Implantaten ähnelnden Zonen, deren Architektur in ihrer Funktion nicht vorbestimmt ist, sondern sich erst durch deren Gebrauch ergibt, sind die Sozialräume einer neuen Kultur der Erfahrung wie einer Kultur neuer Erfahrungen. Die fragmentierte, in ihrer kulturellen wie geschichtlichen Abkunft unbestimmte Monumentalität der Architektur dieser anarchischen Stadtlandschaften repräsentiert dabei eine zukünftige Ära: ein neues Zeitalter des Erhabenen. Zwischen Hochtechnologie und Mythos, Horizonten neuer Erkenntnisse und Abgründen desaströser Zerstörung entsteht eine den Gegensatz von Natur und Kultur überschreitende Zivilisationsform des Ungewissen. Für Woods ist sie Ausdruck der unserer fragmentierten Welt allein angemessenen Existenzweise. _____ Solch ein in der ästhetischen Tradition des Erhabenen stehender Gesellschaftsentwurf vertraut auf das Erbe seiner Ahnherrn. Wie Woods' apokalpytische Architekturvisionen, so verdeutlicht auch sein an labyrinthische Unterwelten erinnerndes Ausstellungsdesign des Themenbereichs »Zivilisation« diese Tradition. An der Spitze einer Genealogie von Urvätern des Erhabenen steht der italienische Kupferstecher Giovanni Battista Piranesi (1720-1778). Das Vorbild von Piranesis berühmten »Carceri«, die sich seit ihrer Entstehung zur Urmetapher des Entsetzens wie der Lust an einer heillos verstörten, menschlicher Verfügungsgewalt entzogenen Realität entwickelten, ist unübersehbar. Von den medialen Projektionen des zentralen Raumes »Polis, Kosmopolis« werden die Unterwelten dieser »Kerker« als Ouvertüre zitiert. In Gestalt eines

virtuellen Ganges durch ein dreidimensionales Treppenlabyrinth prägt Piranesi die Signatur der Abteilung »Zivilisation«. Ähnlich emblematische Bedeutung kommt den übrigen Ahn-herrn des Erhabenen zu – John Soane (1752-1837), Joseph Gandy (1771- 1843), Gustave Doré (1832-1883) sowie Thomas Cole (1801-1848). Der die lineare Zeitentwicklung teilweise auf-lösende Blick dieser Künstler wird übernommen, in die melancholische Klage über den Ver-lust eines sinnvollen Weltzusammenhangs jedoch nicht eingestimmt. Dem Fragmentarischen der Moderne soll vielmehr der Schrecken genommen und die Sehnsucht nach dem Paradies verabschiedet werden. Die Ausweglosigkeit des Labyrinths ist die allein menschenmögliche Heimat._____ In dieser Beziehung steht der Piranesi-Kenner John Soane, Englands bedeu-tendster Architekt an der Wende vom 18. zum 19. Jahrhundert, an erster Stelle. Sein zu einem höchst eigenwilligen Museum umgestaltetes Londoner Wohnhaus war ebenso Vorbild wie die Architekturphantasien des von ihm beauftragten Malers (und Architekten) Joseph Gandy. In seiner Vielschichtigkeit ähnelt auch Soane's Haus einem Labyrinth.

Sein Geheimnis besteht in einem chronologische Abfolgen ignorie-renden, archäologischen Diskurs, der für den Abschnitt »Zivilisation« der Ausstellung »Sieben Hügel« wegweisend war. Soane's Per-spektive einer schon immer gewesenen Zeit, die jedes beliebige Sammelobjekt zu einem archäologischen Fundstück macht und zwi-schen Fiktion und Realität, Fälschung und Original nicht unterschei-det, ist Prinzip der gesamten Abteilung. Kunst steht aus diesem Grund neben Replik, Relikt oder Trouvaille, vor allem deshalb befindet sich aber auch das Gestern neben einem Morgen, das bereits zum Trümmerstaub der Vergangenheit zerfallen ist. Aus einer ähnlichen Perspektive romantischer Kulturkritik zeigt Thomas Cole's fünfteili-ger Bilderzyklus »The Course of Empire« Fall und Aufstieg mensch-licher Zivilisation, ebenso die Abschlussvignette des Zyklus »London Pilgrimage« von Gustave Doré aus dem Jahre 1872 (zu sehen auf der Projektionsfläche dieses Raumes), in dem das zukünftige London einer archäologischen Grabungsstätte ähnelt. Die Ruinenästhetik des Erhabenen findet sich auch in Joseph Gandys berühmter Ansicht der von Soane erbauten Bank von England: Ein Aufriss gibt Gelegen-heit, das neue Gebäude als Ruinenlandschaft in Szene zu setzen, die an das untergegangene Pompei erinnert. Das Verfahren eines in die Zukunft projizierten Verfalls macht Gegenwartsarchitektur zum Zeugen einer großen Vergangenheit und Menschenwerk zum Werk der Natur._____ Auf der Gesamtheit dieser Perspektiven des Futur II – der Erinnerung an die Zukunft nach dem Motto »So wird es gewesen sein« – beruht die Inszenierung des Raumes »Polis, Kos-mopolis«. Die Entwicklung städtischer Zivilisation steht hier im Mit-telpunkt. In Form eines Dreischrittes werden Schlaglichter auf eine in ihrer Abfolge zugleich unterlaufene historische Entwicklung ge-worfen. Sowohl die antike Polis, die Metropole des 19. und beginnenden 20. Jahrhunderts, als auch die die Stadt der Zukunft repräsentierende Agglomeration sind zwar historische Stadien und somit Koordinaten auf der Zeitachse. Wenn in dem der Metropole gewidmeten Kabinett Paris von zentraler Bedeutung ist, dann jedoch hauptsächlich aus Gründen der Ungleichzei-

Mr. Galton 19.4.93

277

Francis Galton, aged 71, photographed as a criminal on his visit to Bertillon's
Criminal Identification Laboratory in Paris, 1893.

❷

❶ Alphonse Bertillon in seinem Arbeitszimmer, um 1900
❷ Francis Galton als Verbrecher in Bertillons Laborato-
rium fotografiert, 19.04.1893,
in: Karl Pearson, The life,
letters and labours of Francis
Galton, Cambridge, 1924
❸ 4/89 Daidalos und Ikaros.
Akademisches Kunstmuseum,
Antikensammlung der Uni-
versität Bonn

❶ tigkeit. Als Prototyp der zentralisierten Großstadt wird an Paris als ein Monument erinnert, das zwar nicht mehr der aktuellen Stadtentwicklung entspricht, die unserem Kollektivge-dächtnis innewohnenden Bilder des Urbanen jedoch weiter nachhaltig prägt. Solche Symbo-lisierungen kontrastieren die weltweiten, durch moderne Kommunikationstechnologien her-vorgerufenen Dezentralisierungsentwicklungen: die Stadt als Ort ehemals zentralisierter Funktionen verwandelt sich in Agglomerationen, der Unterschied zwischen Stadt und Land entfällt. _____ Diesen Prozess soll das aus Architekturmodellen arrangierte »Stadtweltthea-ter«, das Panorama einer fantastischen Global City, veranschaulichen. Hier existiert ein Neben-einander geschichtlicher Zeiten und verschiedener Kulturen: die Akropolis findet sich neben Norman Fosters Millennium Tower, Notre-Dame neben dem welthöchsten Hochhaus im malaysischen Kuala Lumpur. Reflektiert wird damit unsere Wahrnehmung, die vom Bild einer lesbaren Stadt ausgeht, den Prozess fortschreitender Unsichtbarkeit städtischer Funktionen jedoch ignoriert. Diesen Immaterialisierungsprozess thematisieren die virtuellen Architek-turmodelle wie auch die virtuellen Städte, die das »Digitale Stadtweltttheater« zeigt. Die Architekurmodelllandschaft polemisiert aber auch gegen eine architektonische Moderne, die nach Maßgabe Le Corbusiers von der historischen Stadt nur einige Baudenkmäler als Erinnerungszeichen der als anachronistisch erachteten Siedlungsform der dichten Stadt für erhaltenswert betrachtete. _____ Auf der Schwelle zum 21. Jahrhundert sieht es tatsächlich so aus, als seien wir endgültig gezwungen – wie der amerikanische Urbanist Robert Fishman behauptet – über »Städte nach dem Ende der Städte« nachdenken. Sind wir also Zeugen des Verschwindens einer jahrtausendealten Zivilisationsform? Was geschieht, wenn mit räumli-cher Dezentralisierung auch die soziale Integrationsmaschine Stadt ausgedient hat? Auf die Möglichkeit zukünftig zunehmender sozialer Desintegration weist die Inszenierung des Rau-mes »Polis, Kosmopolis« ebenfalls hin. Leicht erhöht über der Miniaturagglomeration der Architekturmodelle erheben sich zwei Repliken antiker Skulpturen: Torso sowie Rekonstruk-tion des Speerträgers des griechischen Bildhauers Polyklet. Im Schnittpunkt dieses Raumes

**❸**

stehend, formieren sie – Memorialstücke der antiken Polis, der abendländischen Stadt als Geburtsstätte des politischen Bürgers – eine Art Agora. Im Speerträger hatte Polyklet das Idealbild dieses athenischen Bürgers, vor allem aber, symbolisiert in den symmetrischen Proportionen des Körpers des Doryphoros, bürgerlicher Gleichheit verwirklicht. Dieses Ideal wie dessen drohende Fragmentierung vergegenständlichen diese beiden Skulpturen, ebenso der Helm des Hopliten (des Bürger-Soldaten), die Statuette des antiken Kriegers; oder das standardisierte antike Reihenhaus. Sämtlich sind sie als Symbole eines Gleichheitsgedankens zu verstehen, der sich bis in die Gesellschafts**theorie eines Jean-Jacques Rousseau fortschrieb, bis er im 20. Jahrhundert auch seine totalitäre Dimension zeigte. Aktuell ist das Spannungsverhältnis von Universalismus, Partikularismus und Totalitarismus über das Jahrhundertende hinaus. Daran erinnert – zusammen mit dem Speerträger des Polyklet – der Kontrast zweier Ausstellungsstücke: des bedeutenden Dokuments der Amerikanischen Unabhängigkeitserklärung (in deutscher Sprache) einerseits und andererseits der Zeugnisse stalinistischer Stadtplanung, die sich im Raum »Bilder der Arbeit« befinden. D**ass die Alten noch immer gut dafür sind, uns transhistorisch über uns selbst aufzuklären, soll die Skulptur der Artemis veranschaulichen. Diese für Schwellenbereiche und Grenzlinien zuständige Göttin schied den zentralen Bereich städtischer Zivilisation von der Exzentrik der Wildnis. Im Raum »Polis, Kosmopolis« hat diese antike Gottheit deshalb nicht bloß memoriale, bezogen auf ein aktuelles anthropologisches Potential besitzt sie vielmehr symbolische Funktion.

_____ Die antike Mythe des Daidalos veranschaulicht die Herkunft der Zivilisation aus ihrem Gegenteil besonders gut. Um sich selbst als Erfinder von Töpferscheibe, Säge und Zirkel ausgeben zu können, stürzte Daidalos deren wahren Urheber Talos von der Akropolis zu Tode, um auf Kreta, wo er in Knossos das Labyrinth des Minotaurus erbaute, Zuflucht zu finden. Auf den ambivalenten Ursprung der Stadt – als deren Metapher seit jeher das Labyrinth gilt – aus dem Mord weist der Raum »Polis, Police« hin. Töpferscheibe, Säge und Zirkel sind aus diesem Grund die Gegenstände, die vom Raum »Polis, Kosmopolis« zu einem Bereich überleiten, der die Stadt im Kontext der Bedrohung durch Dekomposition und Zerfall sozialer Ordnungen nicht als politischen Freiheitsraum, sondern als kriminalanthropologischen Tatbestand dokumentiert. Der Akzent liegt hier auf dem kriminellen Subjekt und den Techniken seiner Überwachung. Wie der Schutz moderner Zivilisation in Unfreiheit umzuschlagen droht, zeigt ein Arsenal neuester elektronischer Sicherheitsanlagen. Sie bilden den Rahmen eines Kabinetts im Kabinett, dem das fotografische Atelier von Alphonse Bertillon (1853-1914) als Vorlage diente. Der Franzose Bertillon war der Erfinder der nach ihm genannten Bertillonage, eines polizeilichen Täteridentifikationsverfahrens, bei dem neben Körper- und Schädelvermessungen die Porträtfotografie zentraler Bestandteil war. Wenig später wurde es von der Daktyloskopie, dem von Francis Galton (1822-1911) entwickelten Fingerabdruckverfahren, entscheidend korrigiert. Täterfotografien und Fingerabdrücke sind – zusammen mit ihren Entdeckern – auf der Vidiwall, die an polizeiliche Fernüberwachungszentralen erinnern soll, zu sehen. Hier wird ein Überblick über die kriminologische Entwicklung von den Tagen Bertillons und Galtons bis zur Täteridentifikation durch Feststellung des genetischen Fingerabdrucks gegeben. Vom Täterporträt zum DNA-Code: dieser zunehmende Abstraktionsprozess dokumentiert zugleich einen – auch in anderen Räumen dieser Abteilung als Zeichen des 21. Jahrhunderts anzutreffenden – symptomatischen Immaterialisierungs-, Minimalisierungssowie Entsubjektivierungsvorgang. Bezogen auf die polizeiliche Täterermittlung liefert dieser Raum auch einen Beitrag zum sich verändernden Charakter von Spur und Indiz. Traditionelle

Beispiele (aus der Polizeihistorischen Sammlung Berlins) zeigt der Raum in Form einiger ausgewählter Beispiele. Die Ermittlung des DNA-Codes aus kleinsten Körperpartikeln rückt jedoch die seit dem 19. Jahrhundert entwickelten Kartografierungen des (kriminellen) Subjekts in den Hintergrund. Elektronische Überwachung und genetischer Fingerabdruck machen die Mauern des von Sir Jeremy Bentham – wir sehen den englischen Philosophen auf der Vidiwall – 1810 entwickelten »Panopticons«, einer idealen Erziehungs- und Überwachungsarchitektur, unsichtbar, aber nicht weniger bedrohlich. _____ Zu dem krasse Ungleichzeitigkeiten befördernden Potenzial unserer wie einer zukünftigen Welt gehört die zunehmende Verschärfung sozialer Konflikte durch die rigorose Ausbeutung ökologischer Ressourcen. Der Raum »Wasserstellen am Datenhighway« stellt Konflikt gegen Kommunikation, Immaterialität gegen Materialität. Er konfrontiert die sich im virtuellen Raum des Internet bewegende universelle Kommunikationsgemeinschaft mit dem elementaren Verteilungskampf um ein zentrales, lebenserhaltendes Element: das Wasser. Wasserknappheit könnte zukünftig zwischen Nationen Kriege, innerhalb solcher Megalopolen wie Mexiko City erhebliche soziale Konflikte heraufbeschwören. Der Raum der Ausstellung macht – in Form archäologischer Fundstücke – darauf aufmerksam, dass der Transport der natürlichen Ressource Wasser eine der zivilisatorischen Hauptleistungen der Menschheit ist. In Europa ist der technische Stand römischer Wasserleitungen erst wieder am Ende des 19. Jahrhunderts erreicht worden. Das Konfliktpotenzial von Wasserverteilungskämpfen inszeniert die Installation von Lebbeus Woods durch die Abwesenheit von Wasser und Feuchtigkeit und die Anwesenheit von Sand (Sanddüne und Sanduhr) und Trockenheit. _____ Der an die traditionelle Industriegesellschaft erinnernde Raum »Bilder der Arbeit« stellt verschiedene, die letzten zweihundert Jahre prägenden Widersprüche einander gegenüber und gibt dem Besucher einen – ironischen – Hinweis auf die Zukunft einer nanotechnologisch bestimmten Welt. Nach dem Vorbild einer Piranesischen Carceri-Darstellung präsentiert dieser Raum einen Andachts- bzw. Gedächtnisraum abgelagerter Kulturen – des kapitalistischen Maschinenzeitalters zum einen, dessen angestrebte Überwindung durch den Sozialismus zum anderen. Wie in allen übrigen Räumen geschieht dies nicht streng dokumentarisch, sondern mittels symbolischer Exempla. Modelle von Dampfmaschinen und mechanischen Webstühlen, Unternehmerporträts, rote Fahnen und Transparente, lebendige Arbeit dokumentierende Gemälde, Büsten der sozialistischen Dreifaltigkeit Marx, Engels und Lenin – all dies sind die Memorabilien einer industriellen Moderne, die uns eben noch gegenwärtig ist. Auf die Überwindung der industriellen durch die postindustrielle, die fordistische durch die postfordistische Gesellschaft weist der in den Fußboden eingelassene »Riss« hin. Ein Instrument, wie die Stechuhr aus dem Jahre 1920 hat für immer ausgedient. Das Gleichmaß eines bis in die erste Hälfte des 20. Jahrhunderts kollektiv gültigen Arbeitszeittaktes und einer damit verbundenen Lebenszeitökonomie ist wie die Massenproduktion selbst durch Strategien der Individualisierung ersetzt worden. Die tayloristischen Experimente eines Frank B. Gilbreth (auf dem Monitor im Fußboden) machten zu Beginn des Jahr-

**Strassenszene in Paris bei Regen, 1876-77, Gustave Caillebotte (1848-1894).** Paris, Musée Marmottan

WENN ICH FRAGEN WÜRDE, WORAUS ZIVILISATION BESTEHT, WÜRDEN MIR DIE MEISTEN GEWISS FOLGENDES ANTWORTEN: DIE ZIVILISATION EINES VOLKES, DAS IST DIE VERFEINERUNG SEINER SITTEN, DIE URBANITÄT, DIE HÖFLICHKEIT SOWIE DIE STETIGE ERWEITERUNG SEINER BILDUNG ... ALL DIES STELLT FÜR MICH JEDOCH NUR DIE MASKE UND NICHT DAS WAHRE GESICHT DER ZIVILISATION DAR. ZIVILISATION NÜTZT DER GESELLSCHAFT NICHTS, WENN SIE NICHT GRUNDLAGE UND FORM DER TUGEND SCHAFFT. AUS DEM SCHOSS DER VON ALL DEN GENANNTEN ZUTATEN VERFEINERTEN GESELLSCHAFTEN SIND NÄMLICH AUCH DIE VERDERB-NISSE DER MENSCHHEIT ENTSPRUNGEN. —— MIRABEAU, d.Ä. 1768

hunderts den Arbeiter zum Anhängsel der Maschine. Das nächste Jahrhundert wird die Ära der kleinsten Einheiten sein, des Nanometers, das Maß für einen milliardstel Meter. Sich selbst reproduzierende Naniten, Kleinst-Roboter, arbeiten in Nanofabriken an der nach unseren Wünschen erfolgenden Selbst-Montage der Atome. Das unsichtbare Proletariat dieser Naniten wird dann eine von Arbeit befreite und sich vermehrt mit Sinnfragen beschäftigte menschliche Gesellschaft sich selbst überlassen. —— Diesen Fragen widmen sich die beiden Räume »Baukasten Mensch« sowie »Hotel Digital«. Von allen Räumen der Abteilung »Zivilisation« nimmt »Baukasten Mensch« am deutlichsten Bezug auf die Kunst- und Wunderkammer, deren Modell der gesamten Ausstellung »Sieben Hügel« zugrundeliegt. In Gestalt eines modernen Memento mori stellt dieser Raum zwei Dinge einander gegenüber: den Wunsch nach dem ewigen irdischen Leben, das die jüngsten Entwicklungen der modernen Medizin versprechen, und die Unweigerlichkeit des Todes, bei dem es Anzeichen dafür gibt, dass dessen Technisierung und Verdrängung rückläufig werden könnte. Unter Anspielung auf die Ikonographie mittelalterlicher Sarkophage und Funeralzeremonielle lagert in diesem Raum der Abguss einer Grabskulptur, die einen Leichnam en transi, also im Verwesungsstadium zeigt. Inszenatorisch wird der Raum durch ein Spannungsverhältnis von Fragment und Unteilbarkeit bestimmt: er enthält ein Sammelsurium von Transplantaten und Implantaten, an Votivgaben erinnernde Fragmente, aus denen sich das Unteilbare, das moderne Individuum, mittlerweile fast nach Belieben gestalten kann. Auf der Schwelle zum 21. Jahrhundert hat die Autonomie des Einzelnen im Zeichen unbeschränkter Machbarkeit des Selbst bioethische Dimension erreicht. Kosmetische Chirurgie, Organtransplantationen sowie gen- und reproduktionstechnologische Experimente lassen jedoch die Definitionsgrenzen des Individuums verschwimmen. Die Erinnerungspraktiken traditioneller abendländischer und nicht-abendländischer Sepulkralkulturen sind möglicherweise das letzte Hilfsmittel, Individualität wenigstens posthum zu gewährleisten. Dem entspricht der zweite Schwerpunkt des Raumes: das Synonym des Unverwechselbaren, das menschliche Gesicht, blickt den Besucher als Totenmaske oder in Form der Wachsplastiken aus der Wiener Fideikommissbibliothek an. Das – im 19. Jahrhundert noch nicht ganz erloschene – vormoderne Bewusstsein des Vanitas Vanitatum wird umstandslos als Wegbereiter einer sepulkralkulturellen Praxis der Zukunft empfohlen. Dass auch das wissenschaftsgläubige 19. Jahrhundert noch davon geprägt war, zeigt das Selbstbild Jeremy Benthams, der aus dem »weiteren Gebrauch der Toten für die Lebenden« eine ganze Kulturtheorie entwickelte. Sein (bis heute im University College London) öffentlich ausgestellter, mumifizierter Leichnam verfolgt den Zweck, die Schrecken des Todes zu verringern wie zur Bildung nachfolgender Generationen beizutragen. —— Der Raum »Hotel Digital« ist der einzige dieser Abteilung, der ohne museale Objekte auskommt und deshalb hauptsächlich künstlerische Installation ist. Er reflektiert die zunehmende ortsunabhängige Mobilität ganzer Bevölkerungsgruppen und präsentiert den transkulturellen Nomaden, für den der Unterschied zwischen Hotel und Wohnung hinfällig geworden ist, als Repräsentanten einer künftigen Menschheit. Der Hauptakzent des Raumes liegt auf einer das Arsenal der Lebensstile in unterschiedlicher Weise prägenden sozialpsychologischen Dynamik. Auf dem Hintergrund grassierender Zivilisationsfeindlichkeit wird sich das Erlebnis zum zentralen Wert einer zukünftigen Zivilisation entwickeln. Überdruss und Langeweile sowie die Ausweitung virtueller Welten bedürfen immer stärker der Kompensation durch die Befriedigung antizivilisatorischer Bedürfnisse. Der Gefühlswert des Außeralltäglichen, Ekstatischen, Tabulosen und Extremen spielt dabei die Hauptrolle: auf der Projektionsfläche ist – von

025

der Mount Everest-Besteigung, der Love Parade über Ballermann 6 bis zum Pitbull-Halter –
eine Auswahl aus der Liturgie der thrills zu sehen, deren der zukünftige Mensch in immer
härteren Dosen bedarf. All dies spielt sich nicht zufällig im Gehäuse des Hotels ab: das antizi-
vilisatorische Verlangen nach den Extremen des Rausches wird – nach Maßgabe der Tourismusindustrie – kommerziell vermittelt sein. Dieser Raum darf als ironischer Kommentar
zur Karriere des Erhabenen im 21. Jahrhundert verstanden werden: der Schrecken der Un-
ordnung wird nicht jenseits rationaler Ordnung, sondern mitten in ihr zu finden sein.

01 ) **formwandel**
**sozialer bindungen. die suche nach dem kitt post-**
**traditionaler gesellschaften**——— HEINER KEUPP

Man kann sich Gesellschaft als einen »Topos«, einen – ebenso imaginären wie realen – Ort
vorstellen, der durch das Geflecht der sozialen Beziehungen gebildet wird. Diese »sozialen
Landschaften« können verschiedene Gestalten beziehungsweise Figurationen annehmen,
und jede Epoche und jede Kultur bringt spezifische Figurationen sozialer Landschaften
hervor. Der epochale gesellschaftliche Wandel von der ersten zur zweiten Moderne, der
uns allmählich zum Bewusstsein kommt und der eher zufällig mit dem kalendarischen
Jahrhundertwechsel zusammenfällt, ist verknüpft mit einem Veränderungsprozess der
aktuellen Topographie der sozialen Landschaften und wirft die Frage auf, wie sich in Zukunft Subjekte im Netzwerk der Gesellschaft verorten: Wie haben sich die sozialen Landschaften gewandelt? Welche Auswirkungen hat der gesellschaftliche Wandel auf die soziale
»Verwurzelung« der Individuen? Lassen sich neben Entbettungsprozessen auch neue Ein-
bettungsmechanismen und -strategien erkennen? Das heißt: Kommt es mit der immer
deutlicheren Auflösung und Umbildung der Basissicherheiten und Strukturen der ersten
Moderne zur Herausbildung post-traditionaler Bindungen?———Verfalls- oder Zerfalls-
diagnosen haben in Phasen gesellschaftlichen Umbruchs immer Hochkonjunktur und
das ist nicht erstaunlich, denn das ist ja ein Wesensmerkmal jeder dynamischen Entwicklung, dass etwas aufbricht, bislang selbstverständliche Muster nicht mehr tragen und neu
gestaltet werden müssen und das ist immer auch Zerstörung. Das Neue entsteht in den
Ruinen des bisher Selbstverständlichen. Nicht alles Neue kann für sich beanspruchen,
eine neue Normalität zu begründen und nicht alles Vergangene verdient allzu heftige Trau-
erbekundungen. Gleichwohl gilt, dass gesellschaftliche Umbrüche höchst ambivalente
Prozesse darstellen, in denen sich der Abschied von eingelebten und vertrauten Lösungen

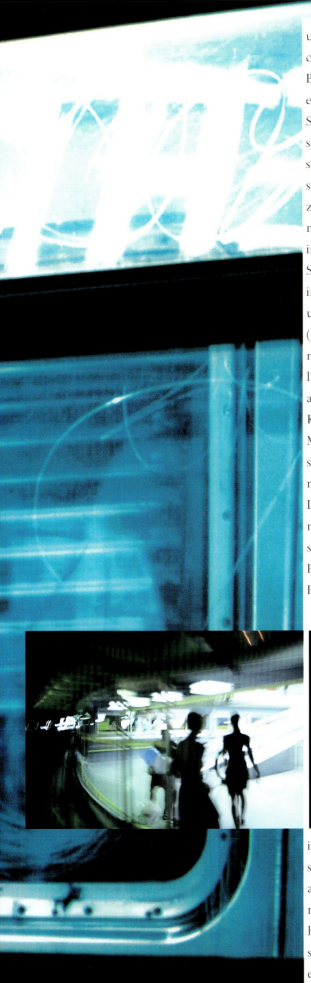

und die Hoffnung auf neue Potenziale und Chancen mischen. Aber es bleibt nicht bei solchen verständlichen Formen des Abschiednehmens, sondern es entstehen kulturelle Begleitchöre. Einige haben sich auf Untergangsszenarien spezialisiert. Da wird dann das eine Mal der »Untergang des Abendlandes« prophezeit und dann wieder ist vom »Tod des Subjekts« oder dem »Tod der Familie« die Rede. Auch Sozialwissenschaftler beteiligen sich daran. Wenn von ihnen in nüchterner Fachsprache von »Desintegration« der Gesellschaft gesprochen wird, geht es ebenfalls um eine Zerfallsdiagnose. _____ Besorgte Diskurse gibt es vor allem zu zwei miteinander verknüpften Veränderungsprozessen: Ein Diskurs zum Verlust von Gemeinschaft und ein Diskurs zur Zerspaltung einer in sich geschlossenen Identität. →**der erste desintegrationskurs** Die Zukunft des Sozialen und insbesondere die Zukunft des sozialen Zusammenhalts werden sorgenvoll kommentiert, Solidarität oder Gemeinsinn gelten als gefährdete Güter. In immer neuen Metaphern wird in der gegenwärtigen öffentlichen und fachlichen Diskussion die »Erosion des Sozialen« umkreist: Bedroht seien die »innere Kohäsion« (Kurt Biedenkopf), das »soziale Gewebe« (Kurt Biedenkopf) oder die »Soziale Bindekraft« (Wolfgang Schäuble); die Bilder werden noch anschaulicher: Es mangele uns an »sozialem Zement« (Jon Elster), dem »gesellschaftlichen Klebstoff« (Albert O. Hirschmann), an »Gemeinsinn als Festiger« (Theo Sommer), am »Unterfutter der Gemeinschaftlichkeit« (Theo Sommer), an »Sozialenergie« (Helmut Klages) oder an einer »sozialen Ozonschicht« (Klaus Hurrelmann). Als Klassiker in dieser Metaphernsammlung ist natürlich Erich Fromm zu bezeichnen, der 1932 in einem klassischen Aufsatz vom »sozialen Kitt« sprach und damit die libidinösen Gefühlsbindungen meinte, die in ihrer jeweiligen Gestalt eine Gesellschaft »im Innersten« zusammenhalten. Der Faschismus hat mit seiner hohen Betonung der Gemeinschaftsbindung und seinen massenpsychologischen Gemeinschaftsritualen offensichtlich diesen Kitt unmittelbar für sich nutzen können und Zerrissenheits- und Desintegrationsängste der Menschen zur Erneuerung dieses Bindemittels – zumindest kurzfristig – umformen können. Erich Fromm hat auch einen Blick nach vorne gerichtet und die Frage gestellt, was denn der gesellschaftliche Kitt auf dem gesellschaftlichen Entwicklungsniveau des entfalteten Kapitalismus sein könnte. Er erwartet, dass sich die traditionellen Gefühlshaltungen verändern werden. Sie werden nicht mehr in starre Muster familiärer Lebensformen eingebunden sein. Im Zuge wachsender Individualisierung werden die affektiven Bindungen »zu neuen Verwendungen frei und verändern damit ihre soziale Funktion. Sie tragen nun nicht mehr dazu bei, die Gesellschaft zu erhalten, sondern sie führen zum Aufbau neuer Gesellschaftsformationen, sie hören gleichsam auf, Kitt zu sein«. Zumindest sind sie nicht mehr der bindende Kitt in kollektiven Lebensmustern, die von der ökonomischen Entwicklung benötigt werden. _____ Erich Fromm hat hier eine Entwicklung vorausgesehen, die uns heute voll erreicht hat. Der gesellschaftliche Umbruch an unserer Jahrtausendschwelle ist radikal und vielgestaltig. Es ist ein Umbruch mit weitreichenden technologischen, ökonomischen und ökologischen

Konsequenzen. Aber er zeitigt auch eine tiefgreifende zivilisatorische Umgestaltung, die sich in der Alltagskultur, in unseren Werthaltungen und in unserem Handeln notwendigerweise auswirken muss. Angesichts ökonomischer Turbulenzen können sich Menschen nicht in die »Festung Alltag« zurückziehen – in der Hoffnung dort abzuwarten, bis sich diese Turbulenzen gelegt haben, um dann so weiterzumachen, wie man es schon immer gemacht hat. Die »Basisprämissen« unserer gesellschaftlichen Normalitätserwartung stehen in Frage. _____ Zu den Basisprämissen der industriellen Moderne gehört die mit hoher Selbstverständlichkeit angenommene Konstruktion raum-zeitlicher Koordinaten für kollektive Identitäten und Lebensmuster. Gelungene individuelle und soziale Identitäten werden dieser Grundvorstellung zufolge in der Einbindung in lokale Netzwerke und in soziale Schnittmuster für Intimitätsbedürfnisse gesehen. Es ist bis in die sozialwissenschaftliche Theoriebildung hinein die Vorstellung entstanden, dass gelungene gesellschaftliche Integration eine Bündelung vielfältiger Bedürfnisse und Funktionen in einer Art Container sei. Diese Container-Theorie von Gesellschaft hat bis in die Regulation der privatesten Angelegenheiten hinein die Ordnung der Dinge konstruiert. Makrosoziale Zusammenhänge werden in territorial oder nationalstaatlich konstruierten Behältern untergebracht, aber auch der meso- und mikrosoziale Bereich hat ebenfalls seine Containergestalt. Die für Identitätsbildung erforderliche soziale Anerkennung ist in klar strukturierten sozialen Figurationen von Familie, Nachbarschaft, lokalen Gruppen und Netzwerken gesichert. In solchen Figurationen kollektiver Identitäten und Lebensmuster sind die Folgen von Freisetzungs- und Individualisierungsschüben, die die Moderne begleiten, immer wieder aufgefangen worden. Selbst die dramatischen Zerstörungen und Vertreibungen des Zweiten Weltkrieges sind in diesen Mustern erfolgreich »normalisiert« worden. Zu diesen Deutungsmustern und Techniken der Normalisierung zählen die immer wieder neu belebten ständischen Lebensmuster und sozialmoralischen Milieus, die als naturhaft gedachte geschlechtsspezifische Arbeitsteilung und neue Ligaturen in Gestalt von institutionellen Sicherungssystemen für spezifische Lebensmuster und Lebensweisen. _____ Die aktuelle sozialwissenschaftliche Debatte dreht sich um die Auflösung dieser Container im Zuge eines bedeutsamen neuen Schubes von Individualisierung, der uns jene Erfahrung zu Bewusstsein bringt, wie sie schon vor 150 Jahren im »Kommunistischen Manifest« klassisch artikuliert wurde: »Alles Ständische und Stehende verdampft, alles Heilige wird entweiht, und die Menschen sind endlich gezwungen, ihre Lebensstellung, ihre gegenseitigen Beziehungen mit nüchternen Augen anzusehen«. Die Ordnung der Dinge verliert die vertraute Gestalt. Die gegenseitigen Beziehungen sind nicht in starrfixierten Rollen kodifiziert, die – wie bei den klassischen Geschlechterrollen – wie Zahnräder ineinandergreifen. Aber das empirisch unterstützte »nüchterne Auge«, das nicht in rückwärts gewandter romantisierender Verklärung Zwangsgestalten sozialer Lebensformen zu ontologisch oder emotional unverzichtbaren individuellen Ankerpunkten erklären muss, sieht in den enttraditionalisierten sozialen Beziehungen nicht Zerfall oder Desintegration, jedenfalls nicht als all überall sich durchsetzendes Muster. Dieser ausgenüchterte Blick sieht im gesellschaftlichen Durchschnitt Subjekte, die ihr eigenes Beziehungsfeld selbst managen, mit großer Souveränität Zugehörigkeiten und Abgrenzungen nach eigenen Bedürfnissen regeln und sich durchaus nicht als isolierte »Einsiedlerkrebse« beziehungslos in sozialen Wüsten verlieren. Auch die in den meisten Verfallsdiagnosen enthaltene Vermutung, dass die individualisierten »Ichlinge« keine Bereitschaft

und Fähigkeit zur Alltagssolidarität entwickeln würden, ist empirisch schwer zu halten. _____ Einzig die selbstverständliche Bereitschaft der Subjekte, das eigene Engagement in den Restformen der gesellschaftlichen Container (zum Beispiel der Kirchen, Wohlfahrtsverbände, Gewerkschaften) zu organisieren, hat nachweislich Einbrüche erlebt und diese Entwicklung verweist ja nicht auf Desintegration, sondern auf einen »Formwandel sozialer Integration«, wie ihn jüngst Jürgen Habermas beschrieben hat. Ein gewachsenes Bedürfnis nach und eine mitgewachsene Fähigkeit zu selbstbestimmtem und kommunikativ hergestellten Lebensmustern verweist auf eine gesellschaftliche Ungleichzeitigkeit, die mit einer klagend vorgetragenen Anomiediagnose in aller Regel verfehlt wird. _____ Spannend ist es ja vielmehr, den Formenwandel sozialer Beziehungen genauer zu untersuchen. Da wird man zum Beispiel an Stelle zwangsförmig gelebter Nachbarschaften in aller Regel einen souveränen Umgang mit Nähe- und Distanzbedürfnissen finden. Oder nachbarschaftliche Unterstützungen in praktischen Alltagsangelegenheiten werden nicht durch bezahlte Dienstleistungen, sondern durch effiziente Tauschringe ersetzt, in denen sich eine neue geldwertunabhängige Haushaltsökonomie entfaltet. Wenn man das Verschwinden spezifischer sozialer Integrationsformen wie die engen Netzwerkverbindungen in homogenen Arbeiterbezirken als Indikator für Desintegration nimmt, dann wird man in reichem Maße fündig. Nimmt man die neuen Netzwerke spezifischer ethnischer Bevölkerungsgruppen, dann ergibt sich ein durchaus anderes Bild. Nimmt man die traditionellen Organisationsmuster ehrenamtlicher Tätigkeit, dann schlägt der Desintegrationszeiger auf dem verfallstheoretisch geeichten soziologischen Geigerzähler kräftig aus. Nimmt man die neu entstehenden Freiwilligenzentren als Messziffer, kommt hingegen ein ganz anderer Befund heraus. Oder nehmen wir das Geflecht von Selbsthilfegruppen, das sich überall entfaltet, auch dieses wird man nicht als Beleg für gesellschaftliche Desintegration werten dürfen. Auch die vielfältigen kommunikativen Netzverbindungen, die durch das Internet vermittelt werden, eröffnen eher neue soziale Bänder der Verknüpfung von Menschen mit Menschen. →der zweite desintegrationsdiskurs

Der zweite Desintegrationsdiskurs ist eng verkoppelt mit jenem, der die Auszehrung sozialer Bindungen beschwört. Man ruft sich gegenseitig die Stichworte für die Verfallsnarrationen zu. Dieser zweite Diskurs sieht die stabilen Identitätsgehäuse gefährdet, gerade weil der gesellschaftliche Sockel seine sichere und berechenbare Form verliert. Die Glorifizierung eines stabilen Identitätsgehäuses übersieht geflissentlich die gewaltförmigen Prozesse, die erforderlich sind, um menschliche Subjektivitätsformen gesellschaftskonform zuzurichten. Hier begegnen wir der Idealgestalt des »modernen Menschen«, der sich als »Herr im eigenen Haus« wähnt, aber die psychischen und sozialen Kosten seiner Herstellung werden verschwiegen. Dieser Identitätstypus übt – möglichst perfekt – Kontrolle nach Außen und nach Innen aus. Er verdrängt oder vernichtet alles, was sich dieser Herrschaft entzieht. Alles Ambivalente, Widersprüchliche, Fremde, Heterogene flößt ihm Angst ein, die Angst, die Kontrolle zu verlieren. _____ Diese Idealfiktion des »modernen Menschen« wird durch die sich vollziehenden gesellschaftlichen Umbrüche »dekonstruiert«, sie ist nicht mehr aufrechtzuerhalten. Und sofort erklingt auch hier die katastrophisch inszenierte Desintegrationsklage. Übersehen wird dabei, dass im Gewahrwerden dieser Situation Potenziale der Neuorientierung stecken. Hier eröffnen sich – wie es Adorno formuliert hat – Chancen für »das Ende des Identitätszwanges«: »Das befreite Ich, nicht länger eingesperrt in seine Identität, wäre auch nicht länger zu Rollen verdammt«, es

wäre nicht mehr Erfüllungsgehilfe gesellschaftlicher Konventionen und Standardisierungen. In den Ruinen des modernen Identitätsideals entsteht die Chance, »ohne Angst
verschieden sein zu können«. ――― Auch der Zwang zur Kohärenz im Sinne der individuellen Passung in vorgegebene soziokulturelle Schnittmuster lockert sich und kann
überwunden werden. Und mit dessen Überwindung entsteht überhaupt erst die Chance
zu einer ergebnisoffenen personalen Sinn- und Kohärenzsuche. Das scheint aus der Sicht
der Psychologie eine unverzichtbare Grundlage für psychische und körperliche Gesundheit
zu sein. Vom »Kohärenzsinn« spricht Aaron Antonovsky und er meint damit die subjektive Fähigkeit, in dem Mikrokosmos persönlicher Erlebnisse und Erfahrungen eine
zusammenhängende sinnhaft-dynamische Gestalt zu erkennen und immer wieder neu
zu konstruieren. ――― Ist das Festhalten am Kohärenzgedanken nicht der illusionär-ver-
gebliche Versuch, ein gesellschaftliches Auslaufmodell normativ festhalten zu wollen?
Sprechen nicht alle Gegenwartsanalysen der postmodernen oder der individualisierten,
globalisierten Risikogesellschaft gegen das Deutungsmuster einer kohärenten Sicht der
eigenen Biografie und Identität und der Lebenswelt? Muss die normative Idee der Kohärenz nicht notwendig in die Sackgasse des Fundamentalismus oder einer esoterischen

**❶**

Weltdeutung führen? Wird sie nicht notwendig zu einem »Kohärenzzwang«, die alle wi-
derstreitenden, ambivalenten und kontingenten Erfahrungen ausklammern muss, um
eine »reine Identität« konstruieren zu können? Eine solche »purifizierte Identität« ist bei
Heranwachsenden in den nordamerikanischen Innenstädten beschrieben worden, die für
sich eine rigide eingeengte Selbstkonstruktion entwickeln, um ihre mangelnden Chancen
in einer angeblich multioptionalen Gesellschaft aushaltbar zu machen. In diesem Fall
wird Kohärenz in die defensive Gestalt einer geschlossenen und in sich widerspruchsfreien
Sicht von sich und der Welt gebracht. Diese Konstruktion braucht Feindbildkonstruktio-
nen, muss einen Tunnelblick entwickeln, der nur Welterfahrungen zulässt, die das eigene

**❶ 4/50 Eine Industriestadt, Hüttenwerk, Ansicht der Hochöfen, Perspektive, 3. Juli 1917, Tony Garnier.** Lyon, Musée des Beaux-Arts

**❷ 4/49 Eine Industriestadt, Hüttenwerk, Ansicht der Werkanlagen, Perspektive, 25. Mai 1917, Tony Garnier.** Lyon, Musée des Beaux-Arts

❷

Selektionsmuster bestätigen. Hier haben wir es mit einem Phänomen des »reflexiven Fundamentalismus« zu tun. ——— Diese Überlegungen begründen den Zweifel, dass das formale Prinzip der Kohärenz bereits als normatives Modell ausreicht. Oder anders gewendet, es wäre gut, sich von einem Begriff von Kohärenz zu verabschieden, der als innere Einheit, als Harmonie oder als geschlossene Erzählung verstanden wird. Kohärenz kann für Subjekte auch eine offene Struktur haben, in der – zumindest in der Wahrnehmung anderer – Kontingenz, Diffusion im Sinne der Verweigerung von Verpflichtung, Offenhalten von Optionen, eine idiosynkratische Anarchie und die Verknüpfung scheinbar widersprüchlicher Fragmente sein dürfen. Entscheidend bleibt allein, dass die individuell hergestellte Verknüpfung für das Subjekt selbst eine authentische Gestalt hat, jedenfalls in der gelebten Gegenwart und einen Kontext von Anerkennung, also in einem Beziehungsnetz von Menschen Wertschätzung und Unterstützung gefunden hat. Es kommt weniger darauf an, auf Dauer angelegte Fundamente zu zementieren, sondern eine reflexive Achtsamkeit für die Erarbeitung immer wieder neuer Passungsmöglichkeiten zu entwickeln. ——— Auf der Basis unserer eigenen Forschung zu Identität und Gesundheit komme ich zu der These, dass Kohärenz für die alltägliche Identitätsarbeit von Menschen eine zentrale Bedeutung hat, deren Fehlen zu schwerwiegenden gesundheitlichen Konsequenzen führt. Auf der Basis dieser Befunde sehe ich mich in meiner Annahme bestätigt, dass das Kohärenzprinzip für die Identitätsbildung nicht zur Disposition gestellt werden darf. Aber die soziokulturellen »Schnittmuster« für Lebenssinn oder Kohärenz haben sich dramatisch geändert. Die individuellen Narrationen, in denen heute Kohärenz gestiftet wird, schöpfen immer weniger aus den traditionsreichen »Meta-Erzählungen«. Sie müssen in der »reflexiven Moderne« individualisiert geschaffen werden. Wenn man Prozesse der Identitätsbildung heute ohne den vorgeschalteten Filter der Desintegrationsdiagnose untersucht, wird man eindrucksvolle Kunstwerke individualisierter Selbstkonstruktion finden. An diesen individualisierten Geschichten wird aber auch deutlich, dass der Erzählstoff nicht allein in den Subjekten entsteht, sondern uns kulturell angeliefert wird. Wir werden mit vielfältigen Angeboten neuer kulturell vorgefertigter Erzählmuster überschüttet, die unter dem Versprechen von Individualität und Authentizität neue Standardisierungen anmessen. Hier spielt vor allem die vielstimmige und multimediale »Kulturindustrie« eine wachsende Rolle.

artemedia

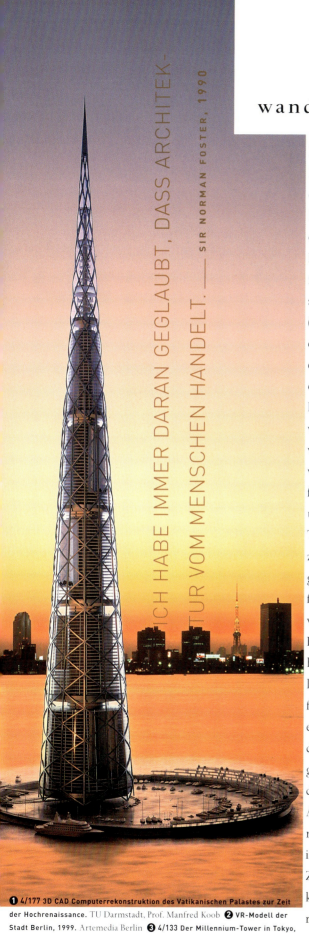

ICH HABE IMMER DARAN GEGLAUBT, DASS ARCHITEK-
TUR VOM MENSCHEN HANDELT. ── SIR NORMAN FOSTER, 1990

**❶** 4/177 3D CAD Computerrekonstruktion des Vatikanischen Palastes zur Zeit der Hochrenaissance. TU Darmstadt, Prof. Manfred Koob **❷** VR-Modell der Stadt Berlin, 1999. Artemedia Berlin **❸** 4/133 Der Millennium-Tower in Tokyo, 1990, Norman Foster. Tokyo, Obayashi Corporation

Mit »Stadt« assoziieren wir dichte Bebauung mit sozial sowie kulturell gemischten Bevölkerungen und die Bündelung unterschiedlicher Kulturen und Funktionen an einen Ort, der ein hohes Maß an attraktiver Zentralität ausstrahlt. Dicht, sozial gemischt, vielfältige Kulturen und wichtige Funktionen zentralisierend: Inwieweit ensprict dieses Bild der europäischen Stadt noch der Realität? Der gegenwärtige Strukturwandel der Städte stellt Fragen nach der Herstellbarkeit von baulicher Dichte (Fragmentierung des Stadtraumes), nach der Qualität sozialer Mischungen in der Stadtgesellschaft (Individualisierung der sozialen Struktur), nach der Überlagerung von virtuellen und städtischen Räumen (Mediatisierung der städtischen Kultur) und Fragen nach der Zentralität in der zur Region erweiterten Stadt (Peripherisierung des zentralen Raumes). In diesen vier Dimensionen erscheinen die konkreten Auswirkungen der sogenannten Globalisierung auf die Stuktur der europäischen Städte. **→fragmentierung des stadtraumes** Die europäischen Innenstädte entwickeln sich zu privilegierten Erlebnisräumen für Konsum, Freizeit und vor allem Tourismus, hier steht das Bild der europäischen Stadt in historischen Kulissen wieder auf. Mit dieser Musealisierung von urbanen Räumen ist neuerdings das »Privileg« verbunden, sich in diesen innerstädtischen Raumfragmenten legitim aufhalten zu dürfen. Mit der zunehmenden Überwachung zentraler öffentlicher Räume werden Staßen und Plätze auf neue Weise kontrolliert, in der städtischen Kriminalitätsdebatte (»Zero Tolerance«) wird um die Zugangschancen von Individuen und gesellschaftlichen Gruppen zu Straßen, Plätzen und ehemals öffentlichen Orten wie zum Beispiel Bahnhöfen gerungen. ────── Daneben entstehen privat hergestellte, hoch verdichtete Zentren von semi-öffentlichem Charakter, in denen der Aufenthalt von Personen bereits privat kontrolliert wird: die Indoor-Architekturen der Zitadellen des tertiären Sektors mit ihren Lobbies, Passagen, Einkaufszentren und Restaurants. Solche großen zentralen Projekte werden heute in Public-Private-Partnerships zwischen Kommunen und privaten Stadtentwicklern erstellt. Mit ihnen ziehen sich die Kommunen aus der gleichmäßigen Verantwortung für die gesamte Fläche der Stadt zurück und etablieren ein Lean-Management der Stadtentwicklung, das sich auf einzelne zentrale Fragmente konzentriert, die durch ihre Größe den städtebaulichen Maßstab des modernen Stadtraumes sprengen. Solches »City-Management« folgt der Logik einer ökonomisierten Standortpolitik in der Städtekonkurrenz, die flächenmäßige Dichte nicht mehr kennt und den Stadtraum durch besondere Aufmerksamkeit auf einzelne Fragmente hierarchisiert. Resultat ist die typische, aus Amerika bekannte Down-Town-Struktur mit Zitadellen (Zentren mit hoher Dichte) und innerstädtischen Peripherien gleich nebenan: Brachen mit Parkplätzen, Freiflächen und Zwischenräume ohne definierte Nutzungen — welche mittlerweile von diversen Jugendkulturen spontan angeeignet werden. ────── Die städtebauliche Herausforderung der räumlichen Fragmentierung besteht darin, die gegenwärtig unausweichlich scheinende Zentrenbildung in Form und Funktion urban zu programmieren, das heißt, diese Frag-

033

mente komplexer als bisher zu gestalten. Ansätze dazu liefern Hochhäuser, die bereits unterschiedliche Nutzungen übereinanderstapeln, oder innerstädtische Malls, die zunehmend als komplette Stadtquartiere erstellt werden und somit urbane Nutzungen wieder mischen. In solchen Zentren werden Arbeiten und Wohnen, Kultur und Konsum, Sport und Freizeit wieder zusammengeführt: Die Hoffnung ist nicht unbegründet, dass diese dichte, »urbane« Überlagerung von unterschiedlichen Funktionen auch wieder zur erwünschten Öffnung dieser privaten, räumlich isolierten »Städte in den Städten« führen kann. →individualisierung der sozialen struktur Neben der räumlichen steht die Dichte sozialer Mischungen infrage. Die Individuen werden heute gezwungen, sich aus den tradierten sozialen Bindungen zu lösen: Die eigene Biografie muss selbst geplant werden, Aufstiegschancen werden wieder durch elitistische Auswahlmechanismen reguliert; wer heute in einem Beruf anfängt, muss damit rechnen, in zehn Jahren einen anderen Job anzunehmen; familiare und nachbarschaftliche Bindungen erodieren; mit der flexiblen Kultur der aufgeherrschten Wahlmöglichkeiten individueller Lebensstile ist jeder wieder »seines Glückes Schmied«: Die modernen Werte von Gleichheit und Solidarität werden kostbar, insofern sie nicht mehr selbstverständlich sind. ____ Individualisierung führt zur Erosion von Bindungen. Herausgelöst aus den sozialstaatlichen Verträgen fühlen sich die bloß stadtnutzenden Individuen nicht mehr den allgemeinen städtischen Problemen verpflichtet: Die »innere Urbanisierung« der modernen Stadtbewohner, ihr gelerntes urbanes Verhaltensmuster bricht weg und damit die Grundvoraussetzung für Urbanität als politischer Kultur der zivilen Stadtgesellschaft. »Urbanität« verkommt dagegen zu einem Ausstattungsmerkmal für gehobene Schichten, man und frau kaufen sich heute in städtische Lebensstile ein. Sie scheint herstellbar zu sein (durch die ästhetischen Spezialisten des Städtischen: Designer, Architekten, Urbanisten), als ästhetisches Merkmal wird sie jedoch nur bestimmten innerstädtischen Fragmenten zugeschrieben, in denen man/frau sich entsprechend urban verhalten: »Urbanität« wird zur hegemonialen ästhetischen Strategie der Aufwertung zentraler Räume. ____ Positiv postmodern ausgedrückt heißt dieses: Pluralisierung von Lebensstilen, mit denen man/frau ihre Individualität, in bestimmten Stadt-Räumen und in stilistisch-kultureller Distanzierung zu Anderen, darstellen. Die sozialen Gruppen schließen sich zunehmend in homogenen Stadtquartieren gegeneinander ab. Solche Segregation der sozialen Lebensweisen fördert die Ausschließung von Individuen oder ganzer sozialen Gruppen (Migranten, unvollständige Familien, Arbeitslose ...) aus zentralen Gebieten der Innenstadt – eine neue »städtische Unterklasse«, an die Peripherie abgeschoben, wird an die Wand gemalt. Ästhetische Aufwertung und soziale Abschließung erhöhen das Konfliktpotential in der bereits polarisierten städtischen Gesellschaft; die sich zuspitzenden Gegensätze können immer weniger im gemeinsamen Konsens der Beteiligten zivilisiert werden, da Urbanität als politische Kultur der Anerkennung des Fremden und der Integration gegensätzlicher Interessen nicht mehr zur Verfügung steht: Die soziale »Integrationsmaschine« Stadt wird überfordert, der durch globale ökonomische Prozesse erzeugte soziale Wandel kann durch lokale Initiativen nicht mehr verarbeitet werden. Soziale Initiativen müssen sich dementsprechend ebenso global orientieren, wenn sie zivilisierende Gegenmacht organisieren wollen. Modelle dazu liefern die kosmopolitische Tradition des historischen Stadt-Bürgertums (heute zunächst die Orientierung auf Europa) oder Nichtregierungsorganisationen in der sich formierenden »Weltgesellschaft«, die bereits über Erfahrungen im

**Die Petronas Towers in Kuala Lumpur, 1991, Modell, Cesar Pelli.** New Haven, Cesar Pelli & Associates Inc.-Architects

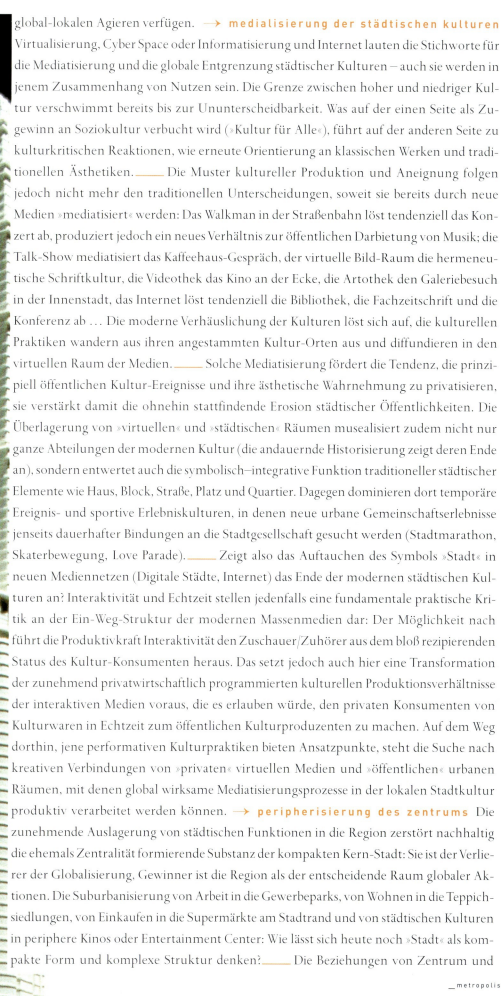

global-lokalen Agieren verfügen. → **medialisierung der städtischen kulturen** Virtualisierung, Cyber Space oder Informatisierung und Internet lauten die Stichworte für die Mediatisierung und die globale Entgrenzung städtischer Kulturen – auch sie werden in jenem Zusammenhang von Nutzen sein. Die Grenze zwischen hoher und niedriger Kultur verschwimmt bereits bis zur Ununterscheidbarkeit. Was auf der einen Seite als Zugewinn an Soziokultur verbucht wird (»Kultur für Alle«), führt auf der anderen Seite zu kulturkritischen Reaktionen, wie erneute Orientierung an klassischen Werken und traditionellen Ästhetiken.＿＿＿ Die Muster kultureller Produktion und Aneignung folgen jedoch nicht mehr den traditionellen Unterscheidungen, soweit sie bereits durch neue Medien »mediatisiert« werden: Das Walkman in der Straßenbahn löst tendenziell das Konzert ab, produziert jedoch ein neues Verhältnis zur öffentlichen Darbietung von Musik; die Talk-Show mediatisiert das Kaffeehaus-Gespräch, der virtuelle Bild-Raum die hermeneutische Schriftkultur, die Videothek das Kino an der Ecke, die Artothek den Galeriebesuch in der Innenstadt, das Internet löst tendenziell die Bibliothek, die Fachzeitschrift und die Konferenz ab … Die moderne Verhäuslichung der Kulturen löst sich auf, die kulturellen Praktiken wandern aus ihren angestammten Kultur-Orten aus und diffundieren in den virtuellen Raum der Medien.＿＿＿ Solche Mediatisierung fördert die Tendenz, die prinzipiell öffentlichen Kultur-Ereignisse und ihre ästhetische Wahrnehmung zu privatisieren, sie verstärkt damit die ohnehin stattfindende Erosion städtischer Öffentlichkeiten. Die Überlagerung von »virtuellen« und »städtischen« Räumen musealisiert zudem nicht nur ganze Abteilungen der modernen Kultur (die andauernde Historisierung zeigt deren Ende an), sondern entwertet auch die symbolisch–integrative Funktion traditioneller städtischer Elemente wie Haus, Block, Straße, Platz und Quartier. Dagegen dominieren dort temporäre Ereignis- und sportive Erlebniskulturen, in denen neue urbane Gemeinschaftserlebnisse jenseits dauerhafter Bindungen an die Stadtgesellschaft gesucht werden (Stadtmarathon, Skaterbewegung, Love Parade).＿＿＿ Zeigt also das Auftauchen des Symbols »Stadt« in neuen Mediennetzen (Digitale Städte, Internet) das Ende der modernen städtischen Kulturen an? Interaktivität und Echtzeit stellen jedenfalls eine fundamentale praktische Kritik an der Ein-Weg-Struktur der modernen Massenmedien dar: Der Möglichkeit nach führt die Produktivkraft Interaktivität den Zuschauer/Zuhörer aus dem bloß rezipierenden Status des Kultur-Konsumenten heraus. Das setzt jedoch auch hier eine Transformation der zunehmend privatwirtschaftlich programmierten kulturellen Produktionsverhältnisse der interaktiven Medien voraus, die es erlauben würde, den privaten Konsumenten von Kulturwaren in Echtzeit zum öffentlichen Kulturproduzenten zu machen. Auf dem Weg dorthin, jene performativen Kulturpraktiken bieten Ansatzpunkte, steht die Suche nach kreativen Verbindungen von »privaten« virtuellen Medien und »öffentlichen« urbanen Räumen, mit denen global wirksame Mediatisierungsprozesse in der lokalen Stadtkultur produktiv verarbeitet werden können. → **peripherisierung des zentrums** Die zunehmende Auslagerung von städtischen Funktionen in die Region zerstört nachhaltig die ehemals Zentralität formierende Substanz der kompakten Kern-Stadt: Sie ist der Verlierer der Globalisierung, Gewinner ist die Region als der entscheidende Raum globaler Aktionen. Die Suburbanisierung von Arbeit in die Gewerbeparks, von Wohnen in die Teppichsiedlungen, von Einkaufen in die Supermärkte am Stadtrand und von städtischen Kulturen in periphere Kinos oder Entertainment Center: Wie lässt sich heute noch »Stadt« als kompakte Form und komplexe Struktur denken?＿＿＿ Die Beziehungen von Zentrum und

Peripherie beginnen sich umzukehren. So wie »Rand« oder »Peripherie« auch zentrale Lagen des fragmentierten Stadtraumes charakterisieren, entstehen umgekehrt in den peripheren Räumen »zentrale« ökonomische Wachstumskerne – vor allem in der Form regionaler Dienstleistungsdistrikte. Die Knotenpunkte von S- und Autobahnen werden zunehmend Standort industrieller und technologischer Wachstumsbranchen, neben den »Backoffices« der untergeordneten Tätigkeiten wandern zum Teil bereits Headquarter-Funktionen des Dienstleistungssektors in die Büroquartiere der Region aus: Die polyzentrische Raumstruktur der städtischen Region ist durch gleichzeitige Prozesse von Konzentration und Zerstreuung geprägt, die nicht mehr dem herkömmlichen Muster von Zentrum und Peripherie folgen. _____ In den zerstreuten Einfamilienhaussiedlungen entwickeln sich sozial ghettoisierte, von großstädtischen Problemen gesäuberte Lebenswelten der weißen Mittelschichten, die vor den urbanen Problemen in die Region geflohen sind. Hier wird noch einmal die traditionelle Idee von der Familie als Zentrum der Gesellschaft praktiziert. War früher das urbane Zentrum der Raum bürgerlicher Ordnung sowie familiarer Sicherheit und galt die Peripherie als Ort der Beziehungslosigkeit und Wildnis, so haben sich die Verhältnisse auch in dieser Hinsicht umgekehrt. Diese Phänomene der Deurbanisierung, die nicht an zentrale Orte gebunden sind, sondern längst die Umlandgemeinden mit entsprechenden sozial-räumlichen Problemen erreicht haben, kennzeichnen den tiefgreifenden Wandel sozialer Strukturen und die Auflösung moderner zentralistischer Raumformen. Damit werden Stadt, Rand, Land, Zentrum und Peripherie obsolete Begriffe, deren Gegenstände und Beziehungen neu bestimmt werden müssen: Es gibt kein einheitliches Muster von Stadtentwicklung mehr – »Zentrum« und »Peripherie« sind gleichermaßen Fragmente einer polyzentrisch transformierten regionalen Raumstruktur. _____ Die beschriebenen Phänomene der »Modernisierung« europäischer Städte sind auf außereuropäische Räume zu verallgemeinern, insofern sie dort bereits zur Normalität des Alltags gehören. Die außereuropäische Stadt ist weit stärker durch fragmentierte Dichte und informelle Mechanismen von Staat und Planung im privaten Städtebau charakterisiert – davon kann der sich privatisierende europäische Städtebau lernen. Die außereuropäische Stadt kennt zudem keine Bürger im europäischen Sinne der zivilen Stadt-Gesellschaft – hier ist die Verortung der Individuen in privatisierten communities oder in abgeschlossenen, sozial homogenen Stadtvierteln bereits eingeübter Alltag und bestimmt die Kultur der Stadt. Diese kennt keine städtische Öffentlichkeit im Sinne des räsonierenden Stadt-Publikums – die individualisierenden Medien bestimmen hier den Bezug zur Welt bereits weit stärker als in Europa. Und im außereuropäischen Raum ist Stadt immer schon Stadt-Region, die Kernstadt besteht in der Regel aus dem Central Business District, neben dem oft musealisierten kolonialen Gründerzeitviertel – ansonsten herrscht, europäisch gesprochen, »Peripherie«. _____ Die beschriebene Erosion der europäischen Stadtstruktur führt also zur Angleichung an außereuropäische und amerikanische Muster. An ihnen können die »Verluste« von urbaner Komplexität und europäischer Kompaktheit ebenso studiert werden wie die dominante Orientierung der Städter an globalen Medien und erweiterten Stadt-Regionen. Die europäische Stadt hat bisher alle historischen Modernisierungen überstanden und gelernt, durch Transformationen ihre Struktur anzupassen und zu entwickeln. Inwieweit ihr dieses im gegenwärtigen Struktur-Wandel wieder gelingt, hängt davon ab, wie sie die Erfahrungen mit globalen Prozessen durch die eigenen Potenziale Komplexität, Zivilität und Urbanität im größeren Maßstab von Stadtregionen verarbeitet.

DER »RAUMSCHIFF« ERDE HAT SCHLAGSEITE. UNGLEICHE BEVÖLKERUNGS-
VERTEILUNG UND UNGLEICHE WACHSTUMSRATEN DES BEVÖLKERUNGS-
WACHSTUMS SIND EINE URSACHE; DAS GROSSE WOHLSTANDSGEFÄLLE ZWI-
SCHEN DEN WENIGEN REICHEN UND
DEN DRAMATISCH ZUWACHSENDEN
HABENICHTSEN IST DIE ANDERE.

—— ECKART EHLERS, GEOGRAPH, 1999

4/132 Das Ei, Projekt für New York, 1977–78, André Bruyère. Paris, Centre Georges
Pompidou, Musée national d'art moderne / Centre de création industrielle

ZWISCHEN EINER SO UNZÄHLBAREN UND RAST
ALLES DURCHEINANDERSTRÖMT UND DOCH JE
GUNG FÜHL ICH MICH ERST RECHT STILL UND
J. W. VON GOETHE 1787 AUS NEAPEL

# THE SPAGHETTI

"Home of the American Pizza

...LOS BEWEGTEN MENGE DURCHZUGEHEN, IST MERKWÜRDIG UND HEILSAM. WIE DER EINZELNE WEG UND ZIEL FINDET. IN SO GROSSER GESELLSCHAFT UND BEWE-...INSAM; JE MEHR DIE STRASSEN TOBEN, DESTO RUHIGER WERD' ICH.

**1** Schriftenmaler in Kobe, Japan, 1995 **2** Japaner in einem Spielcasino in Tokyo, 1996 **3** Straße in Hongkong

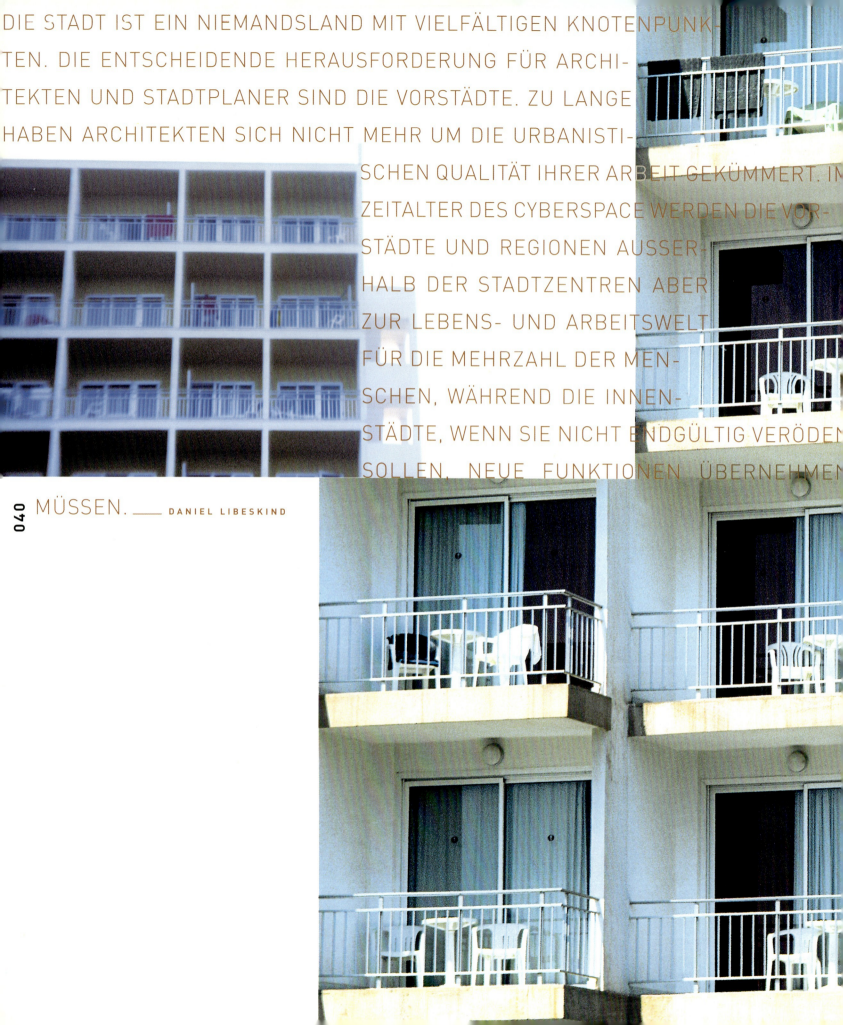

DIE STADT IST EIN NIEMANDSLAND MIT VIELFÄLTIGEN KNOTENPUNK-
TEN. DIE ENTSCHEIDENDE HERAUSFORDERUNG FÜR ARCHI-
TEKTEN UND STADTPLANER SIND DIE VORSTÄDTE. ZU LANGE
HABEN ARCHITEKTEN SICH NICHT MEHR UM DIE URBANISTI-
SCHEN QUALITÄT IHRER ARBEIT GEKÜMMERT. IM
ZEITALTER DES CYBERSPACE WERDEN DIE VOR-
STÄDTE UND REGIONEN AUSSER-
HALB DER STADTZENTREN ABER
ZUR LEBENS- UND ARBEITSWELT
FÜR DIE MEHRZAHL DER MEN-
SCHEN, WÄHREND DIE INNEN-
STÄDTE, WENN SIE NICHT ENDGÜLTIG VERÖDEN
SOLLEN, NEUE FUNKTIONEN ÜBERNEHMEN

MÜSSEN. —— DANIEL LIBESKIND

EIN TANZ AUF DEM VULKAN BLEIBT ES IMMER. ____ CUAUHTÉMOC CÁRDENAS, OBERBÜRGERMEISTER

VON MEXIKO CITY, ÜBER DEN VERSUCH, DAS WACHSTUM IN SEINER STADT ZU KONTROLLIEREN, 1998

# 03 ) der traum

## von der polis – rückbesinnung auf die verant-

## wortung des bürgers —— CHRISTIAN MEIER

Wie für Jahre mag man für Jahrhunderte, vielleicht gar für Jahrtausende, Bilanz zu ziehen versuchen. Doch wird sich das Gewässer der Geschichte, das inzwischen immer mehr zu einem Strom geworden ist, diesem Raster schwerlich recht fügen. Ob die Jahreszahlen mit einer 18, einer 19 oder einer 20 beginnen, ist schließlich nicht sehr interessant, auch wenn sich manches nachträglich einer chronologischen Einteilungsmagie zu unterwerfen scheint. —— Gleichwohl mag es einen Sinn haben, anläßlich des – Ende 2000 bevorstehenden – Jahrhundertwechsels innezuhalten und eine Besinnung zu versuchen; indem man vor- und zurückschaut; denn eins bleibt ohne das andere lahm. Woher und wohin sind wir unterwegs? Wir, das heißt die Menschheit, aber natürlich auch Teile davon, also etwa Europa. —— Wenn man so fragt, liegt es nahe, zugleich die Ausrüstung zu überprüfen, die uns zur Verfügung steht – und sie gegebenenfalls zu überholen. Diese Ausrüstung aber stammt, da der Mensch von Natur ein Kulturwesen ist, aus der Geschichte; der näheren und der ferneren, wenn diese sich jedenfalls in das Bedingungsgeflecht und die übliche Ausprägung menschlicher Eigenart nachhaltig eingeschrieben hat; direkt oder durch Renaissancen. —— Sobald die Frage indes bei der Geschichte anlangt, gerät man – zumindest im westlichen Europa – in Verlegenheit. Es ist ja sehr strittig, ob die Geschichte Europas, die schließlich diejenige der ganzen Welt in sich hineingezogen hat, eher ein Fluch oder eher ein Segen für die Menschheit war und ist. Jedenfalls ist das Leiden an dieser Geschichte, die große Ungewißheit über sie, weit verbreitet; objektiv wie subjektiv. Entsprechend fehlt der EU, was die Nationen, aber auch schon griechische Poleis kennzeichnete, daß sie sich nämlich in der Phase ihres Entstehens (eventuell ihrer Neugründung) einer gemeinsamen Vergangenheit vergewisserten. Nicht zuletzt durch Erfindungen, doch muß das nicht sein. Die Brüsseler Behörden sind dafür nicht zuständig, aber eine europäische Gesellschaft wäre es. Nur daß die Bürger sich dafür nicht interessieren, daß sie sich mit dem heranwachsenden Europa nicht oder nicht genügend identisch fühlen. Oder daß die Zeit historischer Orientierung nicht günstig ist, weil etwa die Zusammenhänge zu schlaff sind, in denen das sinnvoll wäre. Weil wir viel zu sehr aus der eigenen Zeit und dem Wechsel ihrer Moden bestimmt sind, als daß wir so leicht auf tiefere Bedingtheiten stoßen könnten. —— Was soll man auch mit einer Geschichte tun, die zu einem ausgeprägten Kolonialismus mit fürchterlichen Auswüchsen zur Atombombe (und ihrem Abwurf in Asien, nicht in Europa) und zu Auschwitz geführt hat? Da stellt man sich besser taub. —— Andererseits fußen wir in dieser Geschichte. Sie gehört in irgendwelchen Teilen zweifellos, ob wir wollen oder nicht, zu unserem historischen Gepäck. Und eine Besinnung auf uns selbst müßte sich eigentlich auf sie erstrecken. —— Dabei stößt man über kurz oder lang auf das Erbe der griechischen Polis, einer auf die Regel der Weltgeschichte gesehen, höchst

❶ 4/83 Korinthischer Helm, Ende 6. Jh. v.Chr. Staatliche Museen zu Berlin, Antikensammlung ❷ Das Kapitol in Washington, 1995 ❸ 4/86 Die Akropolis in Athen (um 470-400 v. Chr.), Modell von Ulrich Wegner, 1982-83. Wien, Universität für Angewandte Kunst, Meisterklasse Prof. Hans Hollein ❹ Der Plenarsaal des Deutschen Bundestages im Reichstagsgebäude in Berlin, 1999 ❺ Das »House of Lords« in London, 1993

_der traum von der polis

befremdlichen Kultur, in deren Zentrum eigentümlicherweise die Verantwortung der Bürger für das Gemeinwesen stand, wie sie ja überhaupt in ganz ungewöhnlichem Maße eine Kultur der Bürger im politischen, nicht im soziologischen, Sinn war. _____ Auch der Gedanke an die griechischen Erblasser ist heutzutage allerdings nicht bequem. Was soll man von einer Kultur halten, zu deren Elementen die Sklaverei gehörte? Es gebe Menschen, die von Natur Sklaven seien, hat einer ihrer bedeutensten Philosophen geschrieben. Was spricht für eine Kultur, die den Frauen in der Öffentlichkeit ganz besonders wenig Rechte einräumte? Was macht man mit dem Unterschied zwischen Griechen und Barbaren, der im wesentlichen mit dem zwischen Europa und Asien zur Deckung gebracht wurde?_____ Schließlich, wenn die Griechen auch in den Grenzen, die die Bürger von Nichtbürgern, Sklaven und Frauen schieden, Demokratien hervorbrachten, so ist ihre Hinterlassenschaft doch von Monarchen und Adligen sowie von unpolitischer Bildungsbegeisterung weit mehr als von der abendländischen Demokratie in Anspruch genommen worden. _____ Allein, sind nicht trotz alledem die griechischen Anfänge Europas heute von besonderer Aktualität? Die Entdeckung des Menschen als Bürger, die darauf beruhende Konstitution des Politischen unter der Forderung, daß, was alle gemeinsam betrifft, auch von allen gemeinsam entschieden wird, dieser Anspruch auf Selbstbestimmung ist tief eingelagert in die Voraussetzungen unserer Kultur. Andererseits erfahren wir einen Umwälzungsprozeß sondergleichen, der unsere Welt und uns selbst nachhaltig verändert, ob wir wollen oder nicht. Er hetzt uns weit mehr, als daß wir ihn auch nur halbwegs unserem Willen unterwerfen, als daß wir solch einen Willen überhaupt entwickeln könnten. Wenn Selbstbestimmung sich gerade auf uns selbst und unsere Verhältnisse erstrecken müßte, tut sich eine weite Kluft, ja ein Widerspruch auf zwischen dieser Wirklichkeit und den griechischen Voraussetzungen unserer Kultur. Es ergibt sich eine unerhörte Herausforderung – zur Selbstbesinnung, aber vielleicht auch zu einigen Konsequenzen, jedenfalls zu der Frage, ob die Tradition der Polis noch fortsetzbar ist. _____ Die Behauptung, die Bürger seien für die Ordnung der Stadt verantwortlich, sie hätten nicht nur den schlechten Zustand verschuldet, sondern sie könnten den guten nicht wiederheraufführen, findet sich schon um 600 v. Chr. in Athen. Es war eine sehr eigenartige Konstellation, aus der heraus man zu ihr kam. Überall sonst, wo Kulturen sich gebildet hatten, richteten sich Forderungen auf Wiederherstellung der Ordnung an Monarchen. Ihre Macht, Kompetenz, Nähe zur Gottheit (evtl. auch Teilhabe daran) wies ihnen diese Rolle zu. _____ Die Griechen aber hatten solche Monarchien nicht. Sie mochten zwar ersatzweise auf Usurpatoren, Tyrannen setzen, doch haben sie mit denen bald schlechte Erfahrungen gemacht. In der allgemeinen Meinung des Adels stießen sie auf Ablehnung, und da die Macht breit gelagert war, waren ihre Möglichkeiten in den kleinen Poleis auch gering. So wurde im Fall der Krise etwas anderes versucht: Man berief Wieder-ins-Lot-Bringer, die mit außerordentlichen Vollmachten das Nötige ins Werk setzen und anschließend wieder zurücktreten sollten. Eben deren Einsetzung lag in der Verantwortung der Bürger. _____ Diese Herren standen vor sehr schwierigen Problemen. Denn wie stiftet man über tiefe Gegensätze hinweg eine Ordnung, die am Ende nicht von einem Zentrum aus regiert und zusammengehalten wird? Man mußte sehen, irgendeine Balance zwischen den verschiedenen Kräften herzustellen, die in der Lage war, sich selbst zu tragen. Man mußte von einer letzten Instanz abstrahieren und gesetzmäßige Zusammenhänge zu ergründen und sie durch Gesetze zu befestigen suchen. _____ Dieser Schwierigkeit aber war nur beizukommen,

❶❷

PRINCIPES
DU
DROIT POLITIQUE.
Par J. J. ROUSSEAU,
CITOYEN DE GENEVE.

Dicemus leges ____ fœderis æquas
Ænied. xi.

A AMSTERDAM,
Chez MARC MICHEL REY,
MDCCLXII.

❶ 4/99 La Révolution Française, Ende 18. Jh., A. Duplessis. Vizille, Musée de la Révolution française
❷ 4/96 Principes du Droit Politique (Erstausgabe des Contrat Social) von Jean-Jacques Rousseau, Amsterdam, 1762. Montmorency, Musée et Bibliothèque J.-J. Rousseau
❸ 4/81 Doryphoros (Speerträger) des Polyklet, um 440 v.Chr., Abguss-Sammlung Antiker Plastik Berlin
❹ 4/82 Doryphoros des Polyklet, um 440 v.Chr., Torso »Pourtalès«. Abguss-Sammlung Antiker Plastik Berlin
❺ 4/93 »Dresdner Artemis«. Abguss-Sammlung Antiker Plastik Berlin

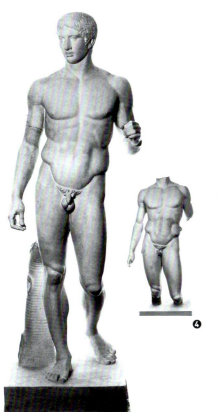

wenn man solchen Gesetzmäßigkeiten auch anderswo, in der Natur, im Kosmos, nachspürte. In diesem Zusammenhang sind die Anfänge der frühen griechischen Philosophie, die ganz neuen Ansätze griechischen Fragens, der Wissenschaft, der Weltoffenheit, der weitgetriebenen Rationalität zu verstehen. Letztlich auch die Fragen nach den rechten Maßen und damit Wesenszüge griechischer Architektur. _____ So sehr die Philosophie weithin eine elitäre Angelegenheit wurde, die politischen Denker mußten zugleich in die breiteren Schichten hineinwirken. Denn es erwies sich, daß der Adel wenig diszipliniert war; wenn es institutionelle Mittel gab, ihm Paroli zu bieten, so war ihre Handhabung auf den Rückhalt der breiten Schichten angewiesen. Politisches Denken mußte also der Allgemeinheit zugänglich gemacht, die Sprache mußte entsprechend weitergebildet werden. _____ Wenn aber breite Schichten nicht nur bei besonderen Anlässen, sondern regelmäßig eine politische Rolle spielen sollten, mußte der Bereich der Öffentlichkeit aufgewertet und ausgebaut werden. Gespräch, Sport, Gesang und Tanz, überhaupt die Feste als Manifestationen der Gemeinsamkeit mußten belebt und befördert werden (wozu sogar Tyrannen beitrugen). _____ Ein neues Bürger-Ideal entstand: Er mußte sein Gut bewirtschaften, als Schwerbewaffneter dienen können, von Sport und Gesang etwas verstehen, in der Politik mitsprechen können. Dies alles war, so oder so, mehr oder weniger, für jeden erreichbar. Darin konnte die Bürgergleichheit sich – bei allen Unterschieden zum Adel – legitimieren. Es spricht vieles dafür, daß Plastiken wie der Speerträger des Polyklet, diesen Bürger darzustellen versuchten. Polyklet hatte in vielen Messungen das rechte Menschenmaß ermittelt und darauf fußend einen »Kanon« aufgestellt, einen Durchschnitt gleichsam, der dann durch Feinheiten in eine ideale Höhe gehoben wurde. _____ Als es in Athen in Folge der Perserkriege und all der daran sich anschließenden tiefen und raschen Veränderungen zur konsequenten Demokratie kam, stellte sich eine so ungewöhnliche Situation ein, daß man sich zu höchst ungewöhnlichen Antworten herausgefordert sah und sie erstaunlicherweise auch zu geben wußte; im Schwung der eigenen Erfolge, durch tiefe Verunsicherungen, durch Ängste, durch vielerlei Orientierungsbedürfnisse getrieben, gewillt, es mit allen Problemen aufzunehmen. _____ Offenkundig hat die attische Tragödie, wie sie sich nach den Perserkriegen fortbildete, die Unsumme der neuen Fragen aufgenommen, sie im Mythos durchgespielt und ist sie gerade dadurch, als politische Kunst, zu Werken gelangt, die bis heute breites Interesse finden. _____ Was ist gerecht?, so mußte man sich immer wieder fragen, wenn man eine Politik zu treiben hatte, für die es keine Regeln gab; wenn sie in der Volksversammlung zu verfechten war, in der sich so leicht keine Routine einstellen konnte, zumindest nicht bei weitreichenden Entscheidungen. Wann droht der Neid der Götter?, mußte man sich fragen, wenn man durch große Macht eben diese Eifersucht heraufzubeschwören fürchten mußte. Was ist von den alten heroischen Idealen zu halten, wenn sie gar nicht mehr in die Zeit passen? Was von Eingriffen der Stadt in göttliches Recht? Die Bürger erfuhren sich zunehmend als Urheber des Geschehens, und doch hatten sie sich von den Göttern nicht gelöst, fürchteten oder vermochten ihre Unsicherheit doch als solche Furcht zu verstehen. Was ist der Mensch? Was ist seine Herrlichkeit, wenn er allzu leicht verblendet sein konnte, wie man aus dem Mythos wußte, wie gerade die Demokratie es an sich selbst erfuhr? _____

❸

❹

❺

Immer wieder ging es in den Entscheidungen um Krieg und Frieden, Leben und Tod, Bündnisse, Wendungen in der Politik waren zu beschließen, deren Folgen weit reichen mochten: Es war eine höchst gewagte Existenz, deren Fragen die Tragödie aufnahm, nicht direkt, sondern auf der Ebene, in der sie sich als allgemeine religiöse, ethische, als Probleme eines besonders herausgeforderten Menschseins stellten. Eben deswegen können diese Stücke uns noch so viel sagen. Entsprechendes ließe sich für die damals sich herausbildende Geschichtsschreibung sagen. ——— Vor allem war es die Philosophie Platons, die es nach den entsetzlichen Maßlosigkeiten gegen Endes des 5. Jahrhunderts mit der ganzen Orientierungsnot, der Bodenlosigkeit aufzunehmen suchte. Er formulierte und verfolgte Fragen – vor allem die nach dem Gerechten – die seitdem nicht mehr zur Ruhe gekommen sind, auch wenn seine Antworten, jedenfalls die politischen, in vielem kaum überzeugen können. ——— Diese Philosophie widersprach der Demokratie. Sie degradierte deren Bürger, die für das Allgemeine zuständig gewesen waren, zu bloßen Spezialistentätigkeiten. Die Philosophen sollten in der rechten Polis Könige sein. Der Anspruch einer großen Tradition politischen Denkens kulminierte und überschlug sich hier. Das Bewußtsein der Verantwortung steigerte sich – bei aller Ironie – zu höchstem Ernst, nur daß sie eben nur noch in einem kleinen Kreis wahrgenommen werden sollte. So ging die ganze Fragwürdigkeit einer glanzvollen, großartigen, schließlich überforderten Polis-Demokratie hier als Herausforderung in ein besonders zentrales Stück griechischer Überlieferung ein. ——— Kurz (und ohne daß man noch weitere Dimensionen der griechischen Hinterlassenschaft erwähnen müßte): Was in der literarischen Überlieferung wie in Stein, Bronze und Ton von den Griechen auf uns gekommen ist, ist im wesentlichen Ausdruck der griechischen Form menschlicher Existenz oder Antwort auf deren Probleme. Eben jenes ungewöhnlichen, welthistorisch für sich allein dastehenden Versuchs, Menschen als Bürger auszuprägen, als wirkliche Teilhaber des Gemeinwesens, die wie das Opferfleisch, Beute und finanzielle Überschüsse so auch Politik und Kriegsführung unter sich aufteilten; die also das Gemeinwesen nicht mehr sein ließen als alle Bürger zusammen; die diesen Bürgern, wie sie sagten, die Dinge in die Mitte legten, damit sie darüber entschieden; die folglich ein besonders eigenständiges Menschentum hervorbrachten, das sich weit über das Politische hinaus bewährte. Hier gelang es, eine Kultur nicht von einem monarchischen Zentrum, sondern aus der Mitte der Gesellschaft heraus zu bilden, wenn der aktive Part dabei auch zumeist bei Angehörigen der Oberschicht lag. ——— Dies alles wurde möglich in einer – außerhalb des Politischen – fast statischen Welt. Insofern war das Geschehen, soweit menschenmöglich, mit politischen Mitteln zu beherrschen; jedenfalls auf lange Strecken. Arbeit wurde kaum geschätzt, Spezialisierung, so sehr man ihre Früchte genießen mochte, galt für den Bürger so gut wie nichts. Ratio wurde großgeschrieben, folglich die Scheidung zwischen den Geschlechtern zusätzlich dadurch gerechtfertigt, daß die Frauen irrational dächten und handelten. Daß gerade der Glanz Athens auf vielerlei Unterdrückung, Ungerechtigkeit beruhte, sei nur rasch noch erwähnt. Diese Kultur war alles andere als ideal. Nur eben war dies die Kehrseite eines neuen Anfangs der Weltgeschichte. ——— Was soll uns das heute? Historische Besinnung auf die Polis kann und muß, im Lichte der neuen Problematik des Politischen, vornehmlich den politischen, den Selbstbestimmungsanspruch der Griechen ins Zentrum rücken. Er liegt, wie hier zu zeigen versucht wurde, ihrer ganzen Kultur weitgehend zugrunde. Obwohl man diese Kultur auch unpolitisch rezipieren kann. ——— Hinter diesem Anspruch blieben auch die Griechen nach dem Ende ihrer

Glanzzeit zurück. Und doch wurde die Kultur, in die er installiert wurde, bis weit ins römische Reich hinein bewahrt und ausgebaut. Sie verquickte sich in nicht geringem Maße auch mit der christlichen Lehre. Ihre eigentlich virulente Nachgeschichte hatte sie in neuen und immer neuen Zusammenhängen auf dem Boden des weströmischen Reiches samt den Ländern, in denen es sich fortsetzte und in die es ausstrahlte. Es war wichtig, daß griechische Gedanken neben dem römischen Recht in die Fundamente der absoluten Monarchien eingingen. So konnte dort erstmals eine positive Alternative zu kräftiger Monarchie erwachsen. Schließlich konnte sich der Selbstbestimmungsanspruch in den nationalstaatlichen Demokratien erneuern. _____ Die Frage ist jetzt, wie und wie weit der von den Griechen überkommene Anspruch, so elementar genommen, wie es heute sein muß, fortwirken kann. So, wie wir ihn fortgebildet haben, gehört er mit menschlicher Autonomie und Menschenwürde zusammen. Das spricht entscheidend dafür, ihn aufrecht zu erhalten. Dazu aber müssen wir uns über das gesellschaftliche Selbst neu verständigen; auch darüber, daß Selbstbestimmung nicht ohne Solidarität und Zusammenhang zu haben ist. Wie weit wir damit kommen, muß sich zeigen.

(Dieser Beitrag folgt auf Wunsch des Autors den Regeln der alten Rechtschreibordnung)

NICIAS SAGTE AM STRAND VON SYRAKUS ZU DEN ATHENERN: »IHR SELBST SEID DIE STADT, WO IHR EUCH AUCH NIEDERLASST. [...] DIE MENSCHEN MACHEN DIE STADT, NICHT DIE MAUERN UND SCHIFFE OHNE SIE.«
_____ (THUKYDIDES VII, 63)

04 ) 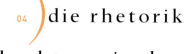 **die rhetorik der überwachung: angst vor beobachtung in den zeitgenössischen medien**_____ THOMAS Y. LEVIN

Überwachung ist nichts Neues: Insbesondere seit Orwells Buch »1984«, das bereits 1949 die Vision eines autoritären Staats präsentierte, der jede Lebensäußerung aggressiv kontrolliert, ist unsere Wahrnehmung der Zukunft – und zunehmend auch der Gegenwart – von der Furcht geprägt, wir würden beobachtet, kontrolliert und unserer Privatsphäre beraubt. Und wirklich ließe sich argumentieren, dass haargenau die Verwirklichung von Orwells schlimmsten Alpträumen eines der zentralen Kennzeichen des ausgehenden 20. Jahrhunderts geworden ist: Immer stärker prägt Überwachung unseren Alltag, und zwar in Ausformungen, die von den eher offensichtlichen Videoüberwachungskameras (CCTV – closed-circuit television) bis hin zu den hinterhältigeren (weil weitgehend unsichtbaren) Varianten digitaler Informationsdokumentation reichen, die heute unter dem Namen »Datenüberwachung« (dataveillance) geläufig sind und alles Mögliche umfassen, angefangen von der Registrierung unserer Einkäufe im Supermarkt über die Aufzeichnung der Daten der Handybenutzung bis hin zur Erstellung des individuellen Interessensprofils jedes einzelnen Internet-Surfers. Werbefachleuten – stets äußerst feinfühlige Barometer für gesellschaftliche Entwicklungen – blieb diese Tatsache nicht verborgen, wie beispielsweise folgende Reklametafel beweist, die in Manhattan für Oberbekleidung wirbt: »An jedem durchschnittlichen Tag werden Sie mindestens ein Dutzend Mal von Überwachungskameras gefilmt – sind Sie auch schick genug angezogen?« Eine Zeitungsreklame wiederum wartet mit folgender Feststellung auf: »Gerade mal zehn Prozent der New Yorker, die ein Teleskop besitzen, interessieren sich für Astronomie.« Demnach funktioniert Überwachung in zwei Richtungen: Wir sind ihr Objekt, aber wir selbst betreiben sie auch aktiv. ⸻ Die Dynamik des allgegenwärtigen Voyeurismus und der allgegenwärtigen Observation und Datendokumentation bleibt dabei keineswegs nur auf die Vereinigten Staaten von Amerika beschränkt, wie ein faszinierender Bericht an das Europaparlament belegt (Steve Wright, An Appraisal of Technologies for Political Control). Bei der Lektüre dieses ebenso nüchternen wie systematischen Katalogs einer ganzen Reihe technischer Hilfsmittel und Praktiken zur Beibehaltung von Macht (die ausführliche Behandlung des Stichworts Überwachung stellt nur eines der Kapitel dieses umfangreichen Dokuments dar) wird einem bewusst, dass das, was man vor der Lektüre vermutlich als wüste Verschwörungstheorie abgetan hätte, nicht nur in vielen Fällen zutrifft, sondern vielfach noch weit erdrückender ausfällt, als man es sich je hätte träumen lassen. Aus Wrights Bericht erfahren wir, dass sich erstens zahlreiche Ex-Militärausrüster nach dem Ende des Kalten Krieges primär auf den so genannten privaten Sektor umorientiert haben, und dass zweitens neue digitale Technologien dem Staatsapparat die nötigen Mittel an die Hand geben, Fernschreiben, Telefaxe, E-Mails und sogar Telefonate automatisch auf Schlüsselworte hin scannen zu lassen und alles selektiv zu speichern, was von Interesse scheint. Heutzutage lässt sich diese Aufgabe vollautomatisch erledigen – früher einmal (zum Beispiel in der DDR) brauchte es dazu eine halbe Million geheimer Informanten, von denen bis zu zehntausend Personen nur damit beschäftigt waren, Telefongespräche abzuhören, mitzuschneiden und zu transkribieren. Erst kürzlich wurde aufgedeckt, dass das berühmt-berüchtigte Projekt ECHELON – eine Gemeinschaftsunternehmung der USA, Großbritanniens, Kanadas, Neuseelands und Australiens – als weltumspannendes Überwachungssystem funktioniert, mit dem der gesamte Datenverkehr zwischen sämtlichen Intelsat-Satelliten »durchschnüffelt« wird – und damit so gut wie alle Satellitentelefonate, fast der komplette Internet-Verkehr, alle Faxe und alle E-Mails. Das System, ursprünglich zu militärischen Zwecken entwickelt, wird heute im gleichen Umfang zur routinemäßigen Überprüfung »ziviler Ziele« eingesetzt. Wie der zitierte Bericht erhellt, steuern alle fünf an ECHELON beteiligten Staaten »Lexika« mit Stichwörtern, Redewendungen und Namen bei, woraufhin sie wenig später automatisch erstellte Abschriften des kompletten Textes sämtlicher »elektronisch markierter und abgefangener Meldungen« erhalten – so etwas erweist sich nicht nur bei der Bekämpfung von »Terroristen« als nützlich, sondern ebenso bei der Aushandlung von Handelsabkommen. ⸻ Selbst augenscheinlich harmlose Technologien wie beispielsweise Systeme zur Kontrolle des Straßenverkehrs lassen sich mühelos zu Überwa-

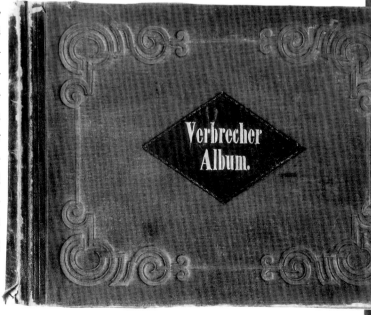

chungszwecken umfunktionieren, wie sich im Nachspiel zu den gewalttätigen Auseinandersetzungen auf dem Pekinger Tienanmen-Platz herausstellte. Das dort installierte
Verkehrsüberwachungssystem, ein Gemeinschaftsprodukt der Firmen Siemens und Plessy,
wurde nämlich zur Identifizierung so gut wie aller Studentenführer eingespannt, indem
man die Aufzeichnungen der Videokameras so lange im Staatsfernsehen zeigte, bis alle ge-
suchten Personen denunziert worden waren. Erst vor kurzem wurde ein ganz ähnliches
Verkehrskontrollsystem nach Lhasa exportiert, obwohl man in ganz Tibet keine Verkehrs-
staus kennt. Die unschöne Schlussfolgerung, die der zitierte Bericht aus solchen Fakten
zieht, besagt schlicht, dass »demokratische Verfahren der Rechenschaftslegung das einzige
Kriterium sind, das ein modernes System der Straßenverkehrskontrolle von einer technisch hochentwickelten Technik zur Festnahme von Dissidenten unterscheidet«. Trotzdem sind solche Systeme der Verkehrsüberwachung noch harmlos im Vergleich zur neuesten Generation technischer Hightech-Spielereien wie beispielsweise der in Dänemark
hergestellten Stroboskopkamera »Jai«, die binnen Sekunden Hunderte von Fotos schießt
– auf diesem Wege lassen sich problemlos Fotodokumentationen sämtlicher Teilnehmer
einer Demonstration erstellen. Ähnliches gilt für parabolische Mikrofone, mit deren Hilfe
man mühelos Unterhaltungen abhören kann, die bis zu einem Kilometer entfernt stattfinden; die deutsche Elektronikfirma PK Elektronik hat vor kurzem eine auf Lasertechnik
basierende Version dieses Geräts vorgestellt, die selbst noch durch geschlossene Fenster
jedes Gespräch belauscht, sofern freie Sicht auf die Sprecher gewährleistet ist. Ein jüngst
erschienener Artikel der New York Times brachte die Konsequenzen folgendermaßen auf
den Punkt: »Wenn Sie das Empire State Building sehen können, können umgekehrt auch

❶ ❷

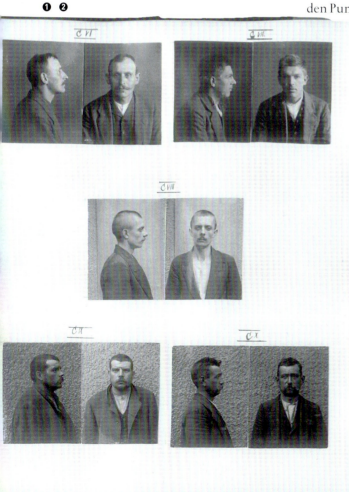
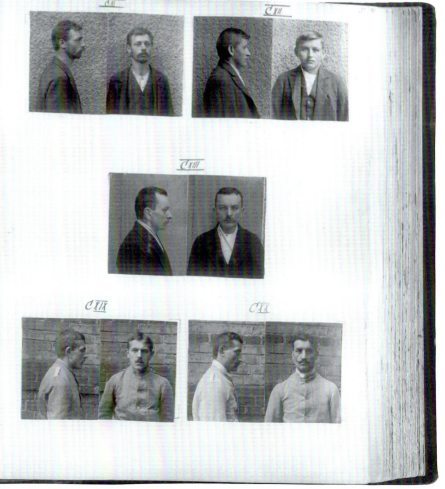

wir Sie sehen, hören und vor allem aufzeichnen.« ———Weniger eindeutig auf die Geheim-
dienste verweisend, aber ebenso beunruhigend sind folgende zwei Feinheiten der neuen
ISDN-Telefonsysteme: Erstens wurden sie nicht nur optimiert, um die Datenübertragung
zu ECHELON-verwandten Schnüffelsystemen zu ermöglichen, sondern zweitens lässt sich
bei jedem ISDN-Telefon ohne Klingelzeichen elektronisch der Hörer »abheben« und damit
jede beliebige Unterhaltung in einem Privathaus oder Büro mithören. Kreditkarten und
neue computerlesbare Pässe erlauben schon seit langem die Dokumentation der geografischen Bewegungen eines Individuums – allerdings mit zeitlichen Unterbrechungen und
Lücken; trotzdem macht diese Tatsache die paranoide Hellsichtigkeit absolut nachvoll-
ziehbar, die in Deutschland bereits vor Jahren massive Proteste gegen die Einführung von
Strichcodes auf den Personalausweisen ausgelöst hatte. Dank der rapiden Ausbreitung

❶                 ❷             ❸

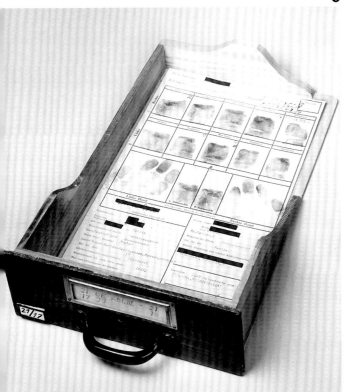 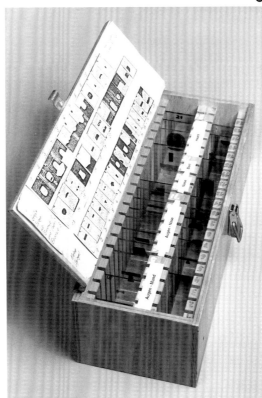 

❶ 4/150 Schublade mit Fingerabdruckkarteien, um 1940.
❷ 4/149 Karteikasten mit Lichtbildern für den Einsatz im Bildmontagegerät. ❸ 4/135 Stuhl mit Vorrichtung für fotografische
Aufnahmen, um 1890. ❹ 4/141 Gipsabguss einer Schuhspur.
❺ 4/136 Kamera, um 1890. Alle Objekte: Polizeipräsident in
Berlin. Polizeihistorische Sammlung

von Handys und ihren proletarischen Vettern, den »Beepern« (in Deutschland unter dem Namen »Scall« oder auch »Quix« im Handel), haben die genannten Möglichkeiten zur Dokumentation der Ortsbewegungen von Individuen in jüngster Zeit merklich an Exaktheit zugelegt, weil die relevanten Daten aus den Handys weit häufiger »aufgefrischt« werden, um es einmal so auszudrücken. Dieses Faktum wurde bei einer Werbekampagne für das neue (und mittlerweile fast bankrott gegangene) weltumspannende Satelliten-Handy-System der Firma Iridium taktisch gesehen merkwürdig ungeschminkt ausposaunt: »Es sollte doch eigentlich nicht leichter sein, den Verbleib eines Postpakets zu dokumentieren als den Aufenthaltsort einer Person.« (Im Originalton der Reklame: »Tracking a package shouldn't be easier than tracking a person.«) Die potenziell finsteren Folgen dieses augenscheinlich harmlosen Charakteristikums der neuen Technik wurden erst kürzlich anlässlich der Ermordung des tschetschenischen Rebellenführers Dudayew unterstrichen: dieser zurückgezogen lebende Nomade, der lediglich per Handy Kontakt zur Außenwelt hielt, wurde anhand der Positionssignale seines Mobiltelefons geortet und liquidiert, indem die Handysignale zum überaus effektiven Zielpeilungssignal einer Rakete umfunktioniert wurden. _____ Sollte einem schon bei solchen Details mulmig werden, möge man sich die Implikationen der Einführung des IKONOS-Satellitenbilddienstes durch den Kopf gehen lassen, die im Sommer 1999 mit großem PR-Tamtam erfolgte: Einerseits verbessert diese neue Generation von Satellitenkameras die Bildschärfe der für jedermann auf Anfrage verfügbaren Luftaufnahmen, so dass jetzt statt der 10 m Auflösung des bisherigen Standards der SPOT-Satelliten die lang ersehnte Auflösung von 1 m erreicht wird, andererseits muss man vor allem bedenken, dass das Militär sich Auflösungen vorbehält, die noch um Längen präziser sind (manche Experten schätzen, dass die Auflösung der Satellitenfotos vielleicht schon bei 3 cm liegen könnte). Ergänzend sollte man versuchen, sich die Auswirkungen der nächsten Generation terrestrischer Überwachungstechnologien vorzustellen, die auf das erst im Entstehen begriffene, aber rasche Fortschritte verzeichnende Forschungsgebiet der Biometrik zurückgreifen, welches die automatische Personenerkennung anhand von Gesichts- oder Augenabgleichungen erlaubt – man denke nur an den berühmten »Netzhautscan«, der bereits an manchen Geldautomaten im Pilotversuch getestet wird. Kombiniert man die Biometrik mit den bereits heute installierten Videoüberwachungssystemen, erlaubt diese Technologie dann eines Tages nahezu überall, im öffentlichen wie im privaten Raum, die vollautomatische und kontinuierliche Identifikation sowie Dokumentation bestimmter Personen samt ihres Aufenthaltsorts. _____ Unsere Wirklichkeit entspricht dem geschilderten Big Brother-Szenario des 21. Jahrhunderts noch nicht in allen Details – auch wenn sie ihm bereits beunruhigend nahekommt –, dennoch erklärt letztgenanntes Szenario, warum die Gesetzgebungsdebatte um Verbreitung und Einsatz augenscheinlich »neutraler« Überwachungssysteme heute von entscheidender – und immer zentralerer – Bedeutung ist. Die staatliche Regulierung solcher Überwachungstechniken unterscheidet sich von Land zu Land ganz erheblich: In Dänemark zum Beispiel ist der Einsatz aller Videoüberwachungssysteme im öffentlichen Raum kategorisch verboten, in Großbritannien dagegen floriert das Kameraüberwachungswesen so gut wie ohne jede Kontrolle. Nach analogem Muster hat die Tatsache, dass Cyber-Unternehmer als ungebetene Dritte die Online-Aktivitäten des vernetzten Computerbenutzers dokumentieren und die gewonnenen Daten an potenzielle Werbeträger und sonstige Händler verkaufen, gegenwärtig eine wichtige Regulierungsdebatte bezüglich des politischen Umgangs mit der Privatheit von Daten ins Rollen gebracht – in Europa sind datenbezogenen Aktivitäten viel engere Grenzen gezogen als in den Vereinigten Staaten von Amerika, wo die »Regierung« des Cyberspace weitgehend der Dynamik einer ungezügelten Marktlogik überlassen wird. _____ Es gibt aber noch eine zweite Arena, in der gegenwärtig die Politik der Überwachung ausgehandelt wird – wie nicht weiter überraschen wird, geht es dabei um den Bereich der kulturellen Produktion. _____ Es ist allgemein bekannt, dass zumindest eine weitverbreitete Klasse von Überwachungsgeräten ihre Entstehung einer Anregung aus dem Reich der Populärkultur verdankt – die Rede ist vom elektronisch überwachten Hausarrest (EMHC, electronically monitored home confinement), bei dem am Fußknöchel oder Handgelenk des Delinquenten angebrachte Bänder die Bewegungen von Straftätern dokumentieren, die unter Hausarrest stehen: Der Erfinder des Ganzen, ein Haftrichter aus New Mexico, räumt freimütig ein, dass er die Idee zu diesen Sendern aus einem 1979 erschienenen Spiderman-Comic übernahm. Trotz dieses höchst bemerkenswerten Umstands haben erst wenige Kritiker, die sich mit dem Phänomen Überwachung beschäftigen, erkannt, wie nachdrücklich die öffentliche Meinung (und damit auch die gängigen Haltungen zum Thema Überwachung und die Einschätzungen der ihr inhärenten Gefahren) auch und nicht zuletzt von verschiedenen Formen der so genannten »Hochkultur« bzw. der »Massenkultur« geprägt wird. Zwar verläuft dieser Prozess parallel zu den oben skizzierten und äußerst wichtigen Regulierungsdebatten, dennoch stelle ich die These auf, dass heute, da das neue Jahrtausend heraufdämmert, jedes soziopolitisch fundierte Begreifen des Phänomens der Überwachung unbedingt untersuchen muss, mit welch frappanter Geschwindigkeit die Rhetorik besagter Überwachung in so gut wie allen zeitgenössischen Medien Ausbreitung findet, angefangen vom Kino übers Fernsehen bis hin zum Cyberspace – und wohlgemerkt sowohl thematisch als auch formal. _____ Eines der Paradebeispiele für die gleichzeitige Faszination und Bedrohung, die in der heutigen Populärkultur von der Überwachung ausgeht, ist der nachgerade prototypische Film »Die Truman Show« (Peter Weir, USA, 1998), dessen Handlung aus nichts anderem besteht als der Zurschaustellung eines Lebens, das rund um die Uhr überwacht wird. Das wohl Bemerkenswerteste an dieser humoristischen Gleichsetzung einer TV-Sendung mit dem buchstäblichen »Big Brother« ist die Inszenierung eines laufend überwachten Lebens in Form eines mitreißenden Schauspiels; was die wiederholt ins Bild gesetzte Gemeinde begeisterter Fernsehzuschauer in aller Welt an Truman so goutiert, ist (neben dem klassischen voyeuristischen Vergnügen, jemanden beobachten zu können, ohne dass der Betreffende dies merkt) der Umstand, dass sich die Überwachung durch folgende zwei wesentliche Eigenschaften auszeichnet: Erkennbarkeit und Eingrenzung. Anhand verschiedener Kunstgriffe – optische Einblendungen, die auf in der Kleidung (button-cam) oder an der Hausaußenseite (sidewalk-cam) versteckte Kameras hinweisen, Kommentare aus dem Off, die »uns« darüber informieren, welches dieser Aufnahmegeräte gerade läuft etc. – wird dem mitfiebernden Publikum klar gemacht, dass man Überwachung durchaus erkennen und als solche identifizieren kann: dies lindert die Angst vor einer unsichtbaren Überwachung, die sich unmöglich erkennen lässt und einem keinerlei Kontrollmöglichkeiten bietet, noch nicht einmal den Quasi-Zugang, den man als Zuschauer genießt. Da das panoptische Umfeld zudem auf das des Mega-Studios beschränkt ist, in dem die Show »stattfindet«, evoziert der Film zwar einerseits eine von überall mit dem Auge einer Kamera einzusehende Welt, beharrt jedoch andererseits darauf, dass dies nicht die unsere, sondern lediglich die Scheinwelt des Fernsehens sei. Und obwohl es – aus Gründen, zu denen ich später noch komme – entscheidende Bedeutung hat, dass »Die Truman Show« im Fernsehen »live« ausgestrahlt wird, ist es genauso wichtig, darauf hinzuweisen, dass der Film ein Loblied singt auf jene Sorte Überwachung, die jedermann erfreut: Alle Welt sieht gerne dabei zu, wie Menschen – und zwar, wie sich noch zeigen wird, sogar sie selbst – beobachtet werden. \_\_\_\_\_ »Die Truman Show« ist jedoch mitnichten ein Einzelfall, und wirklich bekommt man eine gute Vorstellung davon, in welchem Ausmaß die Überwachung in unserer Massengesellschaft zu einem vorherrschenden Gegenstand kultureller Besorgnis geworden ist, wenn man sich die Anzahl und Vielfalt der Medien vergegenwärtigt, die in den letzten Jahren des 20. Jahrhunderts begonnen haben, das Thema zu erforschen. Doch selbst da, wo diese Sorge klar und deutlich zum Thema gemacht wird – etwa in Filmen wie »Sliver« (Philipp Noyce, USA, 1993), bei dem die Bewohner eines Hochhauses in Manhattan nichts davon wissen, dass das ganze Gebäude verkabelt ist und mittels ferngesteuerter beweglicher Kameras mit variabler Brennweite (PTZ – pan-tilt and zoom; die neueste Variante nennen die Fachleute übrigens »intelligente Überwachungskameras«) unablässig überwacht wird, oder auch im gegenwärtigen Boom sogenannter »Reality TV«-Shows, deren Macher den Aktivitäten oftmals ahnungsloser »Opfer« in einem wüsten ästhetischen Konglomerat aus »Versteckte Kamera« und »cinéma-vérité« nachstellen –, stellt sich weiterhin die Frage, wie es zu interpretieren ist, dass das Phänomen Überwachung so sehr in den Vordergrund gerückt wird. Gibt es beispielsweise einen signifikanten Unterschied zwischen David Lynchs Film »Lost Highway« (Frankreich/USA, 1997) zum einen, in dem über »Watchman«-Handmonitore flimmernde Videoüberwachungsbilder eine fast schon surreale und zutiefst paranoide Form narrativer Beklemmung erzeugen, die mit der Logik des »geschlossenen (Video)Kreises« zusammenhängt, und Brian DePalmas »Spiel auf Zeit« (USA, 1998, Originaltitel: Snake Eyes) zum anderen, in dem die Überwachungskameras des Spielkasinos, das den Schauplatz des Filmes bildet, zum zentralen narrativen Instrument werden, das es uns erlaubt, die Handlung aus dem Blickwinkel des Mannes zu »verfolgen«, der die Videoüberwachungsanlage des Kasinos steuert? Denn genauso, wie man das erstgenannte Werk dahingehend auslegen könnte, dass es eine Kritik der Überwachung entwickelt, indem es ihre störenden und bedrohlichen Eigenschaften sowie die Ambiguität ihrer scheinbar so eindeutigen Bilder hervorhebt und außerdem ihre Komplizenschaft mit der Macht sowie die Einschränkung der öffentlichen Sphäre und das Ende jedweden Privatlebens zum Thema macht, könnte man umgekehrt argumentieren, dass DePalmas »Spiel auf Zeit« mit Hilfe äußerst subtiler formaler Mittel das Phänomen Überwachung legitimiert, indem dieser Film den Zuschauer in die höchst behagliche (nämlich mit vielerlei Machtbefugnissen ausgestattete) Position des Mannes an der Überwachungskamera versetzt. Da das Verlangen des Zuschauers, der partout »wissen« will, was läuft, in »Spiel auf Zeit« von einer Kameralogik befriedigt wird, die unverhohlen zu erkennen gibt, dass sie im Dienste der Observierung steht, könnte man dies wiederum in zwei konträren Lesarten interpretieren: entweder soll herausgestellt werden, dass eine ganz bestimmte Stilrichtung des narrativen Kinos sich aus Gründen der visuellen Ökonomie ganz bewusst auf die Ebene der Überwachung hinabbegibt, oder aber wird die Tätigkeit der Observierung wirkungsvoll entpolitisiert, weil wir durch unseren Zugang zur Überwachung visuelles Vergnügen empfinden, was die optische Bespitzelung banalisiert und bestätigt, dass sie eigentlich ganz harmlos und im Grunde genommen eine höchst nützliche und angenehme Beschäftigung ist. _____ Andere Filme jüngeren Datums, die auf sehr ehrfurchtsvolle Art und Weise »klassische« cinematografische Meditationen über das Phänomen Überwachung zitieren, weisen darauf hin, dass das Sujet ebenfalls eine wichtige historische Dimension als ein zentrales Kapitel in der komplizierten Genealogie der medialen Selbstreflexion hat. Man führe sich nur vor Augen, wie etwa »Am Ende der Gewalt« (Frankreich/Deutschland/USA, 1997; Originaltitel: The End of Violence) von Wim Wenders fast genau dieselben kniffligen ethischen und politischen Fragen aufwirft, die bereits in Antonionis »Blow Up« (England, 1966) gestellt wurden, einem Werk, das seinerseits eine bedeutende frühe Studie der Fotografie als unabsichtliche Form der Überwachung ist. Oder, um ein noch aktuelleres Beispiel anzuführen: Was ist davon zu halten, dass der Kassenschlager »Staatsfeind Nr. 1« (Tony Scott, USA, 1998; Originaltitel: Enemy of the State), ein Streifen, der fast zur Gänze aus der Perspektive eines Sammelsuriums von versteckten und mobilen Überwachungsvorrichtungen aufgenommen wurde, ebenfalls ein äußerst werkgetreues, allerdings auf das GPS- (»Global Positioning Satellite«) Zeitalter zugeschnittene »Remake« eines Filmes ist, bei dem es sich um die womöglich bedeutsamste frühe cinematografische Untersuchung der Überwachung von Tonaufzeichnungen handelt, nämlich um Francis Ford Coppolas Meisterwerk »Der Dialog« (USA, 1974; Originaltitel: The Conversation)? Und einmal ganz abgesehen davon, weshalb wohl in beiden Versionen derselbe Darsteller auftritt – Gene Hackman in der Rolle des bärbeißigen Hackergenies – und die Trennlinie zwischen vordergründiger thematischer Überwachung und einer narrativen Erzählform respektive formalen Ästhetik verwischt wird, die ihrerseits, obschon kaum wahrnehmbar, im Dienste der Observierung steht, stellen sich noch weitere Fragen. Warnen diese Filme mit ihrer fast schon pädagogisch anmutenden Auflistung von Überwachungsvorrichtungen und der geduldigen Erklärung ihrer Funktion womöglich das Publikum vor Gefahren und technologischen Möglichkeiten, derer es sich zuvor vielleicht überhaupt nicht bewusst war, und ist dies womöglich ein Beleg für eine plötzliche Politisierung Hollywoods – oder geht es vielmehr um ein ebenso zynisches wie abgekartetes Spiel mit der visuellen Anziehungskraft von Neuheiten aus der technologischen Trickkiste – oder geht es gar um beides in einem? _____ Angesichts der Tatsache, dass sich diese Überwachungsspektakel angestrengt darum bemühen, »Echtzeit« zu inszenieren, erscheint es mir wichtig, sich Gedanken über die Bedeutung dieser neuen Versessenheit auf Unmittelbarkeit zu machen. Einerseits lässt sich die Anziehungskraft der »Direktwiedergabe« semiotisch als Antwort darauf deuten, dass der Fotografie im Zeitalter ihrer digitalen Manipulierbarkeit praktisch keinerlei dokumentarischer Wert mehr zukommt. Diesem medienhistorischen Argument zufolge ist die Hinwendung zur Überwachungstechnologie eine Hinwendung zur Zeitweiligkeit als einem neuen Garanten für die »Wahrheit« des Bildes und soll dafür sorgen, dass das Kino die rhetorische Kraft zurückerlangt, die es früher aus dem foto-chemischen Anspruch des Filmbildes auf Wahrhaftigkeit bezog (und im Zeitalter von »Photoshop« verloren hat). Der »Wirklichkeitsanschein« (um den wunderbaren Ausdruck von Barthes zu nehmen), der in der Vergangenheit von der Indexikalität der Fotografie garantiert wurde, stellt sich jetzt durch die rhetorische Kraft der sogenannten »Echtzeit« ein. Man ist versucht, diese Emphase auf der »direkten« Wiedergabe als Antwort des Kinos auf den für das Fernsehen bezeichnenden »Livecharakter« zu interpretieren – und wirklich bedient sich der Film überall da, wo Überwachung im Mittelpunkt steht, fast immer einer vom Einsatz einer

ganzen Reihe von Kameras geprägten Darstellungsweise, wie sie für »Direktübertragun-gen« im Fernsehen typisch ist: eine Tatsache, die sich anhand von »Christo« und seinem buchstäblich panoptischen Fernsehstudio in »Die Truman Show« oder anhand der bösen Agenten belegen lässt, die in »Staatsfeind Nr. 1« in ihrem Lieferwagen sitzen und als orts-mobiles Team ihre Überwachungsaufnahmen auf Videoband bannen. _____ Man könnte jedoch auch dahingehend argumentieren, dass das, was sich als das »Spektakel der Über-wachung« bezeichnen ließe und in vielen zeitgenössischen Filmen einen so breiten Raum einnimmt, nur im Zusammenhang mit dem realen »Operationsfeld« zeitgenössischer Überwachung und jener anderen Domäne der »Echtzeit« zu verstehen ist, die sich vor allem auf das nichtvisuelle Reich der Daten erstreckt. In diesem Fall lautet die Frage, ob das Sichtbarmachen von Überwachung, genauer gesagt, von für die Augen sichtbarer Überwachung dazu dient, die Aufmerksamkeit auf diese leicht zugängliche, weil zur ver-trauten Welt der Erscheinungen gehörende Form zu rücken, um die Allgemeinheit so zu verstärkter Wachsamkeit aufzurufen – oder ob das Ganze schlicht und einfach ein strate-gischer Anachronismus ist, der weit dringlichere Themen der Datenüberwachung und des Datenschutzes verdrängt? _____ Vielleicht ist es jedoch sinnvoller, die verschiedenen cinematografischen Überwachungsspektakel in Zusammenhang mit einem Phänomen zu betrachten, das die vielleicht drastischste und am weitesten verbreitete Manifestation der Überwachungskultur im Internet darstellt: das Umsichgreifen sogenannter Webcam-Sites. Diese Websites, auf denen sich die »Ausbeute« scheinbar »live« geschalteter bezie-hungsweise in regelmäßigen Abständen datenaktualisierter digitaler Kameras befindet, erlauben es einem, sich in »Echtzeit«-Aufnahmen privater und öffentlicher Orte jeder nur denkbaren Art »einzuklinken«, wobei die Palette der Schauplätze von Laboratorien, Büros und Studentenwohnheimen bis hin zu Großstadtstraßen, Landschaften, dem Inneren von Automobilen und Baustellen wie etwa dem Potsdamer Platz reicht. Was ist am expo-nentiellen Wildwuchs derartiger Websites von solchem Interesse, dass es mittlerweile sogar schon »Meta-Webcam-Sites« gibt, die diese Kameras nach Ländern, US-Bundesstaa-ten, Universitäten und sogar Kontinenten auflisten oder es einem erlauben, ein Zufalls-programm zu aktivieren, das den Internet-Browser in regelmäßigen Abständen von einem solchen Spektakel ferngesteuerter Überwachung zu einem beliebigen anderen springen lässt? Man beginnt, die Antwort zu erahnen, wenn man die vielleicht bekanntes-te Website betrachtet, nämlich jene berüchtigte Jennicam-Site, die einem die Tür zu einer Reihe angeblich »live« geschalteter digitaler Kameras öffnet, die dem Betrachter das Leben einer jungen Frau namens Jenni in seiner ganzen unzensierten Banalität des Alltags prä-sentieren. Der die Sensationslust anstachelnde Reiz dieser Website, die Zugang zu Bildern gewährt, auf denen sich Jenni womöglich gerade auszieht oder mit ihrem Freund ins Bett geht, hat dazu geführt, dass unglaublich viele, überwiegend junge, weiße und männliche Internetvoyeure zu zahlenden »Mitgliedern« geworden sind (und sich zahllose andere pornografische Websites – bezeichnenderweise – in der phonetischen Nachbarschaft von »Jennis« Internetadresse tummeln). Soziologisch gleichermaßen faszinierend wie die Ver-wandlung der »Auffrischungsrate« in eine Ware (»Mitglieder« bekommen »Live«-Aufnah-men zu sehen, wohingegen »Gäste« sich mit in unregelmäßigen Abständen aktualisierten Bildern begnügen müssen) ist die dokumentarisch belegte Tatsache, dass viele User mehr-mals am Tag zu »Jennis« Website zurückkehren und dem Leben dieser wildfremden Frau in so ziemlich derselben Art und Weise folgen, wie man das bei einer der täglich ausgestrahlten

Seifenopern tun würde – wobei der wesentliche Unterschied jedoch darin besteht, dass das, was man beobachtet, scheinbar ein »wirkliches« Leben ist. _____ So auch im Falle der amerikanischen Fernsehsendung mit dem gleichermaßen bezeichnenden Titel »The Real World«, die in den USA bereits seit vier Jahren erfolgreich ausgestrahlt wird (in Deutschland zeitweilig unter dem Titel »Die wirkliche Welt« auf MTV zu sehen). Diese Serie zeigt Filmmaterial aus dem »nicht inszenierten« Alltag einer Gruppe von Zwanzigjährigen, die in einem Haus leben, das rund um die Uhr von Kameras überwacht wird – auch von diesen, angeblich unzensierten, Bildern geht eine starke Faszination aufs Publikum aus. Eine erstaunlich erfolgreiche niederländische Fernsehproduktion, die Ende 1999 mit dem passenden Titel »Big Brother« ausgestrahlt wurde, bestätigt diese Tatsache uneingeschränkt (der Privatsender RTL hat mittlerweile eine deutsche Fassung für März 2000 angekündigt). Diese allabendlich gezeigte Sendung, zu der es auch eine Website gibt, kombiniert die Möglichkeiten des voyeuristischen Beobachtens via Fernsehen bzw. Cyberspace und ermöglicht es dem Zuschauer, den Alltag einer Personengruppe zu verfolgen, die sich dazu bereit erklärt hat, in einem Fernsehstudio zu leben, das einer bemüht unauffälligen Wohnung nachempfunden ist und rund um die Uhr überwacht wird. Die Sendung ist als eine Art exhibitionistischer Fernsehwettkampf aufgezogen und lockte mit einem Geldpreis für denjenigen, der am längsten durchhalten wird. Der dadurch vorgegebene Wettstreit wurde durch eine geradezu barock anmutende Dynamik verschärft: Die Mitglieder der Gruppe mussten in regelmäßigen Abständen darüber abstimmen, wer aus ihrem exhibitionistischen Kreis verbannt werden sollte. Die Vorgänge in der Wohnung konnten sowohl anhand von Internetkameras mitverfolgt werden (eine Vielzahl von Kameras ermöglichte den gleichzeitigen Blick in viele, wenn auch nie in alle Bereiche), als auch in einer halbstündigen Zusammenfassung zur besten Fernsehzeit, die klar erkennbar eine Auswahl des Materials bot. In dem Maße, wie die Gruppe immer weiter zusammenschrumpfte, wuchs erstens die Zahl der Besucher der Website (beziehungsweise der »Eyeballs«, wie sie im Fachjargon heißen) und wurden zweitens die dramatischen Ereignisse, die sich zwischen den »überlebenden« Beteiligten abspielten, zum Thema hitziger Debatten am Kaffeetisch oder beim Abendessen. Betrachten wir das Ganze einmal von der Warte der Beteiligten, also aus der Perspektive derer, die sich freiwillig einer solchen permanenten anonymen Beobachtung unterwerfen, werden wir Zeuge einer neuen Form von Exhibitionismus, die ganz offensichtlich eine direkte Antwort auf den Wildwuchs des Phänomens der Überwachung darstellt. Das Objekt der Überwachung ist nämlich jetzt nicht mehr länger das Opfer repressiver Bespitzelung, sondern befindet sich in einer eigenartig wünschenswerten, ja sogar schmeichelhaften Position. Diese Entwicklung ist im selben Atemzug die Bestätigung und die Selbstentlarvung von Andy Warhols hellsichtiger Bemerkung, das Aufkommen von Videokameras werde die Menschen dazu verleiten, zweierlei zu tun: Pornos zu drehen und ihre Nachbarn zu bespitzeln. Ausnahmslos legen die genannten Spektakel der Überwachungskultur die Pornografie des Alltags bloß. _____ Keiner hat es besser verstanden, diese verblüffende Umwertung, die sich in dem konstituiert, was man als »Subjektivität der Überwachung« bezeichnen könnte, zum Ausdruck zu bringen, als Friedrich Dürrenmatt in seinem beeindruckenden Büchlein »Der Auftrag oder Vom Beobachten des Beobachters der Beobachter« aus dem Jahre 1986: »(…) dieses Unbeobachtet-Sein würde ihn mit der Zeit mehr quälen als das Beobachtet-Sein vorher (…) nicht mehr beobachtet, käme er sich nicht beachtenswert, nicht beachtenswert nicht geachtet, nicht geachtet bedeutungslos, bedeutungslos sinnlos vor, er würde, stellte er sich vor, in eine hoffnungslose Depression geraten, (...) die Menschen, würde er dann zwangsläufig folgern, litten unter dem Unbeobachtet-Sein wie er, auch sie kämen sich unbeobachtet sinnlos vor ...« ――― Dieses Zitat aus Dürrenmatts Buch erhellt sehr eindrucksvoll die ontologische Verschiebung, die meiner Ansicht nach in zunehmendem Maße zum Kennzeichen der Überwachungskultur wird: Die Substitution des Descarteschen »cogito« durch eine Logik, die man auf die Formel »Ich werde beobachtet, also bin ich« bringen könnte. In diesem Zusammenhang ist auch die Zunahme der Fälle zu sehen, in denen jugendliche Straftäter überführt werden, die ihre Vergehen eigenhändig mit der Videokamera aufgezeichnet hatten. Ob es sich dabei um vier randalierende Halbwüchsige aus Los Angeles handelt, die mit ihren weitreichenden Farbsprühpistolen in den Straßen des westlichen San Fernando Valleys aufs Geratewohl irgendwelche Passanten beschossen, oder um den Fall eines Schülers an einer Highschool in Omaha, der von seinen Schulkameraden zusammengeschlagen wurde: In beiden Fällen legten die straffälligen Jugendlichen Wert darauf, ihre eindeutig strafbaren Taten mit der Videokamera aufzuzeichnen. Dies stellt eine dramatische Wende dar. Die bloße Möglichkeit und, in den genannten Fällen, die Tatsache der dokumentarischen Aufzeichnung der begangenen Straftaten, der früher eine abschreckende Wirkung zugeschrieben wurde, hat hier offensichtlich genau das Gegenteil bewirkt: nämlich eine medieninflationsbedingte Reduktion der 15 Minuten des Ruhms, die Warhol einst jedem vorausgesagt hatte, auf 15 Sekunden. Es scheint, als reichten im Zeitalter der Überwachung, zwischenmenschliche Handlungen, selbst wenn sie in Gegenwart von Zeugen stattfinden, nicht mehr aus, um ein Ereignis zu konstituieren. Jedes Ereignis – ja sogar eine strafbare Handlung – hat erst dann stattgefunden, wenn es einer Form der Video(selbst)überwachung unterzogen wurde. ―――Will man die Bedeutung dieser Entwicklung verstehen, empfiehlt sich ein Rückblick in das späte 18. Jahrhundert, konkret: auf das vielleicht bekannteste Vorbild der damaligen Überwachungstheorien – das Architekturparadigma der Gesellschaftsreform, das der Utilitarist Jeremy Bentham ersonnen hat. Benthams heute allgemein bekanntes »Panopticon or the Inspection House«, mit welchem dem Utilitaristen 1787 der Durchbruch in die Soziopragmatik gelang, wurde Mitte der siebziger Jahre von Michel Foucault als Paradebeispiel der Logik der Überwachung wiederentdeckt und damit breiteren Kreisen zur Kenntnis gebracht. In seiner Anwendung als Gefängnismodell – dies sollte später die bekannteste, aber beileibe nicht die einzige Verwendung dieses Modells werden, das sich auf eine Vielzahl verschiedener Institutionen übertragen ließ, so beispielsweise auf Krankenhäuser, Fabriken und Schulen – war Benthams Panopticon einfach ein mehrstöckiger zylindrischer Bau, in dessen Mitte sich ein Turm befand: der Durchmesser des Turmanbaus entsprach exakt dem Raummaß einer Gefängniszelle, auf deren Innenseite Gitterstäbe angebracht waren, auf der Außenseite dagegen Fenster, die dafür sorgten, dass die Häftlinge tagsüber aufgrund des Lichteinfalls von hinten klar und deutlich sichtbar und überwachbar waren. Von entscheidender Bedeutung war jedoch nicht nur, dass der Wächter im Turm jederzeit alle Gefängnisinsassen auf einmal sehen konnte, sondern dass sich diese aufgrund der Konstruktionsweise des Turmes (der über ein aufwendiges System von Jalousien verfügte) nie sicher sein konnten, ob sie in einem bestimmten Augenblick tatsächlich überwacht wurden oder nicht, das heißt, ob sich momentan überhaupt jemand im Turm befand. Da sie aber bereits die Erfahrung gemacht hatten, dass sich dort von Zeit zu Zeit sehr wohl jemand aufhielt, mussten sie von einer permanenten Überwachung ausgehen. Deswegen, das heißt aufgrund der geschilderten Konstruktionsweise des Bauwerks, benahmen sich die Gefangenen »anständig« oder doch zumindest vorsichtig – kurzum so, als würden sie beobachtet. Dieses genial ausgeklügelte und frappant wirksame Prinzip bewährte sich in der Praxis, so dass tatsächlich mehrere Gefängnisse, Krankenhäuser und andere Einrichtungen nach dem Benthamschen Modell errichtet wurden und noch heute in Betrieb sind. Bentham griff in der für ihn typischen Bescheidenheit zu folgender bündiger Formulierung: »Reform der Sitten – Bewahrung der Gesundheit – Belebung der Industrie – Verbreitung von Erziehung – Minderung der Belastung der Allgemeinheit … und all das durch einen simplen architektonischen Einfall!« ____Viele unserer heutigen Überwachungssysteme basieren auf dem Benthamschen Prinzip – gerade wenn die Geräte nicht eingeschaltet oder ohnehin nur Attrappe sind und keinerlei Film- oder Bandmaterial oder Übertragungskabel enthalten, und trotzdem ihre Aufgabe erfüllen, erinnern sie an Benthams Panopticon. Die Allgegenwart der Überwachungskameras in Straßen, Supermärkten oder Parkhäusern suggeriert, dass Aufnahmen gemacht werden bzw. gemacht werden könnten – und da kein Mensch wissen kann, ob tatsächlich Film bzw. Band in der Überwachungskamera ist, führt dies zu dementsprechendem Verhalten. Der Film bzw. das Videoband ersetzt den Wächter in Benthams Turm: der Effekt jedoch, die Verinnerlichung der Macht durch das Individuum, bleibt gleich. Solche Überwachungssysteme verkörpern also genau das, was Bentham einst von seinem Panopticon sagte, als er es »ein Mittel zur Übernahme von Macht« nannte, »zur Machtausübung eines Verstandes über den anderen, und dies in einem bisher unbekannten Maße.« ____In jüngster Zeit scheint dieser panoptische Behaviorismus allerdings einen tiefgreifenden historischen Wandel durchgemacht zu haben: Während die Gefangenen früher (zumindest in der Theorie) in ihrem panoptischen Gefängnis auf die Überwachungsstrukturen ihrer Kerkerhaft reagierten, indem sie den strafenden Blick verinnerlichten, haben sich straffällige Jugendliche des ausgehenden 20. Jahrhunderts in mancher Hinsicht bereits von vornherein mit dem Überwachungsapparat identifiziert. Während dieser Prozess der Verinnerlichung im Benthamschen Modell zu »anständigem« Verhalten führte, verrät in der Gegenwart die Subjektivität der Überwachung eine dramatische Umkehr dieser Dramatik: Heutzutage hat der überwachende Blick (möglicherweise zum ersten Mal) seine abschreckende Wirkung voll und ganz verloren, wurde er im Gegenteil zu jenem Blick umgedeutet, der einem Ereignis überhaupt erst den Status der Realität verleiht. Auch wenn dies einerseits zweifellos eine signifikante Verlagerung darstellt, ist die Überwachung – insofern sie andererseits eng (ob zum Guten oder zum Schlechten und wie kompliziert der Vorgang sich auch gestalten mag) an Begriffe wie Identität, Handlungsfähigkeit und Macht gebunden bleibt, daher nach wie vor (und aller Wahrscheinlichkeit nach auch zukünftig) eine »Technologie des Selbst«, wie Foucault das so treffend nannte.

(Übersetzung von Gerd Burger und Andreas Vollstädt)

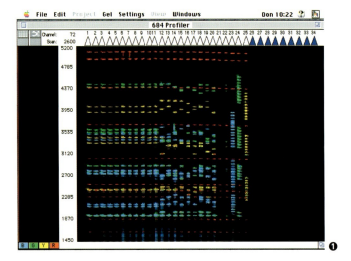

**❶** DNA-Gel: (»Genetischer Fingerabdruck«) **❷** Daktyloskopischer Vergleich anhand des automatisierten Fingerabdruck-Identifizierungssystems (AFIS), *seit Ende 1993 beim Landeskriminalamt Berlin im Einsatz.* Beide Abbildungen: Landeskriminalamt Berlin

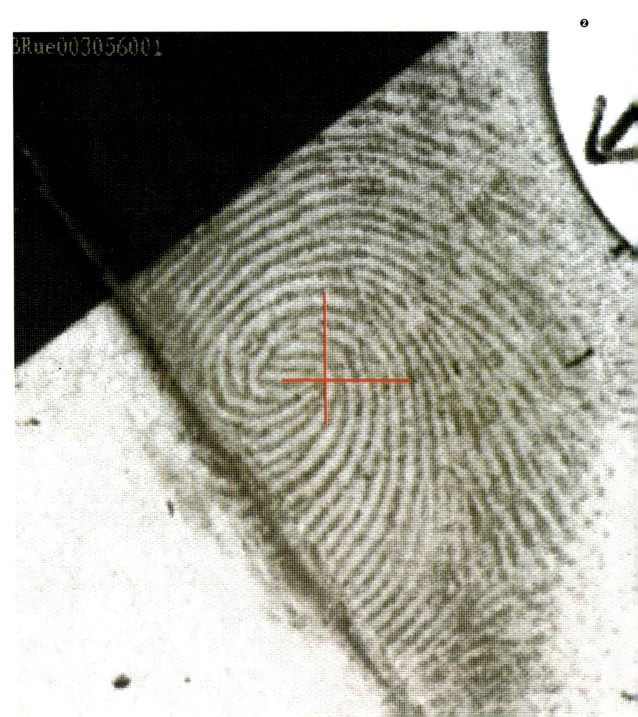

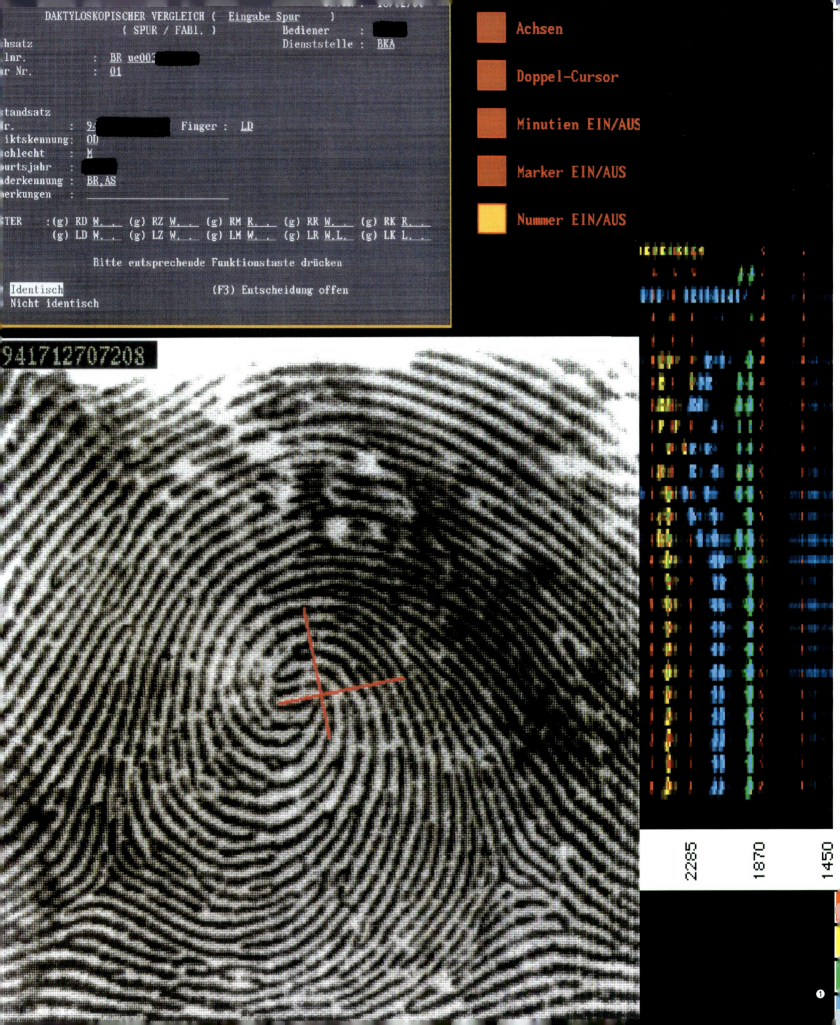

PUBLIC AND PRIVATE BUILDINGS. EXECUTED BY SIR J. SOANE BETWEEN 1780 & 1815.

❶ Private und öffentliche
Bauten des Architekten John
Soane, errichtet zwischen
1780 und 1815, Joseph Gandy
(1771-1843), 1818. London,
Sir John Soane's Museum
❷ 4/128 Rekonstruktionsmodell der Lenintribüne nach
Zeichnungen von El Lissitzky.
Lauenförde, TECTA / Stuhl-
museum Burg Beverungen

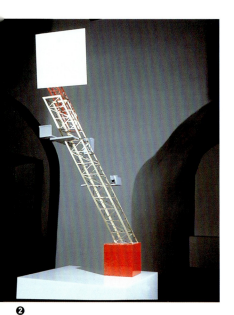

❷

Die Stadt entstand ursprünglich als Zukunftsprojekt: Man zog
vom Land in die Stadt, um sich den alten Mächten der Natur zu
entziehen und eine neue Zukunft aufzubauen, die man vollständig bestimmen und kontrollieren konnte. Die ganze menschliche
Geschichte ist durch diese Bewegung vom Land in die Stadt
bestimmt – von dieser Bewegung erhält die Geschichte eigentlich
ihre Richtung. Zwar wurde das Leben auf dem Lande immer wieder als das goldene Zeitalter der Harmonie und des »natürlichen«
Glücks stilisiert. Aber diese verschönerten Erinnerungen an das
vergangene Leben in der Natur hinderten die Menschen keineswegs, den eingeschlagenen historischen Weg weiter zu gehen: vom
Land in die Stadt, von der Natur zum Geist, aus dem paradiesi-
schen Garten ins himmlische Jerusalem – die Stadt Gottes, in der
❶ der Mensch endgültig von seiner Natur befreit und für alle Ewigkeit zum reinen Geist
werden sollte. Auf diesem Weg entstand auch eine besondere Solidarität, die die Stadtbewohner charakterisiert: Als Stadtbürger fühlt man sich verantwortlich für die Stadt als
Ganzes – zusammen mit allen anderen Stadtbürgern. _____ Die Stadt als solche hat somit
eine ihr immanente utopische Dimension. Früher hat die Stadtmauer den U-topos umris-
sen, auf dem die Stadt gebaut worden war, um dadurch eine Unterbrechung in der natürlichen Kontinuität des Raumes einzuführen, durch welche die Stadt definiert wurde. Je
städtischer, d.h. je utopischer eine Stadt sein sollte, desto schwieriger musste es sein, diese
Stadt zu erreichen und zu betreten, sei es das himmlische Jerusalem oder die indische
Shambala. Diese Isoliertheit der Stadt, die ständig von ihrer Auflösung in die Umwelt bedroht war, ermöglichte die Kontrolle über ihre Gestaltung sowie die Kontinuität ihrer
Existenz. Nicht nur einzelne Bauten wurden in der Stadt so errichtet, dass sie möglichst
längere Zeit intakt blieben, sondern die ganze innere Ordnung der Stadt, ihre räumliche,
kommunikative, soziale Grundstruktur, ihre besondere Lebensweise und die kulturelle
Vision, die diese Stadt verkörperte, wurden stabilisiert und abgesichert, um sie den nächsten Generationen möglichst intakt zu hinterlassen. Die traditionelle Stadt isolierte sich
von der übrigen Welt, um einen eigenen Weg in die Zukunft zu gehen. _____ Der Kampf
gegen die Natur hörte freilich auch innerhalb der Stadt nie auf. Schon Descartes stellt am
Anfang seiner »Untersuchung über die Methode« fest, dass man die Städte, die historisch
gewachsen sind und sich damit der irrationalen natürlichen Ordnung nicht vollkommen
entziehen konnten, eigentlich vollständig niederreißen sollte, um an dem leer geworde-
nen Ort eine neue, vernünftige, vollkommene Stadt aufzubauen. Später hat Le Corbusier
gefordert, die historischen Städte inklusive Paris zu sprengen, um an ihrer Stelle neue
Städte der Vernunft zu bauen. Die Stadt ist traditionell der Ort der Revolutionen, der Umbrüche, der ständigen Neuanfänge gewesen. Unser historisches Verhältnis zur Stadt ist vom
utopischen Traum nach vollständiger Vernünftigkeit, Übersichtlichkeit und Kontrollier-
barkeit der eigenen Umwelt geprägt. Deswegen wird in unseren Städten aber ständig

DA WAREN BABYLON UND NINIVE; SIE WAREN AUS BACKSTEIN GEBAUT. ATHEN AUS GOLDENEN MARMORSÄULEN. ROM WURDE VON BREITEN BÖGEN AUS SCHUTT GETRAGEN. IN KONSTANTINOPEL LODERN DIE MINARETTE WIE GROSSE KERZEN RUND UM DAS GOLDENE HORN... STAHL, GLAS, ZIEGEL, BETON WERDEN DIE BAUSTOFFE DER WOLKENKRATZER SEIN. AUF DER ENGEN INSEL ZUSAMMENGEDRÜCKT, WERDEN DIE GEBÄUDE MIT MILLIONEN VON FENSTERN GLITZERND HERVORRAGEN, PYRAMIDE AUF PYRAMIDE, WIE DIE WEISSE WOLKENDECKE ÜBER EINEM GEWITTER.____ JOHN DOS PASSOS AUS »MANHATTAN TRANSFER«, 1925

umgebaut, dazugebaut, zerstört oder restauriert, denn unsere Vorstellungen von der rationalen Ordnung ändern sich mit der Zeit – und so wird aus der ewigen Ordnung der Stadt ein ewiger Bauplatz. Darin besteht das größte Paradox der Stadt. Die Stadt wird für die Ewigkeit gebaut, aber sie ist ein Ort ständiger Veränderung – und befindet sich in einem permanenten Prozess des Umbaus. Sowohl die traditionelle als auch die moderne Stadt sind nicht ewig, sondern ewig unterwegs – in die Zukunft ____ Nun hat diese Bewegung gen Zukunft aber in unserer Zeit ihre Richtung allmählich geändert. Wenn wir heute mit dem Lebensangebot in unserer eigenen Stadt nicht mehr zufrieden sind, dann versuchen wir nicht, diese Stadt zu ändern, zu revolutionieren oder umzubauen, sondern wir fahren einfach in eine andere Stadt – für kurze Zeit oder für immer – um dort das zu finden, was wir in unserer Stadt vermissen. Die Opposition Stadt versus Land, die das menschliche Leben jahrtausendelang bestimmt hat, hat heute ihre prägende Kraft verloren. Die heutige Stadt ist nämlich nicht mehr vom Land umgeben, sondern von anderen Städten. Die heutigen Transportmittel verwandeln jede Stadt tendenziell zu einem bloßen Stadtteil einer einzigen Weltstadt, wenn man so will. Es ist heute keine Seltenheit mehr, dass man in einer Stadt wohnt, in einer anderen Stadt arbeitet, und noch in eine andere Stadt – oder mehrere andere Städte – fährt, um Ausstellungen zu sehen, ins Theater zu gehen oder einfach gut zu essen. Damit kündigt der heutige Stadtbewohner die alte innerstädtische Solidarität auf. Er trennt seine eigene Zukunft von der Zukunft seiner Stadt. Die zunehmende Urbanisierung der Erde führt überall zur Auflösung der geschlossenen Stadtgemeinden. Die Vereinzelung – oder, wenn man so will, die Individualisierung –, die der Mensch in der Stadt immer schon erfahren hat, wird dadurch radikalisiert. Die traditionelle Stadt hat die räumliche Nähe zwischen den Menschen immer schon irrelevant gemacht. Im Gegensatz zum Dorf können die Stadtmenschen in unmittelbarer Nähe zueinander leben und trotzdem in keinem Kontakt zueinander stehen, falls sie unterschiedlichen Beschäftigungen nachgehen und sich unterschiedlich zu amüsieren pflegen, so dass sich ihre Wege in der Stadt nicht kreuzen. Die Urbanisierung der Erde führt dazu, dass die Wahrscheinlichkeit, mit der sich die Wege der Einzelnen kreuzen, noch deutlicher abnimmt, denn diese Wege trennen sich jetzt nicht nur im Raum, sondern auch in der Zeit. Die Bewohner der heutigen Stadt haben keine gemeinsame Geschichte, Zukunft und Utopie mehr. ____ Je weiter wir uns in Richtung Zukunft bewegen, desto heftiger beginnen wir nämlich weltweit zu zirkulieren: Das Projekt Zukunft wird zunehmend durch das Projekt Globalisierung abgelöst. Das Ende der Geschiche wurde früher als Ankunft der Ewigkeit, als zeitlose Ruhe, als endgültige Erlösung, als ewige Ordnung nach einer langen Zeit der Arbeit und der sozialen Kämpfe gedacht. Heute merken wir, dass am Ende der linearen Zeit des geschichtlichen Fortschritts eine Zirkulation entsteht, in die Wirtschaft, Information und Weltbevölkerung gleichermaßen involviert sind. Diese zirkuläre Bewegung um die urbanisierte Erde herum verlagert den Ort der Utopie von der Zeit in den Raum. Der urbanisierte Globus wird zum Ort der Utopie – und die Utopie besteht darin, die Oberfläche dieses Globus zu bereisen. Die Sphäre des Globalen wird nämlich niemals von ihrem Zentrum aus erlebt. Vielmehr kreisen wir ständig um dieses Zentrum herum, ohne zu ihm vordringen zu können oder zu wollen – das Zentrum der Zirkulation ist für uns nämlich banal, uninteressant, irrelevant geworden. Vielmehr erfasst uns am Ende der linearen Fortschrittsgeschichte ein neuer Traum – der Traum vom perfekten Kreis. ____ Die Welt ist nicht zum globalen Dorf geworden, wie McLuhan

_die weltstadtbürger

es prophezeit hat, sondern zur globalen Stadt. Diese neue, globale Stadt ist der Weg selbst, der kreisförmig geworden ist – der Weg des heutigen Tourismus. Der Mensch von heute reist durch die Städte – er lebt in ihnen nicht mehr. Und auf seinen Reisen schafft jeder Reisende seine eigene, persönliche Stadt. Der berufliche, halb-berufliche und freizeitliche Tourist von heute weiß ziemlich genau, wo und wie er in unterschiedlichen Städten der Welt gut essen, passend einkaufen und sich unterhalten kann. Zugleich weiß dieser Tourist oft nicht mehr, wie es in einem anderen Stadtteil der Stadt aussieht, in der er seinen behördlich registrierten Wohnsitz hat. Für jemanden, der sich zum Beispiel mit der modernen Kunst beschäftigt, ist der Weg vom Museum Ludwig in Köln bis zum Museum of Modern Art in New York kürzer als der Weg nach Köln-Kalk oder Köln-Porz. So hat heute jeder seine eigene, »subjektive« Stadt, die entlang der Route seiner individuellen Zirkulation aufgebaut wird. Nun sind solche individuellen Routen freilich weniger individuell, als sie scheinen, denn sie werden von der weltweit agierenden Tourismusindustrie verwaltet, die als die eigentliche Weltstadtverwaltung gelten kann. ——— Der Tourismus baut die Weltstadt und verwaltet sie, indem er die Routen festlegt, derer man sich bedient, um von einem Ort zum anderen Ort zu gelangen – und weil er dafür sorgt, dass der Mensch immer weiter reist, und dass die Erwartungen der Reisenden möglichst nicht enttäuscht werden. Und das ist für die Definition der Stadt das Entscheidende: Die Stadt ist vor allem eine Kommunikationsstruktur, ein verlässliches Verbindungsnetz, das dem Stadtbewohner die Möglichkeit garantiert, eine bestimmte Adresse relativ schnell zu erreichen, um dann »nach Hause« zurückzukehren. Die Funktion der Stadt besteht nämlich vor allem darin, Stabilität, Verlässlichkeit und Möglichkeit aller Stadtadressen zu garantieren. In der Natur ist alles fließend, ungewiss, vergänglich. Die Gebäude in der Stadt hingegen werden so gebaut, dass sie lange stehen können – und damit Orte der verlässlichen Stabilität inmitten der Natur darstellen. Lebt man kontinuierlich in einer bestimmten Stadt, so kann man aber, wie gesagt, an eine solche Stabilität nicht mehr so richtig glauben – die reale Stadt ändert sich permanent und macht dadurch ihr Versprechen auf momumentale Unveränderbarkeit in der Zeit unglaubwürdig. Das wird anders, wenn man als Tourist in eine fremde Stadt kommt. ——— Für einen Touristen präsentiert sich eine fremde Stadt nämlich immer als überzeitlich, als sich selbst identisch – als ein idealer, unveränderbarer Ort, an dem alle Epochen ihre Monumente hinterlassen haben, ohne dass die Identität der Stadt dadurch irgendeinen Schaden erlitten hätte. Der Tourist macht die historische Veränderung des Stadtbildes nicht mit, er erlebt diese Veränderung nicht. Das Fremde zeigt sich uns immer als das Unveränderbare und Sich-selbst-Identische. Der kurze Augenblick, an dem wir während einer touristischen Reise mit einer fremden Stadt konfrontiert sind, wirkt wie eine Momentaufnahme, die direkt in die Ewigkeit eingeht. Nicht zufällig sind es in der Regel Fotografien, die man von einer Reise mitnimmt und aufbewahrt – und die den Augenblick, wie man so sagt, »festhalten«, an dem das Fremde uns entgegentritt. Der Tourismus ist eine Maschine zur Verwandlung des Vorläufigen ins Endgültige, des Zeitlichen ins Ewige, des Vergänglichen ins Monumentale. ——— Nicht zufällig sind alle uns bekannten Erzählungen über utopische, »ewige» Städte immer Reiseberichte. Solche utopischen Städte befinden sich oft auf einsamen Inseln, oder sie sind verborgen in beinahe unzugänglichen Bergregionen. Manchmal sind sie sogar unter Wasser oder auf anderen Planeten errichtet. Dem gleichen Muster folgen auch die Pilgerschaften zu heiligen Städten, von denen alle Religionen berichten, und zu

WIR STEHEN MITTEN IM UMBRUCH DER ZEITEN, EINEM UMBRUCH, DER DIE WELT VERÄNDERN WIRD. DIESEN UMBRUCH ZU ZEIGEN UND ZU FÖRDERN, WIRD IN ZUKUNFT DIE AUFGABE ALLER AUSSTELLUNGEN SEIN. _____ LUDWIG MIES VAN DER ROHE, 1928

4/127 Entwurf eines Glashochhauses an der Friedrichstraße, 1922, Ludwig Mies van der Rohe. Bauhaus-Universität Weimar

denen sie ihre Anhänger oft direkt verpflichten. Eine touristische Reise in eine fremde Stadt ist also in erster Linie eine Reise in die Ewigkeit. Wenn man als Tourist in eine andere Stadt fährt, tut man das in der Regel mit dem Ziel, die Monumente in dieser Stadt anzuschauen, d.h. die Bauten, die ihren Ursprung irgendwann in der Vergangenheit hatten, aber auch in unserer Zeit immer noch stehen – und dank des Denkmalschutzes unversehrt in die Zukunft transportiert werden sollen. Diese Bauten präsentieren sich als Sieger über die Zeiten, als unvergängliche Momumente inmitten des geschichtlichen Wandels. Auch wenn die Zeit ihres Enstehens nicht so lange zurück liegt, gehören sie für den Besucher einer anderen Geschichte an – und scheinen ihm deswegen uralt zu sein. Wenn wir etwa nach Indien oder China als Touristen kommen, dann macht es für uns im Grunde keinen Unterschied, ob einzelne Monumente zweitausend, zweihundert oder zwanzig Jahre alt sind, oder ob sie gestern erst gebaut worden sind. Für uns sehen sie alle gleich uralt, momumental, ewig aus, weil wir alle diese Monumente nicht innerhalb unserer eigenen Lebensgeschichte datieren können. Wir stehen vor diesen Bauten und denken: Alles vergeht – aber diese Bauten waren immer da und werden immer da sein. Von diesem Gefühl wurde Napoleon bekanntlich beim Anblick der ägyptischen Pyramiden überwältigt. Aber dieses Gefühl kann genauso gut auch beim Betrachten von Disneyland entstehen, denn auch Disneyland ist für einen Touristen, der es besuchen will, »immer schon da und wird immer da sein« – als Symbol für Amerika und für den »american way of life«. Und mehr noch: Auch wenn man als Tourist in eine besonders üble Gegend von New York gerät und sieht, wie dort Drogendealer aufeinander schießen oder zumindest so aussehen, als würden sie gleich aufeinander schießen, hat man dieses Erlebnis des Monumentalen und denkt: Ja, hier war es immer so und wird es immer so sein – diese malerischen Jungs, diese schmutzigen, übelriechenden, romantischen Stadtruinen, und diese überall lauernde Gefahr. Und wenn man dann später in den Zeitungen liest, dass die Gegend saniert werden soll, ist man bestürzt und empfindet dieselbe Trauer, als erführe man, der Kölner Dom würde gesprengt und durch ein Kaufhaus ersetzt. Man denkt: Hier wird ein Stück authentischen, eigenartigen, anderen Lebens zerstört, hier wird alles wieder einmal plattgemacht und banalisiert, hier geht das Monumentale unwiderruflich verloren. _____ Der Tourismus ist also keineswegs bloß dazu da, die immer schon existierenden Monumente der Vergangenheit für eine massenhafte Betrachtung zugänglich zu machen. Vielmehr verwandelt sich die Stadt erst dann, wenn sie in den Kreislauf des Tourismus einbezogen ist, in eine Sammlung von Monumenten. Eine solche Stadt existiert von da an nicht mehr im »eigenen« historischen Werden, sondern im ewigen Jetzt eines immer neuen und fremden Blicks. Deswegen bedeutet die globale Zirkulation mittels des modernen Tourismus den Ausstieg aus der Geschichte und den Einstieg in die Ewigkeit. Wenn man ständig reist, abreist und einreist, hat man keine Zeit mehr, geschichtlich zu werden. Alles, was der immer weiter reisende Tourist erblickt, wird unter seinem Blick fragmentiert und zugleich monumentalisiert. Die »individuelle Stadt« der eigenen Zirkulation ist für den Menschen von heute eine ewige Stadt, in der das Ziel mit dem Weg identisch geworden ist. So kann man sagen, dass sich die Utopie der ewigen Stadt endlich verwirklicht hat,

»Eine zeitgenössische Stadt für 3 Millionen Einwohner«, 1922, Le Corbusier (1887–1965)

DIE PYRAMIDEN, DIE

KOLOSSEUM, DAS PANTHEON, DER PONT DU GARD, DIE HAGIA SOPHIA, DIE MO-

UND MICHELANGELO, DER PONT-ROYAL, DER INVALIDENDOM, DAS IST JA ARCHI-

indem das Weiterschreiten auf dem ungewissen Weg des historischen Fortschritts durch den organisierten Tourismus ersetzt'wurde. Da alle Städte, inklusive der eigenen Stadt, dem Weltstadtbürger von heute gleich fremd geworden sind, sind sie alle gleich monumental-utopisch geworden. —— Nicht zufällig haben einige radikale Vetreter der russischen Avantgarde schon zu Beginn dieses Jahrhunderts Projekte zukünftiger Städte entworfen, in denen alle Wohnungen und Häuser erstens gleichförmig und zweitens beweglich sein sollten. So hat der Dichter Velimir Chlebnikov vorgeschlagen, alle Bewohner Russlands in gläsernen Zellen auf Rädern zu platzieren, damit sie überall hinfahren und alles sehen können – ohne ihre Wohnungen zu verlassen. Durch die ständige Durchreise an allem Vergänglichen vorbei würden die Reisenden in der Tat des Ewigen teilhaftig – und als solche auch betrachtenswürdig – wie auch die heutigen Touristen nicht nur betrachten, sondern auch selbst auf eine ganz besondere Weise betrachtenswürdig – weil ihrerseits monumental – geworden sind. Kasimir Malewitsch hat dieses Projekt von Chlebnikov insofern weitergeführt, als er vorgeschlagen hat, jeden Menschen in ein individuelles kosmisches Schiff zu setzen, damit er auch andere Planeten besuchen kann. Der Mensch wird hier zu einem kosmischen Touristen, der ständig auf Reisen ist – und die ganze Menschheit wird Crew des Raumschiffs Enterprise. —— Damit lösen die Strategien des Tourismus heute die alten Strategien der Aufklärung, des Fortschritts, des Umbaus ab. Historisch entstandene Gebäude und Stadtteile werden nicht mehr im Namen einer besseren Zukunft abgerissen oder umgebaut, sondern restauriert, um touristisch verkauft zu werden. Man konserviert den Ort, an dem man lebt und seine Lebensweise und bietet sie dem Touristen auf der Durchreise an – als ein attraktives Reiseziel im internationalen Vergleich. Aber nur derjenige ist zu diesem Kunststück der Selbstmonumentalisierung fähig, der selber ständig reist und aus eigener Erfahrung weiß, wie dieser internationale Vergleich aussieht und was für ein Image im Rahmen dieses Vergleichs sich am besten als eigene kulturelle Identität präsentieren und kommerzialisieren lässt. Der Tourismus produziert in jedem der heutigen Weltstadtbewohner eine innere Spaltung: Jeder Weltstadtbewohner wird zum Touristen und zugleich zum Reiseziel für andere Touristen. Um diese innere Spaltung zu schließen, zirkuliert der heutige Stadtmensch ständig durch die ganze Weltstadt, weil er hofft, auf diese Weise den fremden Blick zum eigenen zu machen. Aber diese Zirkulation bleibt unendlich. Sie kann zu keiner gelungenen Selbstreflexion mehr führen, weil der heutige Mensch auf dem Weg zu sich selbst das ganze Netz des internationalen Tourimus durchlaufen muss – wozu ihm offensichtlich sowohl die Zeit als auch die Kraft fehlen. So bleiben wir als reisende Monumente unserer selbst unüberwindbar schizophren – und leiden nicht einmal daran, sondern genießen vielmehr dieses sonderbare Schicksal.

BABYLONISCHEN TÜRME, DIE TORE VON SAMARKAND, DER PARTHENON, DAS SCHEEN VON ISTANBUL, DER TURM ZU PISA, DIE KUPPELN VON BRUNELLESCHI TEKTUR—— LE CORBUSIER, 1923

_die weltstadtbürger

IN DER ZUKUNFT GIBT ES KEINE STRASSEN!___ DOC BROWN IM SPIELFILM »ZURÜCK IN DIE ZUKUNFT

WAS GUT FUNKTIONIERT, SIEHT GUT AUS.____ BRUNO TAUT

❶ Eine Touristengruppe am Mount Rushmore (USA), 1987  ❷ Die Kneipe »Ballermann 6« in El Arenal. Mallorca, 1995

# lebensstile —— NORBERT BOLZ

Menschen können ohne Religion auskommen – nicht aber Gesellschaften. Im Rückblick können wir feststellen: Gott als Kultzentrum ist in der Moderne erst durch die Gesellschaft und dann durch das Individuum ersetzt worden. Mit dem Untergang des Ostblocks endete die Säkularreligion, die den Glauben an die »Erlösung durch Gesellschaft« gepredigt hat. Der Gottesstaat der Atheisten ist vor unseren Augen zusammengebrochen. Wir glauben nicht mehr an die Verheißungen des Kollektivs. Deshalb hat das Individuum wieder einmal Konjunktur. ____ »Individualität« ist heute ein religiöses Heilsversprechen. Das Heil kommt nämlich entweder von Gott oder von der Gesellschaft. Oder wir finden zum Heil in der Therapie, sei es des Psychoanalytikers, des Homöopathen, des Unternehmensberaters. Oder aber wir suchen das Heil im eigenen Selbst, sei es, dass man für permanente Fitness sorgt, sich an den körpereigenen Endorphinen berauscht, ja Urin trinkt; hierher gehören auch alle Formen der Selbstmedikation. Die letzte Variante ist natürlich die interessanteste. Das moderne Individuum sucht die Selbsterlösung in der Beziehung auf sich selbst, in der Sorge um sich. Diese Selbsterlösung im Selbstbezug durchbricht die Selbstbefriedigungsverbote der modernen Gesellschaft. Das ist charakteristisch für das, was Gerhard Schulze das »Selbstverwirklichungsmilieu« genannt hat. Es geht hier stets um die »Entfaltung des Inneren Kerns«, der sich »spontan« bekundet, weil er in der Black Box der sozialen Existenz versteckt ist. →die massenflucht vor dem mainstream Von Arthur M. Kroll stammt die schöne Formel: »the self is a person's evaluation of himself« – das Selbst ist nichts anderes als die Selbstbeurteilung einer Person. Mit anderen Worten: Was Individualität heißt, ist allein Sache des jeweiligen Individuums. Es begründet sich zureichend in dem bloßen Anspruch, es zu sein. Die Individualität tritt mit dem selbstverständlichen Anspruch der »Eigenrichtigkeit« auf. Damit ist aber das humanistische Definitionsmonopol des Menschen gebrochen: Jeder kann nun nach seiner eigenen Fasson »menschlich« werden. In einer individualistischen Kultur gibt es weder ein Maß des Humanum, noch ein Mehr an Menschlichkeit. Individualität kann man nämlich nicht steigern; sie ist ja immer Sache des Individuums. Es konstruiert sich seine eigenen Wichtigkeiten – wie es ihm gefällt. ____ Ich bin der Willkürgott meiner selbst, meine Einzigkeit ist der romantisch verzauberte Zufall meiner Entscheidungen. Das Problem ist nur: Allen geht es so wie mir. Und damit stehen wir vor dem spezifisch modernen Paradoxon der kopierbaren Individualität: Das Ziel der Individualität ist ja das aller Allgemeinste – nämlich anders zu sein als alle andern. So muss das Kopieren als Weg zur Einzigkeit gelebt werden. Maßanfertigung als Massenware. Was auch immer das Individuum entscheidet – die anderen sind schon da. Sei es, dass ich anders sein will als eben: die anderen. Sei es, dass die anderen dasselbe wollen wie ich: eben Individuum sein. In der modernen Gesellschaft herrscht der soziale Rollenzwang, ein Individuum zu sein. Sei unverwechselbar! So lautet die paradoxe Anweisung des Individualisierungszwangs. Und eben diese Paradoxie steckt auch in der Existenzprogrammformel »Selbstverwirklichung«. Hier hilft nur der Schein weiter. Und das Als-ob wird rasch selbst zur stabilen Erlebnisform. Denn wir alle spielen Theater. Die Erwartung der anderen formt mich als Individuum – und so werde ich mir selbst zur Gewohnheit._____ Dass die Autosuggestion der »Selbstverwirklichung« heute so unwiderstehlich wirkt, hat zwei gewichtige Gründe. Zum einen war der Kapitalismus

**①** »Alain Robert will die Petronas Towers hinaufklettern. *Der 34jährige Franzose beim ungesicherten Training in Kuala Lumpur«,* Pressefoto (dpa) von 1997 **②** »Rafting«, Schlauchboot in einem reißenden Fluß

## ES IST GUT, SESSHAFT ZU WERDEN MIT EINER AHNUNG, WAS JENSEITS DER G

## DES MACHBAREN LIEGT.___ REINHOLD MESSNER (BERGSTEIGER, EXTREMREISENDER, AUTOR UND BERGBAUE

als Exorzismus des »ganzen Menschen« konzipiert. Man wollte die Leidenschaften und ihre Ungewissheiten in den Griff bekommen. Mit Albert Hirschmans präzisen Worten: »capitalism was supposed to accomplish exactly what was soon to be denounced as its worst feature.« Die Entfremdung, die Kulturkritiker dem Kapitalismus zur Last legen, ist gerade seine eigentliche Kulturleistung. Das meint auch Arnold Gehlens Formel von der »Geburt der Freiheit aus der Entfremdung«. Zum anderen muss man Ökologie und Individualismus als die Umweltprobleme der Gesellschaft begreifen. Denn »die Natur« und »der Mensch« tauchen auf, sobald sich das Gesellschaftssystem von seiner Umwelt unterscheidet. Deshalb kann man sagen, dass die moderne Gesellschaft »Menschen« ausschließt; soziale Systeme können mit »ganzen Menschen« nichts anfangen. Gerade deshalb gibt es Freiheit; aber deshalb gibt es auch das »Sinnproblem« und die »Identitätskrise«. _____ Menschen haben kein Biogramm. Deshalb brauchen sie Identitätsformeln. In der Postmoderne herrschen die Identitätsexperten, sagt Zygmunt Bauman. Weil »der ganze Mensch« aus der modernen Gesellschaft ausgeschlossen ist, empfindet er sich als besonders schutzbedürftig. Er will in Watte gepackt werden und wird – mit Walter Benjamins wunderbar präzisem Wort – zum Etui-Menschen. »Cocooning« nennt man das heute. _____ Das ist gerade auch für den postmodernen Tourismus charakteristisch: das Abenteuer als Präparat. In der Welt als Versicherung wird Unsicherheit zum Reiz. Gefährlich leben – im Urlaub. Dazu braucht man Führer nicht aus der Gefahr, sondern in die Gefahr, also Verführer. Und dem entspricht, dass die Identität zum Abenteuer wird. Ich riskiere, also bin ich. Doch das bleibt natürlich alles im Kokon der Multikulti-Ideologie: die Welt als Basar des Exotischen. Die Unterschiede zwischen den Kulturen werden als touristische Werte vermarktet. Tourismus funktioniert demnach als »home plus« (Paul Theroux). Und gerade darin ist der Tourist der Inbegriff postmoderner Existenz: »enclosed in a bubble with tightly controlled osmosis« (Zygmunt Bauman). _____ Das Leben inszeniert sich selbst und erfindet seine Identität. Man kann sich zwar nicht ändern, aber umerzählen und ein neues »Make-up der Identität« (Odo Marquard) auflegen. Während Frauen aber im allgemeinen noch zwischen Schminke und Haut unterscheiden können, glaubt das »Individuum« an seine unverwechselbare »Identität«. _____ Das wäre nicht möglich, wenn es uns die Gesellschaft nicht tatsächlich erlauben würde, die eigene Biografie als Wahl zu konzipieren. Die Kaskade der Optionen des je eigenen Lebenslaufs lässt sich kaum andeuten. Und das gilt auch für die Beziehung zu anderen. Auch hier herrscht die Logik von Trial and Error. Die Grundunterscheidung der Selbstverwirklichungskultur ist also die Geste, mit der das Selbst seine eigene Grenze als unantastbar markiert. Und weil es diese Unantastbarkeit zugleich allen anderen unterstellt, resultiert ein paradoxer Individualisierungszwang. Ganz generell wird einem zugemutet, unverwechselbar zu sein. So entsteht das Selbst als dramatischer Effekt des Alltagstheaters. _____ Wir haben es längst mit einer Art Kunstreligion des Alltags zu tun; positiv besetzte Begriffe wie Ritual und Lebensstil zeigen das deutlich an. Und wer die immer wieder rätselhafte Jugend von heute begreifen will, wird von der Ästhetik der Szene besser beraten als von der Soziologie der Gruppe. Die Aufwertung von Individualität setzt voraus, dass die gesellschaftliche Verbindlichkeit anderswo gesichert ist – nämlich dort, wo sich die altvertrauten Zielgruppen gerade aufgelöst haben. Dort finden wir die Szenen, Jugendkulte und Sekten, die als soziale Ornamente die Individualisierung kompensieren. _____ »Nur ästhetisch läßt sich der Wunsch erfüllen, nicht so zu sein, wie man ist«, sagt der Philosoph Hans Blumenberg. Escape heißt deshalb ein Duft von Calvin Klein. Das ist das große Heilsversprechen der Selbstverwirklichung: Flucht aus der Wirklichkeit. Und seit Carnegie das Selbst als Gegenstand des Marketing entdeckt hat, wird diese Realitätsflucht in schönster Paradoxie als Massenflucht vor dem Mainstream organisiert. →die technik des zeitgeistes Wer glaubt noch daran, dass technische Innovationen Antworten auf Bedürfnisse der Menschen sind? Umgekehrt wird eher ein Schuh daraus: Die Technik erzeugt selbst erst die Bedürfnisse, die sie befriedigen kann. Es ist deshalb sinnlos zu fragen: Braucht man das? Nämlich Handy, Inlineskates, Internetadresse. Was man Zeitgeist nennt, ist nichts anderes als die aktuelle Lektion einer Kultur, die uns beibringt, was uns gerade noch gefehlt hat. _____ Mit dem Gebrauch technischer Geräte konnte man schon immer sozialen Status signalisieren. Heute haben wir es aber mit einer radikalen Verzeitlichung dieser Statusposition zu tun. Man muss zu den ersten Konsumenten einer technischen Innovation gehören, um daraus noch den Funken gesellschaftlicher Höchstwertung zu schlagen. Wer zu spät kommt, den erwartet die neue Technik mit einem sozialen Anschlusszwang. Erst war die Internetadresse das esoterische Erkennungszeichen einer High-Tech-Sekte; heute gilt jeder als

Trottel, der sie nicht auf der Visitenkarte hat. Dass man die Jugend der neunziger als @-Generation bezeichnet, ist kommentarunbedürftig. —— Wie stark die kulturelle Prägekraft neuer Technologien ist, wird am Cocooning besonders deutlich. Es geht hier um das Angebot einer maßgeschneiderten Schutzhülle, an der das Chaos der Welt abprallt. Seit der Geschwindigkeitsrausch immer mehr zum Traum verblasst, verheißt das Auto vor allem eben dieses Cocooning – das Heimische als kontrollierte Insel im Chaos. Im eigenen Wagen ist die Welt noch in Ordnung. Diese technische Simulation perfekter Empfindungsbedingungen funktioniert noch direkter beim Walkman, der den Lärm der Welt durch Eigenlärm übertönt. Doch erst im cellular phone, das die Deutschen mit souveräner Geschmacklosigkeit Handy getauft haben, proklamiert sich das Recht auf Eigenraum mit aggressiver Selbstverständlichkeit. Die Handy-Nutzer demonstrieren den Vorrang technischer Kommunikation durch eine vollständige Rücksichtslosigkeit gegenüber der sozialen Situation. —— Dem sozialen Ideal, immer und überall erreichbar zu sein, alles und weltweit leisten und senden zu können, entspricht die zivilisationsethische Norm der availability, der Stand-by-Modus der Existenz; man muss immer auf Abruf bereitstehen. Diese Technik normalisiert die gesellschaftliche Erwartung ständiger Verfüg- und Erreichbarkeit. Die zeitgeistigen Kommunikationsnomaden erscheinen dann in der Öffentlichkeit als Kommunikationsmonaden. Ob es der Laptop im Flugzeug oder das Handy im Intercity-Großraumwagen ist – ad hoc entsteht das One Person Office und der Rest der Welt versinkt. Gadgets wie der Nokia Communicator zeigen heute schon, wohin die Reise geht: Telefon, Fax, Computer, Internetanschluss – man trägt das Büro in der Hand. —— Die traditionelle Welt des Büros in der City ist rational, stabil und verlässlich – aber eben deshalb auch unflexibel und innovationsfeindlich. Genau dagegen richtet sich heute das Konzept des One Person Office. Der Teleworker sagt: Mein Büro ist, wo mein Modem ist. Die Arbeit emanzipiert sich vom Arbeitsplatz – das klingt nach Freiheit. Aber sie hat ihren Preis: Die soziale Umwelt der Face-to-face-Interaktion schrumpft. Wir können vermuten, dass sich im Büro der Zukunft die Schere zwischen Data processing und People processing immer weiter öffnen wird. Unsere Gesellschaft macht gewaltige Fortschritte in Sachen Informationsverarbeitung, tritt aber »sozial« auf der Stelle. → **die neue gemeinschaft** Der Kunde, der Leser, der User – er ist heute »Mitglied zahlloser unsichtbarer, nicht erkannter Bruderschaften« (Stan Rapp / Tom Collins). Die bürgerliche Gesellschaft löst sich auf in eigensinnige Individuen und rekombiniert sich dann in Wahlgemeinschaften. »Communities of choice« ist eine treffende Formel Peter Druckers, die genau dies signalisiert: Gemeinschaft statt Gesellschaft. Solche Wahlgemeinschaften bilden postmoderne Stämme in der virtuellen Realität der Medien. Gemeinsame Mediennutzung schafft derart eine »organizational neighbourhood«. —— Es ist die große kulturelle Verheißung der Zukunft, dass wir nach den Etappen der archaischen Tribal Brotherhood (Stammesgemeinschaft) und modernen Universal Otherhood (alle Menschen sind Brüder – aber als »Andere«, Fremde) nun wieder vor einer neuen Gemeinschaftsform stehen: der von elektronischen Netzwerken getragenen Organizational Neighbourhood. Die eigentliche Bedeutung der Netzwerke liegt nämlich nicht in der Dimension des Information-Processing, sondern in der Bildung von Gemeinschaften. Nicholas Negroponte spricht mit Blick aufs Internet sogar von einer »global social fabric«. Damit verliert die »Nation« als identitätsbildende Instanz immer mehr an Bedeutung – zugunsten der globalisierenden, aber auch der tribalisierenden Kräfte. —— Was verbindet Menschen, wenn geografische

**Mini-Bar für ein Hotelzimmer der Zukunft.** *Entwurf für die Ausstellung von dem Designer Hrafnkell Birgisson*

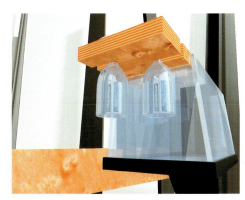

Grenzen, Geschichte, Tradition und Nationalstaatlichkeit keine Rolle mehr spielen? Die amerikanische Antwort ist klar: community. Dieser Community-Begriff verführt zu einer Intim Perspektive auf Gesellschaft: Man legt nur noch lokale Maßstäbe an und verklärt das heilige Ghetto. Meine These lautet deshalb: Die Gemeinschaft ist das Opium der Gesellschaft. Zu ihr gehört ja vor allem der Zusammengehörigkeitsaffekt, der Gefühlswert. Man orientiert sich aneinander aufgrund eines Gemeinschaftsgefühls. Community signalisiert Nestwärme, Menschlichkeit, überschaubare Verhältnisse, Tradition, Zugehörigkeit. _____ Gestaltung hat nur dann kulturelle Prägekraft, wenn sie sich in eine »Stammesangelegenheit« verwandelt; ein derartiges Tribal Design ermutigt die jeweilige Subkultur, in der Produktwelt ihre eigene Geschichte und Symbolik zu finden. Gerade weil alle Zeichen auf Globalisierung und Weltkommunikation stehen, brauchen die Menschen kulturelle Reservate der Vielfältigkeit. Neue Tribalismen gleichen die Zumutungen der Weltgesellschaft aus. In diesem Sinne definiert Ted Polhemus den Streetstyle als »the gathering of tribes« – neue Stammesgemeinschaften kompensieren die Abstraktheit der Weltkommunikation. _____ Formulieren wir ein Fazit dieser Überlegungen: Das Recht, die eigene Identität zu wählen, und die Verantwortung für diese Wahl sind die einzigen Fixpunkte der Postmoderne. Der moderne Mensch ist dazu verurteilt, sein Leben lang zu wählen. Sowohl die Umwelten als auch die Interaktionen können und müssen frei und persönlich selektiert werden. Das funktioniert heute am besten in Konsumgemeinschaften, die sich durch »purchasing choice« definieren. Man könnte also sagen: Die bürgerliche Gesellschaft löst sich auf in eigensinnige Individuen und rekombiniert sich dann in Wahlgemeinschaften. Solche Wahlgemeinschaften bilden postmoderne Stämme in der virtuellen Realität der Medien. Kult der Individualität, communities of choice und Technologie der Weltkommunikation – das schließt sich also nicht aus, sondern steht in einem für unsere postmoderne Kultur charakteristischen Steigerungszusammenhang. → **culture jamming** Nun wird der nicht nur geneigte, sondern auch kritische Leser fragen: Und wie steht es mit der Kultur der Kritik, mit den Alternativen der Protestbewegungen? Auch dieser Lebensstil ist paradox. Die Große Weigerung findet heute auf demselben Schauplatz statt wie die Große Affirmation. Um das zu verstehen, muss man das Problem der Lebensstile etwas höher abstrahieren. Gerade weil die moderne Gesellschaft durch Systeme, Funktionen und Differenzen geprägt wird, sehnen sich die Menschen nach dem Gegenteil, also nach dem Sinn, dem Ganzen. Und das finden sie in den Phantomen der »Natur«, des »Ich« und der »Gemeinschaft«. Die gesellschaftliche Kommunikation bearbeitet die Außenwelt mit dem Schema »Natur« und die Außenwelt der Innenwelt mit dem Schema »Individuum«. Als unverwechselbares Individuum macht sich der Mensch zum Umweltproblem der Gesellschaft. Als bedrohte Natur verehrt er einen leidenden Gott. _____ So steht unsere Kultur heute im Bann der doppelten Tyrannei von Intimität und Gemeinsinn; der gemeinsame Nenner ist Stallwärme. Und hier kann sich eine neue Religion entfalten, die janusköpfig auftritt: affirmativ im Kult der Marken, kritisch in der Protestbewegung. Revolte und Mode – beides sind soziale Heilsgottesdienste. Dass die Mode mit der Attitüde des Revoltierens spielt, wird niemanden überraschen. Aber heute ist auch die umgekehrte Einsicht fällig: Protest ist in Mode. Und warum das so gut funktioniert, liegt nach dem bisher Gesagten auf der Hand. Nur im Protest gegen »das System« stellt sich die Gesellschaft noch als Einheit dar. Die Kritik des Bestehenden funktioniert als Ersatz für Ganzheit. _____ Je komplexer eine Gesellschaft ist, desto wahrscheinlicher wird abweichendes Verhalten. Abweichung individualisiert und sichert Aufmerksamkeit – ist aber auch riskant. Der traditionelle Königsweg der Individualisierung war deshalb die überbietende Leistung, also Abweichung in der Konformität (klassisch: der Held, modern: der Workaholic). Heute dagegen ist die Abweichung selbst die Konformität. So hat auch die theologische Unterscheidung orthodox / häretisch längst die Vorzeichen gewechselt. Heute will jeder ein Querdenker und unkonventionell sein, eben unorthodox – vor allem: Kirchenvertreter. Oder man will doch zumindest unbürokratisch handeln – vor allem: Bürokraten. Wenn es aber nur noch Alternativen, jedoch keine »Alternative« mehr gibt, bleibt für kritische – oder sollte man wieder mit Nietzsche sagen: freie – Geister nur das Culture Jamming: das Kaleidoskop der Postmoderne, das Recycling der Stilformen, das ewige Spiel von Framing und Dekonstruktion.

## DAS 21. JAHRHUNDERT WIRD DIE BRILLANTESTE UND KREATIVSTE ZEIT, DIE DIE MENSCHHEIT JEMALS ERLEBT HABEN WIRD.

—— SIR RICHARD ROGERS

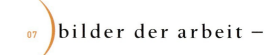

**07** ) **bilder der arbeit –**

**bilder der ungleichheit**—— RAINER HANK

Arbeit verändert ihr Gesicht. Niemand wird ein Leben lang mehr denselben Beruf ausüben, niemand wird ein Leben lang mehr am selben Ort sein Einkommen beziehen. Längst sind die Visionen über das Arbeitsleben eines modernen Nomadentums zum Stereotyp geronnen: Arbeitsbiografien werden fragmentiert, unterbrochen von Zeiten der Suche, der Muße, der Langeweile. Immer mehr Menschen werden einen Zweit- Dritt- oder Teilzeitjob ausüben, weil sie es müssen oder weil sie es wollen. _____ Arbeitnehmer werden zu Unternehmern, weil ihnen – outgesourct aus ihrem früheren Angestelltendasein – gar keine andere Wahl bleibt, oder weil sie – angespornt vom Versprechen schöpferischer Zerstörung – das Einerlei der Angestelltenwelt verlassen, beflügelt von der Hoffnung auf den Erfolg der eigenen Produktidee oder trunken von der Aussicht auf zweistellige Verzinsungsraten des eingesetzten Kapitals. Kein Arbeitsplatz, kein Arbeitsleben ähnelt dem anderen mehr. _____ Dass dies Auswirkungen hat auf die Erfahrungsstruktur individueller Arbeitsbiografien ist oft wiederholt worden. Der Kapitalismus des 21. Jahrhunderts braucht den flexiblen Menschen (Richard Sennett). Der Arbeiter ist ein Selbständiger. Wenig zielführend ist freilich der rückwärtsgewandte Blick, der aus dem Abstand von 50 Jahren sogar die Eintönigkeit der tayloristischen Assembly Line der Massenproduktion verteidigt. Das ist der Blick einer nostalgischen Linken, die, was sie früher als Entfremdung im falschen Leben brandmarkte, unterdessen heute als einheitsstiftende Ordnungsstruktur des Arbeitsalltags verklärt. Besser wäre es, der Konsequenzen des modernen Nomadentums gewahr zu werden. Es sind wachsende Ungleichheiten in der Arbeitswelt. Sie anzuerkennen ist freilich allemal produktiver als die eine Ungleichheit zu bewahren: die Spaltung der Gesellschaft in Arbeiter und Nicht-Arbeiter. _____ Seit fast einem Vierteljahrhundert geht in Europa wieder ein Gespenst um, das Gespenst der Arbeitslosigkeit. Nach einer lange anhaltenden Phase der Vollbeschäftigung treibt es seit Mitte der siebziger Jahre auch in Deutschland sein Unwesen: Offiziell sind gegenwärtig nach wie vor fast

❶ 4/70 Stempeluhr mit Nummernrad, 1920. Winterthur, Technorama der Schweiz ❷ Werkhalle mit Meisterstuben in der Großmaschinenfabrik der AEG, Berlin, 1899-1900. Deutsches Technikmuseum Berlin ❸ 4/64 Modell der Maschinenfabrik Naumburg, 1905. Schwerin, Verein Technisches Landesmuseum Mecklenburg-Vorpommern e.V.

❸

❷

4 Millionen Arbeitnehmer ohne Arbeit; gut 2 Millionen kommen dazu, die vom Staat über verschiedene Maßnahmen teuer aus dem Markt gekauft werden. Die Arbeitslosigkeit ist sehr zählebig, sie hat sich im Laufe der letzten 25 Jahre immer mehr verfestigt. Je länger man nicht entschieden gegen sie vorgeht, um so schwieriger wird es, sie wirksam zu bekämpfen. Fast die Hälfte der Arbeitslosen sind heute schon länger als ein Jahr ohne Arbeit, die meisten von ihnen sind nicht oder nur schlecht ausgebildet. Das in Deutschland seit langem bestehende Nord-Süd-Gefälle wird seit der Wiedervereinigung durch ein noch drastischeres Ost-West-Gefälle ergänzt; vor allem in den neuen Bundesländern sind offiziell noch immer fast 20 Prozent der Arbeitnehmer ohne Beschäf-

❶ 4/48 Industria, 1895, Antoine Bourlard. La Louvière, Collection de la Province de Hainaut – Belgique
❷ 4/62 Roboter, Geschenk des Kybernetischen Instituts der Akademie der Wissenschaften der UdSSR an Erich Honecker, 1978. Berlin, Deutsches Historisches Museum
❸ 4/58 Strecker im Walzwerk, um 1900, Constantin Meunier. Hessisches Landesmuseum Darmstadt

082

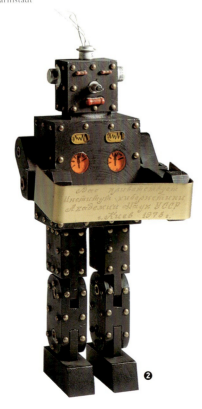

tigung. Die Lage auf den Arbeitsmärkten ist dabei alles andere als einheitlich; während in einigen Sektoren händeringend Arbeitnehmer gesucht werden, existieren nach wie vor Bereiche in denen noch immer Arbeitsplätze abgebaut werden. Insgesamt werden in Deutschland aber zu wenig neue Arbeitsplätze geschaffen. _____ Die rot-grüne Bundesregierung beginnt zu begreifen, dass die alten Rezepte nicht mehr fruchten. Die Ansätze einer Steuerreform des Finanzministers weisen in die richtige Richtung: wirtschaftliche Dynamik zu unterstützen und nicht zu behindern. Kapitalgesellschaften dürfen durch falsche Anreize nicht daran gehindert werden, ihre alten, verkrusteten Beteiligungen zu behalten und nur deshalb nicht zu veräußern, weil von den Erlösen mehr an den Fiskus als an die Aktionäre flösse. Arbeit wird nicht dadurch erhalten, dass man Arbeitsplätze konserviert. Was der Finanzminister verstanden hat, versteht der Kanzler noch lange nicht. Die vermeintliche Rettungsaktion zugunsten der Philipp Holzmann AG ist der Beweis dafür: Staatsinterventionen, getarnt als Dritter Weg, sind nichts anderes als strukturkonservative Maßnahmen einer alten Sozialdemokratie, die die Bilder der neuen Arbeitswelt noch gar nicht in den Blick bekommen hat. _____ Das Steuergeschenk des Finanzministers an die Bank- und Versicherungsaktionäre, das die Kurstafeln der Börse nach oben trieb, und der zur Rettung stilisierte Staatsinterventionismus bei Holzmann sind die entscheidenden Bilder, zwischen denen sich deutsche Wirtschaftspolitik am Beginn des neuen Jahrtausends präsentiert. Es ist eine Spannung zwischen Veränderungswille und Zementierung des Stillstands. Womöglich war das eine ohne das andere nicht möglich: Die Holzmann-Intervention nimmt Rücksicht auf die diffusen Globalisierungsängste der Menschen. Die Steuerbefreiung nimmt Rücksicht auf die Wünsche der Unternehmen, im globalen Wettbewerb zu bestehen. Beides zusammen ist Ausdruck des experimentellen Charakters des Kapitalismus im Übergang. Es ist schwer zu sagen, in welche Richtung die Reise gehen wird. Leicht ist zu sehen, dass sich Deutschland schwer damit tut, den Maßstäben des internationalen Kapitalismus gerecht zu werden. Einerseits gibt es erste Anzeichen dafür, dass es auch in Deutschland zu einer neuen Gründerzeit kommen könnte. Dafür sprechen nicht nur die vielen ideenreichen kreativen Unternehmer, die zugleich viel weniger Mühe als früher haben risikobereite Kapitalgeber zu finden. Dafür spricht vor allem auch der Umbau des Steuersystems: Die Politik ahnt, dass Investitionslenkung besser vom Kapitalmarkt ausgeht als vom Staat und seinem Finanzminister. Wird dies alles umgesetzt, so könnte tatsächlich bald auch hierzulande die Kapitalproduktivität, also die Verzinsung des eingesetzten Kapitals für seine Eigner, international wettbewerbsfähiger werden. Im Kern heißt das allemal: mehr Wettbewerb ist nötig, soll die Kluft zwischen deutschem und angelsächsischem Kapitalismus nicht größer werden. Das und nur das, ist ein Weg zum Aufbau von Beschäftigung. \_\_\_\_ Gegen das optimistische Szenario sprechen die Zahlen des deutschen Arbeitsmarktes. Deutschland zählt auch im Jahr 2000 rund vier Millionen Menschen ohne Beschäftigung. Wenn die Zahl zurück geht, so hat das ausschließlich demographische Gründe, unterstützt womöglich von einer leicht gebesserten Konjunktur. Strukturell aber ist keine Veränderung in Sicht. Holzmann ist auch dafür das Symbol, und das Ausland macht sich lustig. »The long-term success of German and European economies and of the euro should be judged not by the currency's strength but by whether growth an job creation revive. That is why the pave of structural reform has been so disappointing. If German footballers moved as slowly as their government, they would never even get near a trophy.« (The Economist 07/08/1999). \_\_\_\_ Die Politik hat es sich in den Kopf gesetzt, Arbeitsplätze zu retten. Sie rettet aber die falschen. Das ist immer so, wenn jenseits der Märkte mit anmaßendem Wissen versucht wird, in das Wirtschaftsgeschehen einzugreifen. Holzmann hat sich offenkundig als nicht sanierungsfähig erwiesen: Fehlendes Vertrauen – nicht die fehlenden 250 Millionen DM – waren der Grund, warum die Banken das Unternehmen lieber an den Insolvenzverwalter als abermals an ein wenig erfolgreiches Management delegieren wollten. Das hätte nicht bedeutet, dass alle Arbeitsplätze verloren gehen. Es hätte aber bedeutet, dass das Unternehmen zerschlagen worden wäre, um profitable, weil erfolgreiche Arbeitsplätze zu erhalten. \_\_\_\_ Wir sehen immer nur Arbeitsplätze, die verschwinden. Neu entstehende Arbeitsplätze sieht man nicht. Die Ökonomen denken gerne in Opportunitäten: Alles hat seinen Preis. Wer »schlechte« Arbeitsplätze rettet, verhindert das Entstehen neuer »guter« Arbeitsplätze. Die Politik denkt in Erhaltungskategorien: Das ist konservativ. Thomas Maier, Chefökonom der Investmentbank Goldman Sachs in Deutschland, hat gezeigt, dass Deutschland nicht minder erfolgreich war als die Vereinigten Staaten oder Holland im Prozess der Restrukturierung seiner Unternehmen in den mittleren neunziger Jahren: Downsizing, Rückführung auf die Kerngeschäfte. Zugleich ist auch der Prozess der Deregulierung und Privatisierung hierzulande in einem bemerkenswerten Tempo in Gang gekommen: Telekommunikation und Strom sind nur die beiden sichtbarsten Beispiele. Beide Prozesse jedoch, betriebswirtschaftliche Umstrukturierung und Deregulierung auf der Makroebene, hatten Entlassungen in großem Stil zur Folge. Während aber die USA und Holland zugleich ihre Sozialsysteme und Arbeitsmärkte reformierten, so dass die Osmose, die Durchlässigkeit der Arbeitsmärkte sich verbesserte, hat Deutschland die starren Regulierungsstrukturen seiner Beschäftigungssysteme unverändert gelassen. Die Konsequenz: Während in anderen Län-

❸

Die New Yorker Börse, 1996
Händler im Börsensaal der Hongkonger Börse, 1995

dern die »Opfer« der Deregulierung neuen Platz fanden in anderen Branchen (insbesondere bei den Dienstleistern, wenngleich häufig zu schlechteren Konditionen als zuvor), erhöhte sich in Deutschland der »Sockel« struktureller Arbeitslosigkeit. ——— Ein Vergleich zwischen den Zeitarbeitsquoten in Deutschland mit denen in den Vereinigten Staaten zeigt, dass Zeitarbeit hierzulande trotz der guten Entwicklung der vergangenen Jahre (viele Unternehmen sind inzwischen an der Börse notiert) immer noch unterrepräsentiert ist. In den USA ist Manpower unterdessen der größte Arbeitgeber, vor General Motors. Selbst im Vergleich mit den Niederlanden, die eine Zeitarbeitsquote von 4,3 Prozent haben (Anteil der Beschäftigten in einem Zeitarbeitsunternehmen), liegt Deutschland mit 0,6 Prozent zurück. Zeitarbeitsunternehmen, private Unternehmen, die am Markt Geld verdienen, bringen genau jene transitorische Leistungen mit kompensatorischer Wirkung, die Beschäftigung wieder aufbauen: Arbeitnehmer haben ein Interesse an dauerhafter Beschäftigung (mit Sozialleistungen), Arbeitgeber haben ein Interesse an flexiblem Personaleinsatz. Beides wird gewährleistet. Es hat fast den Anschein, als erfüllten Zeitarbeitsunternehmen unterdessen institutionell – aber in transitorischem Gewande für eine Gesellschaft nach dem Strukturwandel – Aufgaben, die im alten Sozialstaat von kollektiven Institutionen wahrgenommen wurden (Gewerkschaften, Sozialversicherungen). ——— Wie könnte die Politik neue »Bilder der Arbeit« entwerfen? Worauf sind die Probleme zurückzuführen? Die weltweite Krise auf den Arbeitsmärkten entwickelte sich seit Mitte der siebziger Jahre auch zu einer Krise der Ökonomie. Die Meinungen der Ökonomen darüber, was die dauerhaft hohe Arbeitslosigkeit verursachte, gingen lange Zeit weit auseinander. Das war auch deshalb unerfreulich und kostspielig, weil damit vor allem den Tarifpartnern, aber auch den politischen Entscheidungsträgern eine Entschuldigung geschrieben wurde, sich vor den notwendigen, allerdings schmerzhaften lohn-, tarif-, arbeitsmarkt-, sozial- und finanzpolitischen Entscheidungen zu drücken. Diese Zeiten sind spätestens seit Anfang der neunziger Jahre vorbei. Es besteht weitgehend Konsens darüber, was Arbeitslosigkeit auslöst. Vor allem strukturelle Faktoren stehen ganz oben auf der Liste, zyklische Aspekte spielen nur eine untergeordnete, temporäre Rolle. Über 85 Prozent der Arbeitslosigkeit ist gegenwärtig strukturell, nur 15 Prozent zyklisch bedingt. Es ist zwar richtig, dass etwa eine zu restriktive Geldpolitik oder eine stringente Haushaltskonsolidierung die gesamtwirtschaftliche Nachfrage temporär verringern können. Dies schlägt vor allem dann bis auf die Arbeitsmärkte durch, wenn die Güter- und Kapitalmärkte unvollkommen sind. Diese zyklische Arbeitslosigkeit ist allerdings nur ein temporäres Problem. Entweder sie wird rasch mit nachfragepolitischen Mitteln bekämpft oder sie wandelt sich relativ schnell in strukturelle Arbeitslosigkeit um. Der unterausgelastete Real- und Humankapitalbestand wird entwertet, die gesamtwirtschaftliche Arbeitsnachfragekurve verschiebt sich nach innen. Die Lohn- und Tarifpolitik wird aggressiver, da sie vor allem die Interessen der Arbeitnehmer im Auge hat, die weiterhin in Arbeit und Brot stehen. Aus zyklischer Arbeitslosigkeit wird strukturelle. ——— Doch welches Heilmittel wird hierzulande empfohlen? Eine Deregulierung der Arbeitsmärkte (Lockerung des Kündigungsschutzes oder Erhöhung der Zeitarbeitsquote) gilt immer noch als Gedanke des Teufels. Wann immer in Deutschland wirtschaftspolitische Schwierigkeiten auftauchen, ertönt stattdessen der Ruf nach korporatistischen Lösungen: nach organisierter Verhaltensabstimmung kollektiver Akteure unter Beschränkung des Wettbewerbs, nach einem »Bündnis für Arbeit«. Ein Pakt muss her, so hören wir, zwischen den Generationen, den

Interessengruppen, den Klassen und den Wirtschaftssubjekten. Die Semantik von Pakt und Bündnis hat ihren eigenen Konjunkturzyklus. Korporatismus ist ein spezifisches Kooperations-Konzept, das davon ausgeht, dass Verhandeln mit langfristigen Verpflichtungen allemal dem Wettbewerb vorzuziehen ist. Oder anders gesprochen: dass Kooperation und Konsens Vorrang vor Wettbewerb und Konflikt haben. Auch der »Runde Tisch«, das »Bündnis für Arbeit«, gehört zu den »Bildern der Arbeit« in Deutschland am Beginn des 21. Jahrhunderts. Es ist ein Bild, das den Zustand der Wirklichkeit und deren Veränderungspotenzial zugleich am meisten verzerrt. _____ Mehr und mehr wird freilich deutlich, dass eine Neuauflage des Korporatismus kein Modell zur Linderung des Arbeitsmarktes ist. Der Sozialstaat behindert mit der gegenwärtigen Form der Ausgestaltung von Arbeitslosenversicherung, Arbeitsmarktpolitik, Rentenversicherung und Sozialhilfe nicht nur den sektoralen Strukturwandel. Er wird auch von den Tarifpartnern missbraucht, um beschäftigungspolitische Verantwortung auf ihn abzuladen. Die Lage auf dem Arbeitsmarkt bessert sich erst, wenn die beschäftigungspolitische Verantwortung wieder klar zugewiesen und mehr institutionelle Vielfalt zugelassen wird. Es ist kein Zufall, dass beschäftigungspolitisch erfolgreiche Länder auf dem Weg zu dezentraleren Tarifverhandlungen schon weit vorangeschritten sind. Auf betrieblicher Ebene ist es leichter möglich, auf heterogene wirtschaftliche Veränderungen lohn- und tarifpolitisch adäquat zu reagieren. Die regionalen, sektoralen und qualifikatorischen Lohnstrukturen werden flexibler, die Reallöhne orientieren sich stärker an den gesamtwirtschaftlichen Möglichkeiten. Arbeitslosigkeit verliert ihren Schrecken. Bei dezentralen Tarifverhandlungen ist der Weg zu ertragsabhängigen Lohnbestandteilen vorgezeichnet. _____ Damit nicht genug: Es wird immer wieder vergessen, dass lohn- und tarifpolitische Aktivitäten weit über den Tag hinaus wirken. Eine Politik der Tarifpartner, die sich an den realen wirtschaftlichen Möglichkeiten der Unternehmungen orientiert, verbessert die Ertragslage der Unternehmungen und macht zusätzliche Investitionen wieder lohnend. Damit werden nicht nur neue, zusätzliche Arbeitsplätze geschaffen, schon in der mittleren Frist verbessert sich auch die materielle Lage der Arbeitnehmer. _____ Man sollte allerdings nicht verschweigen, dass auch diese Strategie ihren Preis hat, die der Blick auf die Beschäftigungsentwicklung der angelsächsischen Länder in den neunziger Jahren frei gibt. Während Kontinentaleuropa hohe, zum Teil sogar ansteigende Arbeitslosenzahlen verzeichnet, weitet sich in den angelsächsischen Ländern die Spanne der Einkommen dramatisch. Es scheint so, als hätten die industrialisierten Länder nur die Wahl zwischen Skylla und Charybdis: Entweder sie grenzen über zehn Prozent der Beschäftigten von der aktiven Teilnahme am Arbeitsprozess aus oder aber sie nehmen hohe Einkommensungleichheit ihrer Bürger in Kauf. Ein Drittes scheint nicht mehr gegeben, jedenfalls seit den späten neunziger Jahren. Eine egalitäre Gesellschaft, deren Arbeitsmarkt zugleich Vollbeschäftigung vorweisen kann, gehört der Vergangenheit an. Wir müssen uns mit dem Ende der Gleichheit abfinden. _____ Mehr Wettbewerb auf den Arbeitsmärkten bedeutet mehr Arbeit für alle, aber größere Unterschiede der Einkommen und Arbeitsbedingungen. Mit anderen Worten: größere Ungleichheit. Europa befürchtet eine Spaltung der Gesellschaft, sollte eine größere Spreizung der Einkommen zugelassen werden. Denn Spreizung der Einkommen würde den Abstand der Reichsten zu den Ärmsten vergrößern, Konsummöglichkeiten für die einen ausweiten, für die anderen schmälern, und die Niveaus der Lebensstandards innerhalb eines Landes voneinander entfernen. Das wären Verhältnisse, die man allenfalls in der

*»Nanotechnologie im Kontext Arbeit«, eine Arbeit des Institutes für zeitbasierte Medien der Fachgruppe ID 5 der HdK Berlin (Claudia Baumgartner, Friedrich Huber, Léon Rottwinkel, Nicole Vilain) unter der Leitung von Prof. Burkhard Schmitz*

Dritten Welt (oder eben in Amerika) erwarten würde. Hierzulande sind sie aber unerwünscht. _____ Diese Haltung des moralischen Egalitarismus in Europa kommt indessen von verschiedener Seite in Bedrängnis: Aus Gerechtigkeitserwägungen kann man fragen, ob die dauerhafte Ausgrenzung einer großen Gruppe der Bürger, denen die Teilhabe am Erwerbsleben verwehrt wird, nicht auch unzumutbar ist. Zumal Langzeitarbeitslosigkeit die Chancen auf eine neue Beschäftigung dramatisch reduziert. Hinzu kommt, dass die Versuche, Arbeitslosigkeit im egalitären Muster zu reduzieren – nämlich korporatistisch durch koordinierte »Umverteilung von Arbeit« – gescheitert sind. Die Notwendigkeit, über Alternativen nachzudenken, ergibt sich zudem aus der Vermutung, dass der Egalitarismus einer verteilungsgerechten Gesellschaft auf Kosten ihrer Effizienz geht. Das würde bedeuten, dass gerade der aus Gerechtigkeitserwägungen installierte Verteilmechanismus letztlich die Wohlstands- und Wachstumsinteressen aller Bürger unterhöhlt. Schließlich aber gilt es empirisch zu berücksichtigen, dass auch die kontinentaleuropäischen Gesellschaften seit den neunziger Jahren eine wachsende Spreizung der Löhne und eine größere Ungleichheit der Einkommen verzeichnen, obzwar wesentlich weniger dramatisch als in den angelsächsischen Ländern. Das könnte darauf hinweisen, dass sich die Marktkräfte selbst in Ländern durchsetzten, die mit politischer Macht gegen ihr Wirken ansteuern. _____ Nimmt man alles zusammen, dann bedeutet dies: Der neue Kapitalismus zu Beginn des Jahrhunderts zwingt auch die Europäer, über die Zumutung wachsender Ungleichheit nachzudenken. Denn das Versprechen heißt: Gäbe es Bedingungen, unter denen Ungleichheit tolerabel wäre, könnte daraus mehr wirtschaftliche Dynamik und Wachstum resultieren, was zugleich am Arbeitsmarkt jene Erfolge nach sie zöge, die der umverteilende Wohlfahrtsstaat nicht zu produzieren in der Lage ist. _____ Bei allen unterschiedlichen Einschätzungen sind sich doch die Deuter der Ungleichheiten in einer Feststellung einig: Die neue Ungleichheit belohnt Bildung und bestraft Unbildung. Daraus folgt: Die Nachfrage nach qualifizierter Tätigkeit steigt. Aber es gibt nur eine kleine Gruppe, die diese Bedingungen erfüllt. Sie kann eine Steigerung ihrer Einkommen durchsetzen. Umgekehrt geht die Nachfrage nach einfacher Arbeit zurück. Da aber mehr als genügend Anbieter sich für diese Tätigkeiten verdingen, gehen auch deren Löhne und Einkommen zurück. Seit den siebziger Jahren, mit wachsender Beschleunigung in den neunziger Jahren, wird von den Unternehmen nicht mehr körperliche Kraft, sondern geistige Kreativität und Beweglichkeit verlangt: Es ist eine Entwicklung von Brawn to Brain, von Muskelstärke zu Geistesstärke. Und viel Brain zahlt sich besonders aus. _____ Der britische Ökonom Mervin King erzählt dazu ein raffiniertes Beispiel: Der englische Film »The Full Monty« erzählt die Geschichte arbeitsloser Stahlarbeiter aus Sheffield, die sich zu männlichen Striptease-Tänzern ausbilden ließen – damit Erfolg hatten und zufrieden waren. Der Inhalt des Filmes zeigt somit: Muskelkraft (brawn) zahlt sich aus. Aber natürlich war es die Imagination der Filmemacher (brain), die den Erfolg begründete: die Filmemacher (und die Schauspieler) haben mit ihrem Film das große Geld gemacht, nicht die (realen) arbeitslosen Arbeiter-Helden ihres Films. _____ Was ist an der größeren Einkommensspreizung nicht in Ordnung? Müssen die Märkte (oder die Politik) danach trachten, Ungleichheit zu reduzieren? Manche in Amerika halten diese Frage schon für unangemessen. Martin Feldstein, Chef des renommierten National Bureau of Economic Research, meint: »Armut ist ein Problem. Einkommensungleichheit ist es nicht«. Feldstein fordert sein Auditorium zu einem Gedankenexperiment auf: »Stellen Sie sich vor, ein kleiner Glücksvogel bringt Ihnen allen 1000 Dollar. Das ist nichts Schlechtes, würde aber ohne Zweifel den Ungleichheits-Koeffizienten ansteigen lassen: Wachsende Ungleichheit. Aber doch Ungleichheit, unter der niemand zu leiden hat?« ——— Wer schon diese generellen Aussagen in Frage stellt, bringt dafür zumeist weniger Argumente als puren Neid ins Spiel. Feldstein nennt diejenigen, die selbst dann größere Spreizung ablehnten, wenn alle davon profitierten, »Spitefull Egalitarians«. Sie könnten sich auf das Pareto-Kriterium nur berufen, indem sie argumentierten, schon mit ansehen zu müssen, wie es anderen deutlich besser gehe, verschlechtere ihren Zustand. Nach dem Motto: »Ich leide zusätzlich, wenn ich in einer ungleicheren Welt leben muss.« Neid sollte man zwar als wichtiges Erklärungselement, sicher auch als Triebfeder eines Bündnisses für Arbeit zulassen, aber nicht als rationales Argument. Neid ist sicherlich der größte Beweger der Gleichmacherei. Und wenn eine genügend große Zahl von Menschen dasselbe Gefühl teilt, dann werden sie auch ihre demokratischen Rechte dazu nutzten, ihren Neid in Politik umzumünzen. Neid gibt es immer da, wo Knappheit herrscht. Deswegen findet er auf den Märkten ein so großes Tummelfeld. Gerechtigkeit und Ungleichheit wären immer dann vereinbart, wenn die Prozesse fair sind. ——— Feldsteins Beispiel hat zwei theoretische Fassungen, eine politökonomische und eine moralphilosophische, erhalten: Politökonomisch entspricht die Geschichte dem sogenannten Pareto-Optimum, dessen Kurzform ungefähr so lautet: An einer Veränderung ist immer dann nichts auszusetzen, wenn sie zu irgendjemandes Vorteil ausfällt, ohne Zugleich für jemand anderen einen Nachteil zu bedeuten. Oder anders formuliert: Wenn sich das Einkommen einiger verbessert, dasjenige anderer aber zugleich nicht verschlechtert, entsteht zwar Spreizung und mehr Ungleichheit, die aber nur zu begrüßen, nicht zu bekämpfen ist. Vergleichbar damit ist das Rawls-Kriterium: Eine Veränderung ist dann als gerecht anzusehen, wenn jede Gruppe, insbesondere aber die unterste Gruppe, sich besser stellt im Vergleich zum vorigen Zustand. Das ist die am egalitaristischsten formulierte Theorie der Gerechtigkeit. Es gibt für diese Gerechtigkeitstheorie eine populäre, dafür aber um so eingängigere Formel, die von John. F. Kennedy stammt: »A rising tide lifts all the boats.« Die Formel ist deswegen so treffend, weil sie im Bild der Gezeiten auch die dynamische Anonymität der »Unsichtbaren Hand« zum Ausdruck bringt, die zugleich Effizienz und Wachstum ermöglicht, wovon alle profitieren. Ungleichheit wäre dann nicht als der Preis, sondern als die erwünschte Folge größerer Wachstumsdynamik anzusehen. Sie wäre nicht nur nicht zu beanstanden, sondern auch ethisch als wünschenswert zu qualifizieren. ——— Der Arbeitsmarkt ist (noch) falsch organisiert. Das heißt aber nicht, dass die Gesellschaft wirtschaftspolitisch und institutionell in ein Chaos fällt. Das Ende der Gleichheit ist da. Das ist aber nicht das Chaos. Neue »Egalisierungsinstitutionen« wären möglich, die die Kompensation leisten und zugleich den Regeln der Fairness folgen. Diese Institutionen unterscheiden sich freilich fundamental von ihren Vorgängern: Sie dürfen nicht öffentlich sein, müssen dezentral organisiert und transitorisch – also nicht auf Dauer angelegt sein. Statt defensiver oder aktiver öffentlicher Arbeitsmarktpolitik ginge es um Förderung der Beschäftigungsfähigkeit, der Employability. Zeitarbeit ist eines der guten Beispiele für diese Transformation. »Jobless growth« ist keine Folge des internationalen

Spätkapitalismus und vermeintlicher Sättigungen der Märkte, sondern Artefakt. Nach dem Jobless Growth kommt das Job Miracle –, wenn wir wollen. _____ Jenseits von Neid und Determinismus bleiben freilich gewichtige Einwände gegen alle allzu glatten Modelle einer schönen neuen Welt der Ungleichheit. Ungleichheit heißt auch: Menschen leben in Armut. Soll das schon gerechtfertigt sein, nur weil das Pro-Kopf-Einkommen einer ungleichen Wachstumswelt über dem einer egalitären Gesellschaft liegt? Das wird niemand behaupten. Es wäre zynisch. Trotz höherem durchschnittlichen Pro-Kopf-Einkommen übersteigt die Zahl der Geringverdiener in den Vereinigten Staaten diejenige in Kontinentaleuropa um ein Vielfaches. Es ist ja gerade das Ziel ausgebauter Wohlfahrtsstaaten, durch Anhebung der unteren Lohngruppen und Ausgleich mit Sozial- und Arbeitslosenunterstützung, das Niveau am unteren Ende der Einkommensskala deutlich anzuheben: Besser versorgt und arbeitslos, als »working poor«, heißt die Devise. _____ Amerika hat es freilich mal wieder besser: Hier geht man den umgekehrten Weg. Mit Transfers wird Arbeit, aber nicht Arbeitslosigkeit finanziert. An den Vorbildern der amerikanischen Workfare Reform könnte man sich orientieren, wenn man die Verlierer in den Genuss einer Entschädigung kommen lassen will. Auch das wären Egalisierungsinstitutionen. Benefits, die bislang als Kompensation für Arbeitslose und Sozialhilfeempfänger gezahlt wurden, werden jetzt zur Arbeitsunterstützung verwendet (Day-Care, Leihautos, um den Weg zur Arbeit zu ermöglichen). Abgefedert wird dies zusätzlich durch ein kluges System negativer Einkommenssteuer (Earned Income Tax Credit), die die Differenz zwischen Erwerbseinkommen und Existenzminimum ausgleicht. Freilich konnte sich Amerika dieses Programm erst in einem Boom mit robustem Arbeitsmarkt leisten. Anfangs erfolgt die Deregulierung der Güter- und Arbeitsmärkte. Diese entlässt die Dynamik entfesselten Wirtschaftswachstums. In Folge muss eine Spreizung der Einkommen – mehr Ungleichheit – in Kauf genommen werden. Erst dann sind Welfare-to-Work-Programme sinnvoll. Es zeigt sich: Die Kur muss wohl zuerst den Schmerz zumuten und kann anschließend erst Kompensationen anbieten. Deutschland hätte es lieber umgekehrt. Das wird nicht funktionieren.

① 4/31 Atomgetriebener Herzschrittmacher, 1974. Berliner Medizinhistorisches Museum an der Charité
② 4/14 Tödlein als Memento mori, Ende 17. Jh., Kassel, Museum für Sepulkralkultur
③ Eiserne Hand als Prothese, nach Ambroise Paré (1510-1590)
④ 4/34 Tödlein als Kabinettstück (Memento mori), um 1520. Köln, Schnütgen-Museum, Leihgabe aus der Sammlung Ludwig

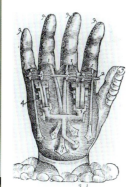

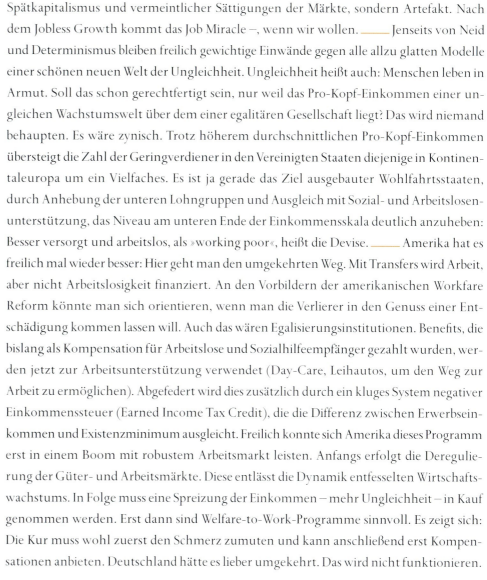

31   La main de fer.   ③

08 ) der machbare mensch_____ THOMAS MACHO

Die kulturelle Bewertung der Lebensgrenzen hat sich in den letzten zwei Jahrhunderten deutlich verändert. Während vergangene Epochen die Erfahrungen der Geburt und des Todes auf einen mythisch (als Schicksal) oder theologisch (als Vorsehung) markierten Horizont der Unverfügbarkeit zu beziehen pflegten, haben die technologischen Fortschritte der neuzeitlichen Medizin, Biologie oder Chemie den Umfang möglicher Einflüsse auf die konkreten Erscheinungsformen von Lebensanfang und Lebensende dramatisch erweitert. Die Kindersterblichkeit wurde radikal gesenkt, während das durchschnittliche Lebensalter erstaunlich gesteigert werden konnte; bestimmte Todesursachen wurden erfolgreich bekämpft, bedrohliche Geburtsrisiken verringert. Diese technologisch-wissenschaftlichen Triumphe, die auch ein Skeptiker der modernen Medizin gewöhnlich zugesteht, haben freilich eine bemerkenswerte Transformation kultureller Symbolsysteme bewirkt. Im vormodernen Kontext der Anerkennung von Geburt und Tod als den

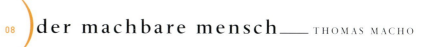

❶ 4/37 Der Anatom, 1869, Gabriel von Max. Bayerische Staatsgemäldesammlungen, Neue Pinakothek, München

❷ 4/1 Narziss, 1881, Gyula Benczúr. Budapest, Ungarische Nationalgalerie

❸ 4/43 Totenmaske Napoleons. Kassel, Museum für Sepulkralkultur

❹ 4/47 »Die Unbekannte aus der Seine« (»L'Inconnue de la Seine«), Totenmaske. Kassel, Museum für Sepulkralkultur

❺ 4/40 Totenmaske Luthers. Kassel, Museum für Sepulkralkultur

❻ 4/35 Szene mit Chronos und den Verwesungsstadien, Gaetano G. Zumbo, Florenz, 17. Jh., Museo di Storia Naturale dell' Università di Firenze, Sezione di Zoologia »La Specola«

❼ 4/36 Handtuchhalter als Memento mori, 17. Jh., Tiroler Volkskunstmuseum, Innsbruck

❽ 4/32 Handgeschnitzter Holzsarg in Form eines Autos. Staatliche Museen zu Berlin, Ethnologisches Mueum

AUCH WENN EINIGE AUTOREN DER ANTIKE ZWEIFEL HATTEN: ES LIEGT ETWAS WAHRES DARIN, DASS ES EINES TAGES MÖGLICH SEIN WIRD, ENTWEDER DURCH DIE NATUR ODER KÜNSTLICH EINEN MENSCHEN AUSSERHALB DES KÖRPERS EINER FRAU UND NATÜRLICHEN MUTTER HERSTELLEN ZU KÖNNEN. ——— DER ARZT UND ALCHIMIST PARACELSUS, 16. JH.

prinzipiell unverfügbaren Grenzen wurden zahlreiche Praktiken und Rituale ausgeübt, um die Instanzen der Vorsehung oder des Schicksals anzusprechen, zu versöhnen und günstig zu stimmen, aber auch, um im schlimmsten Fall deren Entscheidungen – als Prüfung oder Strafe – zu ertragen. Diesem Zweck dienten Opferzeremonien, bis ins letzte Detail festgelegte Verhaltensregeln (von der Taufe bis zur Bestattungsfeier), und nicht zuletzt eine ausgeprägte Metaphorisierung des »Jenseits«: Gerade die streng definierten Grenzen begünstigen die Fantasie ihrer Überschreitung. ——— Inzwischen sind die Grenzen flexibler geworden; sie lassen sich vielfach manipulieren, verschieben oder – etwa bei einer gelun genen Reanimation – vorübergehend außer Kraft setzen. Darum würde es unter gegenwärtigen Bedingungen geradezu als kriminalisierbares Delikt angesehen werden, ein Unfallopfer mit Sterbegesängen zu »trösten«oder einen Priester – womöglich an Stelle des Rettungsdienstes – zu rufen. Noch die Trauer um einen Verstorbenen – oder die unerfüllte Sehnsucht nach einem Kind – mündet nicht selten in Fragen und Vorwürfe: Wurde die richtige, die rettende Maßnahme versäumt? Haben die Ärzte ihre Pflicht erfüllt? Hätte nicht noch etwas getan werden können? Wer hat versagt? Die mögliche Adressierung einer anonymen oder zumindest unbelangbaren Macht wird immer seltener praktiziert, geschweige denn ritualisiert: die bunten und vielfältigen Fantasien eines »Jenseits« verblassen, kompensiert allenfalls durch die »Resthimmel« einer beliebigen, kollektiv unverbindlichen »Esoterik«. Diese Entwicklung lässt sich zwar leicht kritisieren und als »Verfallsgeschichte« geißeln; doch selbst die eloquenteste Polemik könnte rasch mit jener nostalgischen Heuchelei verwechselt werden, die das Phantasma eines jenseitigen Glücks der mutmaßlich erfolgreichen Therapie vorzuziehen behauptet. Im Ernstfall wird stets der »Spatz in der Hand«gehütet, und zwar sogar in jener, von Odo Marquard zugunsten der Frömmigkeit charakterisierten Lage, in welcher die »Taube auf dem Dach« der einzige Spatz ist, der sich hüten lässt: Dann wird nämlich die theomorphe Taube tatsächlich wie ein Spatz behandelt – als eine Art von sakraler Lebensversicherung, die bekanntlich nicht schadet, auch wenn sie nichts nützt. ——— Die Frage nach der veränderten symbolischen Bewertung der Lebensgrenzen in der Moderne kann also nicht auf fundamentale Gegenwartskritik und historisierende Verklärungen ehemals »goldener Zeitalter« rekurrieren; es wären vielmehr die Konsequenzen zu diskutieren, die sich aus der steigenden Manipulierbarkeit von Geburt und Tod – und dem darin wurzelnden Ritualverlust – ergeben. So hat sich das gesellschaftliche Verhältnis zum Tod spürbar verändert, freilich nicht im Sinne der ubiquitären These von einer »Verdrängung des Todes«. Der Tod wird heute in gewisser Hinsicht weniger verdrängt, als im neuerdings gern zitierten Mittelalter der »ars moriendi«: Es genügt schon, den Fernsehapparat einzuschalten, um auf denkbar vielfältige Weise von der Sterblichkeit der Menschen Kenntnis zu nehmen. Auf dem ersten Kanal läuft beispielsweise eine Dokumentation über Krieg und Konzentrationslager, auf dem zweiten Kanal wird eine Soap-Serie über Intensivstationen angeboten, auf dem dritten erscheint der Nachrichtensprecher, um die aktuellen Katastrophen, Schlachten oder Unfälle zu kommentieren, auf dem vierten wird ein Kriminalfilm oder Western (mit zahlreichen Toten) ausgestrahlt, auf dem fünften ein Horrorfilm über Vampire und Zombies. Selbst die Kinder werden frühzeitig mit den Realitäten des Sterbens konfrontiert: Noch in den harmlosesten Produktionen der Disney-Company kommen immer wieder Todesfälle vor, die sich ungeschminkt auf die jeweiligen Alltagsrealitäten übertragen lassen. So ist etwa das tapfere Kind, das die Mutter oder den Vater verloren hat, ein beliebter Hollywood-

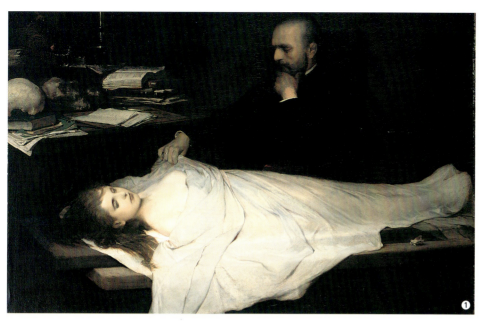

4/15 Unnatural Body, 1988, Jim Withing. Leipzig, Jim Whiting

092

Topos – was beispielsweise meine eigene Tochter dazu bringt, sich regelmäßig besorgt nach der Lebensdauer ihrer Eltern zu erkundigen.
_____ Der Tod – ästhetisches wie philosophisches Thema der Moderne par excellence – wird wohl nicht »verdrängt«: Ganz im Gegensatz zu den Sterbenden, die häufig einem klinischen Expertensystem anvertraut sind, das dazu neigt, sich im Falle scheiternder Bemühungen von seinen Patienten abzuwenden. Wo der Triumph über den Tod beinahe zum ärzlichen Ethos schlechthin geworden ist, muss die Erfahrung der Niederlage abgewehrt werden. Der Sterbende erscheint als materialisierter Vorwurf; dieser Vorwurf wird ihm gleichsam projektiv zurückgegeben: Wer stirbt, hat versagt – und verdient keine weitere Aufmerksamkeit. Zu Recht beklagte Norbert Elias die »Einsamkeit der Sterbenden in unseren Tagen«, die eben den Erfolgsmaximen – und nicht den »Kunstfehlern« – zeitgenössischer Medizin entspringe. Die klinische Hilflosigkeit, ja, oft genug die unbewusste Wut, die sich im Umgang mit einem Sterbenden einstellen kann, begünstigt freilich eine Praxis, die den »Versager« rasch zum bloßen Mittel neuer Lebenserhaltungsstrategien umfunktioniert: etwa zum »Organspender«. Die steigende Manipulierbarkeit der Lebensgrenzen ermöglicht die Einrichtung und strategische Nutzung von »Zuständen« zwischen Leben und Tod, gleichsam die Ausbreitung temporaler »Niemandsländer«, die sich von den gefrorenen Embryos bis zu den künstlich am Leben erhaltenen Komatoten erstrecken. In diesen »Niemandsländern« werden die traditionellen Erfahrungen mit den Lebensgrenzen irritiert: Ist das befruchtete Ei in der Tiefkühltruhe tatsächlich »am Leben«? Ist der atmende Mensch mit rosiger Haut und spinalen Muskelreflexen tatsächlich »gestorben«? In ihrer eben erst publizierten Studie zur Praxis der Organtransplantation berichten Anna Bergmann und Ulrike Baureithel von Krankenhäusern, in denen die sogenannt hirntoten »Spender« bei der Organentnahme narkotisiert werden, um nicht durch unerwartete Reaktionen wie Muskelzuckungen, Hautrötungen oder Schweißausbrüche das OP-Personal zu erschrecken. _____ Geburt und Tod werden – im Verein mit den wachsenden Möglichkeiten, die Lebensgrenzen zu manipulieren und zu verschieben – latent »virtualisiert«: diese »Virtualisierung« erzwingt jedoch Planungen und Entscheidungen, die im Horizont traditioneller Ethik nur schwer beurteilt werden können. Die klassische Ethik wurde ja gerade aus dem Geist der Anerkennung einer schicksalhaften, göttlich gebotenen Unverfügbarkeit der Lebensgrenzen entfaltet; den nahezu universellen Tötungs-

ICH WILL NICHT DURCH MEINE ARBEIT UNSTERBLICH WERDEN. ICH WILL verboten entsprachen die verschiedensten Regelungen und Einschränkungen der Zeugung von Kindern. Neues Leben durfte nicht – per imitationem dei – aktiv produziert, sondern lediglich als »Geschenk« des Schöpfers oder der Sterne angenommen werden: Kinder wurden »bekommen« und nicht »gemacht«. Erst die moderne Biologie und Gynäkologie ermöglicht strategische »Familienplanung«, eine pharmakologisch – und zunehmend auch gentechnologisch – unterstützte Erzeugung von »Wunschkindern«. Dagegen wäre auf den ersten Blick gar nichts einzuwenden: »Wunschkinder« werden doch in der Regel besser versorgt, erzogen und intensiver geliebt. Allerdings konstituiert die Bemühung um die »Wunschkinder« erst das gegenüberliegende Feld der unerwünschten Kinder. Die Planungsanstrengungen und Erwartungen generieren strukturell die Möglichkeit der Planungsfehler und Enttäuschungen. Nicht selten konvertieren darum gerade die besonders heiß ersehnten »Wunschkinder« zu unerwünschten Kobolden, sobald sie nämlich die Projektionen und Hoffnungen ihrer Eltern frustrieren. Die neue »Machbarkeit« der Nachkommen überträgt die Logiken von Bedürfnis, Produktion und Konsum

DEM ENTWURF NACH MÜSSTE DER KÖRPER EWIG FUNKTIONIEREN.___

ELIOT CROOKE, BIOCHEMIKER AN DER STANFORD UNIVERSITY

auf die Kinder, die dann – wie alle Produkte – halten oder nicht halten können, was sie versprechen. Im Krisenmoment empfiehlt sich jenes zeitgemäße »Kind«, das die Medienagentur Bilwet mit beißender Ironie offeriert: »Das Elektrische Kind® wurde speziell für die Ansprüche berufstätiger Erwachsener entwickelt. Es ist besonders widerstandsfähig, nervenschonend, pflegeleicht und lässt sich (je nach Vorliebe und Lebensgewohnheit) auf Tag- oder Nachtbetrieb schalten. Hat man gerade keine Zeit oder Lust, betätigt man mit einem einfachen Schlag auf den Hinterkopf die Standby-Taste. – Schon ist das Elektrische Kind® deaktiviert. Angenehme Nebenerscheinung: Es gibt keine unangenehmen Nebenerscheinungen wie blaue Flecken oder psychische Schäden (ein Umstand, der ein weites Feld von Anwendungsmöglichkeiten eröffnet. Ihrer Phantasie sind dabei keine Grenzen gesetzt). Das Elektrische Kind® hat fünf Schwierigkeitsgrade, kann in drei Sprachen fröhlich sein und ist das ideale Geschenk für alle, die Kinder wirklich lieben.« ____ »These are my friends: I made them«, heißt es an einer Schlüsselstelle des Films »Bladerunner«. Die moderne Virtualisierung der Lebensgrenzen verändert auch die Wahrnehmung und Konstruktion sozialer Beziehungssysteme. Vertikal-genealogische Ordnungen, die nicht zuletzt den rituellen Kontakt mit den toten Vorfahren einschließen, weichen zunehmend einem Genre horizontaler Netzwerke, temporärer Freundschaften und Lebensabschnittsehen, die ebenso schnell geknüpft wie aufgelöst werden können. Mittlerweile wirkt es unüblich, manchmal sogar unhöflich, einen wenig vertrauten Gesprächspartner nach seinen Eltern und Großeltern zu fragen, während es durchaus angebracht ist, gemeinsame Freunde und Bekannte zu eruieren. Wohlgemerkt, auch ein Kritiker moderner Beziehungssysteme würde kaum die emanzipatorischen Chancen freier Kontaktbildung gegen einen archaischen Ahnenkult eintauschen wollen; darum kann es also gar nicht gehen. Dennoch müssen die Konsequenzen der Horizontalisierung moderner Sozialsysteme reflektiert werden: die Risiken der Unverlässlichkeit von Bindungen, der Vereinsamung in Situationen der Krankheit oder des Alters, der steigenden Fragilität zahlreicher Beziehungen zwischen den Geschlechtern und den Generationen. Natürlich leisten die Massenmedien ein gewisses Maß an Kompensationsarbeit: Jedes allein lebende Individuum – neuerdings kokett »Single« genannt – kann sich durch erotische Kontaktanzeigen und Werbeeinschaltungen im spätabendlichen TV-Programm bei Bedarf »trösten« lassen; und

_der machbare mensch

DADURCH UNSTERBLICH WERDEN, DASS ICH NICHT STERBE! ____ WOODY ALLEN

sogar die weitgehend privatisierte Trauer um verstorbene Eltern, Freunde oder Kinder lässt sich durch Inszenierungen kultureller »Erinnerung« und eines öffentlichen »Totenkults«, der in Museen, Denkmalsdebatten, Epochennekrologen oder Jubiläumsfeiern veranstaltet wird, wenigstens halbwegs betäuben. —— Wie werden sich künftige Umgangsformen mit den flexibleren, zunehmend beeinflussbaren Lebensgrenzen entwickeln? Franz Borkenau hat in einem wenig bekannten Essay zur »Antinomie« des Todes die psychoanalytisch inspirierte These vertreten, Menschen könnten sich ebensowenig ihre Sterblichkeit wie ihre Unsterblichkeit plausibel »vorstellen«. Daher verständigen sich die Hochkulturen – nach einem vorhersagbaren Zyklus – auf bestimmte »Lösungen« der »Todesantinomie«, die allerdings im Laufe der Jahrhunderte erschöpft und in ihr Gegenteil verkehrt werden. Im Sinne dieser These konfrontiert Borkenau den monumentalen Unsterblichkeitsmythos der Ägypter mit dem geradezu depressiven, historisch orientierten Sterblichkeitsbewusstsein der griechischen und jüdischen Kultur. Den Sieg des Christentums deduziert er aus der Durchsetzung einer neuen und überzeugenden Unsterblichkeitsidee (»Auferstehung des Fleisches«), während die Moderne als Epoche der Religionskritik und eines daraus ableitbaren Bewusstseins von Sterblichkeit gewürdigt wird, das vielleicht in der Existenzialphilosophie gipfelte. Was folgt aus diesen Beobachtungen für die Zukunft? Borkenau hielt es für möglich, dass der Modernisierungsprozess den Zyklus der »Todesantinomie« überhaupt sprengt; vielleicht wäre aber auch denkbar, dass die kommenden Jahrhunderte einen neuen »Unsterblichkeitsmythos« gerade aus den weiterhin – und unabsehbar – wachsenden Chancen entfalten, die Lebensgrenzen technisch zu verschieben und zu manipulieren. Womöglich beginnt demnächst kein »Jahrhundert der Titanen« (wie der alte Ernst Jünger prophezeite), sondern vielmehr eine neoägyptische Epoche, die auch darin ihre Verwandtschaft mit dem Alten Reich bezeugen würde, dass sie eine wissenschaftlich-technisch bewirkte Langlebigkeit, ja, die Hoffnung auf immer erfolgreichere Verzögerungen des Sterbens, nur für einen verschwindend kleinen Teil ihrer Angehörigen ermöglichen könnte. Während in Ägypten die Macht und der dynastische Status als Kriterien für die aufwendigen Mumifizierungsprozeduren und »Verewigungen« in grandiosen Mausoleen fungierten, sind es im 21. Jahrhundert wohl Finanzen und Wohnorte, welche die Chancen auf optimale Therapien und lebensverlängernde Maßnahmen spürbar erhöhen können. —— Denn gewiss darf nicht übersehen werden, dass die technisch immer plausibleren und realistischeren Träume vom »Neuen Menschen« keineswegs die gesamte Gattung betreffen werden. Die Perspektiven der »Machbarkeit« des Menschen – nämlich der technischen Flexibilisierung von Lebensgrenzen – eröffnen sich in absehbarer Zeit nur für einen Bruchteil der Erdbevölkerung: Die überwältigende Mehrheit der »neuen Fellachen« wird im Sinne eines strukturellen Rassismus von gentechnologischen oder medizinischen Optimierungsstrategien gar nicht erfasst werden. Man muss den gelegentlich auftauchenden Gerüchten von Kindern in den *favelas* brasilianischer Großstädte, die als »Transplantationsmaterial« einer »Organmafia« gejagt und umgebracht werden, vielleicht keinen Glauben schenken; man kann auch die Warnungen des Molekulargenetikers Lee J. Silver für übertrieben halten, der eine gentechnologisch initiierte Aufspaltung der Menschheit in »Bioklassen« mit separaten Evolutionen voraussagt. Aber ganz sicher beschreiben diese Gerüchte und Zukunftsvisionen die mögliche Etablierung einer Elite von »Langlebigen«, die ihr symbolisches Kapital – ähnlich wie in Elias Canettis Drama »Die Befristeten« – gewissermaßen aus ihrem Rang in der Versicherungsstatistik ziehen.

Welche Macht- und Wissensordnungen werden sich in einer solchen biomedizinisch diversifizierten Gesellschaft herausbilden? Welche ethischen Maximen werden sich durchsetzen? Und welche Gegenutopien werden den exklusiven Traum von technisch erwirkter Un-Sterblichkeit erschüttern? Vielleicht folgt der neoägyptischen Epoche – sofern Franz Borkenaus Zyklentheorie zutreffen sollte – ein Zeitalter, in dem das memento mori nicht mehr als Eingeständnis des Versagens und der Verzweiflung ausgesprochen werden muss, sondern als heitere Anerkennung der Gestaltungschancen, die jeder Grenzziehung entspringen. Aber dieses ferne Zeitalter kennt noch keine Propheten.

IN FÜNFZIG JAHREN WERDEN WIR IN DER LAGE SEIN, JEDE ART VON ZERSTÖRUNG IM KÖRPER RÜCKGÄNGIG ZU MACHEN. WIR KÖNNEN DANN MIT GENPRODUKTEN DEN VERSCHLEISS DER GEFÄSSE UND DES NERVENSYSTEMS AUFHALTEN UND DIESE PROZESSE UMKEHREN. DIE DURCHSCHNITTLICHE LEBENSERWARTUNG WIRD AUF ÜBER NEUNZIG JAHRE STEIGEN. DIE MEDIZIN WIRD ZU EINER VORBEUGENDEN DISZIPLIN. DER PATIENT SAGT NICHT MEHR ZU SEINEM ARZT: »HEILE MICH, ICH BIN KRANK!«, SONDERN: »ERHALTE MEINEN ZUSTAND!«. DER KÖRPER IST DANN WIE EIN AUTO, MAN BRINGT ES ALLENFALLS NOCH ZUR INSPEKTION. GRÖSSERE UNFALLSCHÄDEN GIBT ES NICHT MEHR, UND VERSCHLEISSERSCHEINUNGEN KÖNNEN AUF LANGE SICHT HINAUSGEZÖGERT WERDEN. WIR WERDEN SOZUSAGEN DAS AUTOMOBIL NEU ERFINDEN, UM BEI DIESEM VERGLEICH ZU BLEIBEN. —— WILLIAM HASELTINE, PRÄSIDENT UND WISSENSCHAFTLICHER DIREKTOR DER FIRMA »HUMAN GENOME SCIENCES«, USA

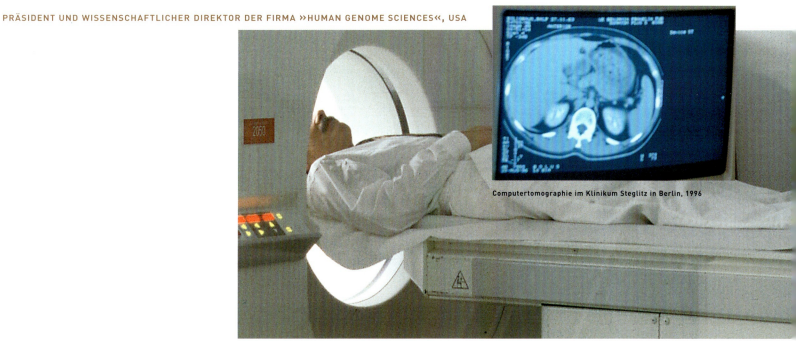

Computertomographie im Klinikum Steglitz in Berlin, 1996

❶ Abschuß eines Flugkörpers von einem Kriegsschiff. Informations- und Medienzentrale der Bundeswehr, Bildarchiv ❷ Senkrechtschuss einer SEA SPARROW von einer Fregatte Presse-/Informationszentrum Marine

❶ ❷

Das Inner eines »Control and Reporting Centers« der Luftwaffe. Beide Abbildungen: Presse- und Informationszentrum der Luftwaffe

**Blick durch das Periskop eines U-Boots.** Bundesministerium der Verteidigung

)**vom zeitalter der extreme in eine epoche der mäßigung? weltgesellschaft und kriegerischer konflikt im 21. jahrhundert**—— MARCUS FUNCK

Die Begeisterung, mit der nahezu die gesamte Menschheit dem 21. Jahrhundert entgegen fiebert, lässt sich mit Hinweisen auf Zahlenmagie und mit kritischer Analyse der Erlebnisgesellschaft allein nur unzureichend erklären. Hinter dem eiligen, unnostalgischen Abschied vom 20. Jahrhundert steht auch ein Fliehen vor den Verwerfungen der zivilisatorischen Moderne, das sehnsüchtige Verlangen nach tiefgreifender Erneuerung, die diffuse Hoffnung auf einen friedfertigeren Neubeginn, selbst wenn im Unterschied zur letzten Jahrhundertwende die zukunftsoptimistischen Weissagungen einer kommenden Friedensepoche, die man auch Utopien nennen könnte, weitgehend ausgeblieben sind. Schon jetzt ist absehbar, dass das 20. Jahrhundert um so dunkler als das Jahrhundert der entgrenzten Gewalt erscheinen wird, je weiter wir ins 21. Jahrhundert schreiten. Es war ein gewalttätiges Jahrhundert, das in Qualität und Quantität der Vernichtungsleistung den bisherigen Höhepunkt einer Menschheitsgeschichte markiert, die sich auch als eine dialektische Geschichte vom Töten und Getötet-Werden einerseits und von der Limitierung und Überwindung der destruktiven Kraft organisierter Gewalt anderseits schreiben ließe.
_____ Welche Aussagen über die nächste Zukunft sich aus der kriegerischen Geschichte des 20. Jahrhundert ableiten lassen, ist zunächst eine Frage des methodischen Vorgehens. Es gehört zu den einfacheren Übungen des Historikers, entlang einzelner ausgewählter Kategorien Geschichte als einen linearen Verlaufsprozess in die Gegenwart und darüber hinaus auch in die Zukunft fortzuschreiben. Problematisch ist dabei nur, dass wir es bei genauerem Hinsehen mit vielfältigen Vergangenheiten zu tun haben, die sich einer eindimensionalen, teleologischen Deutung entziehen, statt dessen auf ebenso vielfältige Zükünfte verweisen. Es gehört wohl zu den Paradoxien des Lebens, dass das Vergangene und Zukünftige sich ungleich komplexer darstellt als das Gegenwärtige. Wenn der Historiker in eine unaufgeräumte Vergangenheit ordnend eingreift — und diese dann auch noch in Beziehung zur Gegenwart und zukünftigen Tendenzen setzen will —, so gehört zu seinen vornehmlichen Aufgaben, zwischen dem Abgestorbenen (das unwiderruflich Vergangene), dem Verschütteten (das latent Gegenwärtige) und dem Offensichtlichen (das augenscheinlich Zukünftige) zu differenzieren. Die verheißungsvollen Prophezeiungen über das Ende der Geschichte (Francis Fukuyama) beispielsweise, markiert durch den Sieg des Liberalismus und den Anbruch eines Goldenen Zeitalters, haben das 20. Jahrhundert nicht überlebt, eben weil sie ausschließlich anhand von ideologisch besetzten, historisch aber begrenzt wirksamen Kategorien des 20. Jahrhunderts entwickelt wurden.
_____ Ebenso von einer sehr vielschichtigeren Realität eingeholt werden jene aus der Tagesaktualität geborenen Vorhersagen über den Krieg der Zukunft, die unter dem zweifellos zutreffenden Schlagwort von der »Krise des Staates« ausschließlich den Rückgang der konventionellen Staatsmacht und der zwischenstaatlichen Konfliktaustragung betonen

(Martin van Crefeld), die Entwicklungsfähigkeit der Institution Staat und den Handlungs- und Gestaltungswillen vor allem der westlichen Staatengemeinschaften hingegen einseitig unterschätzen. Wer also Geschichte in Zukunft zu übersetzen sucht, der muss sich gewärtig sein, dass die Gegenwart gelegentlich Sprünge macht, sich seitwärts bewegt oder gar Salti schlägt, manchmal auch alles zur gleichen Zeit. Gerade Historiker sollten betonen, dass die Prognose oder gar die Vorhersage nicht ihr eigentliches Metier ist. Mehr als vorläufige Skizzen möglicher Räume, in denen Zukunft sich wahrscheinlich abspielen wird, können sie nicht abliefern. Die Ausgestaltung dieser Räume sollten sie daher der jeweiligen Gegenwart überlassen. _____ Radikal verabschieden muss man sich von der Vorstellung eines »kurzen 20. Jahrhunderts«, das mit der weltpolitischen Zäsur 1917/18 seinen Anfang nahm, um 1989/91 sang- und klanglos zu verschwinden. Für eine Gewaltgeschichte des 20. Jahrhunderts sind die Geburts- und Sterbedaten der bipolaren Welt relativ unerheblich, ihre unmittelbare Vorgeschichte reicht weit in das 19. Jahrhundert zurück und ihre Nachgeschichte wird unsere nächste Zukunft sein. Die klar strukturierte Welt des Kalten Krieges, deren Verlust angesichts der »neuen Komplexität« im internationalen Staatensystem – mancher würde gar behaupten, dass ein internationales Staatensystem zur Zeit gar nicht existiert – inzwischen betrauert wird, konnte nur für diejenigen einfach sein, die sich die Welt nach den Mustern des Ost-West-Konfliktes zurechtbogen. Im Schatten des Kalten Krieges existierten jedoch Formen der Konfliktaustragung und Gewaltanwendung fort, konnten aufgrund ihrer Randständigkeit überhaupt erst gedeihen, die an Traditionen außerhalb der mechanistischen Ost-West Wahrnehmungsmuster anknüpften und auf eine alternative Zukunft wiesen, die nun unsere Zukunft zu werden scheint. Es wird zukünftigen Historikern vorbehalten sein, die zahlreichen Kriege im Prozess der Dekolonialisierung und die sogenannten Stellvertreterkriege aus dem engen Interpretationsschema des Ost-West-Konflikts herauszulösen. Nur die wenigsten dieser politischen und militärischen Bewegungen waren eindeutig entlang der gängigen Konfrontationslinien entstanden, umso inbrünstiger bekannten sie sich auf dem Papier zur Revolution von 1917 und zur kommunistischen Utopie oder stemmten sich dagegen, nicht zuletzt weil sie nur auf diesem Weg an das herankamen, was man zum Kriegführen unbedingt benötigt: Geld und Waffen. _____ Aus der Perspektive des beginnenden 21. Jahrhunderts ist es ebenso mehr als fraglich, ob einer der größten genozidalen Kriege seit der Vernichtung der europäischen Juden, das Morden der Roten Khmer unter ihrem Führer Pol Pot, mit dem Begriff »Steinzeit-Kommunismus« angemessen erfasst wird, zumal der Vernichtungsfeldzug gegen die eigenen Bürger (ca. 20 Prozent der kambodschanischen Bevölkerung sollen dabei getötet worden sein) nur aufgrund der Allianz einer tötungsbereiten Masse von Bauern und Landarbeitern mit einer höchst modernen und effizienten Tötungsmaschinerie möglich wurde. Diese knappen Hinweise illustrieren die nahezu unüberwindliche Schwierigkeit, sich bei der historischen Analyse aus der Gegenwart zu lösen und bei der Zukunftsschau das facettenreiche und komplexe Gefüge von sich gegenseitig überlagernden Handlungsbedingungen und Kampfesmotivationen zu berücksichtigen, das schließlich in die eine oder andere Zukunft münden kann. _____ »Wars have taken place from the beginning of recorded time and in all parts of the world.« Der simplen und zutreffenden Beobachtung von Lawrence Freedman ist zunächst hinzuzufügen, dass es sich bei Kriegen keineswegs um die andauernde Wiederkehr des Gleichen, bei der Bereitschaft zur Gewalt nicht um eine anthropologische Konstante handelt. Vielmehr muss eine Vielzahl von veränderlichen Variablen berücksichtigt werden, die vom jeweiligen geografischen Raum über die sozio-ökonomischen und kulturellen Bedingungen bis hin zum je spezifischen historischen Kontext reichen. Wenn im Folgenden einige der wirkungsmächtigsten Tendenzen des Zeitalters der Gewalt, die mir auch für die nähere Zukunft des Krieges von Bedeutung zu sein scheinen, vorwiegend aus der Perspektive der westlichen Moderne entwickelt werden, dann heißt dies nicht, dass es in anderen Zivilisationen keine Alternativen gäbe. Allerdings handelt es sich dabei um Elemente eines säkularen Wandels, der durchaus globalen Charakter besitzt und die Weltgesellschaft, freilich zeitlich verschoben, insgesamt beschäftigt hat beziehungsweise auch in Zukunft beschäftigen wird. Vier Punkte müssen hervorgehoben werden: _____ Erstens die Technisierung des Krieges und die Industrialisierung der Kriegführung seit dem 19. Jahrhundert als direkte Auswirkungen der Industriellen Revolution. Es war keine Innovation der westlichen Moderne, dass Krieg führende Institutionen, soweit ihr soziales und kulturelles Koordinatensystem dies erlaubte, auf die jeweils neueste Waffentechnik zurückgriffen, die ihnen ein effizienteres Töten ermöglichte. Die eigentliche Neuerung bestand darin, dass mit der Industrialisierung der zivilen Gesellschaft auch die militärische Gesellschaft in zunehmenden Maße nach industriellen Organisationsmustern strukturiert, das Militär gewissermaßen »zivilisiert« wurde. Selbst dort, wo sich erbitterter Widerstand regte, beispielsweise in den traditionellen militärischen Führungsschichten der jeweiligen Nationalstaaten, setzte sich der Primat der industriellen Destruktion spätestens mit dem Ersten Weltkrieg in Europa durch. Durch den massenhaften Export industriell gefertigter Rüstungsgüter aus den industrialisierten Militärblöcken nach dem Zweiten Weltkrieg erfasste die Industrialisierung der Kriegführung auch jene Weltregionen, die weiterhin vorwiegend agrarisch verfasst waren und deren Wirtschaftsformen gänzlich unvorbereitet getroffen wurden, mit fatalen, noch immer ungelösten Konsequenzen, insbesondere für die Ernährung der Bevölkerung. Auch wenn die industrielle Kriegführung in Teilen der Welt durch eine elektronische Kriegführung abgelöst wird, die wiederum neue Verhaltensweisen, Handlungsformen und Reaktionsmuster erzeugt, werden die Auswirkungen des industriell geführten Krieges wie ein Alp auf den ersten Generationen des 21. Jahrhunderts lasten, vor allem weil die eigentlich veralteten Waffenarsenale aus industrieller Produktion auf einem in dieser Hinsicht tatsächlich ungeteilten Weltmarkt massenhaft feilgeboten werden. _____ Zweitens die »Vergesellschaftung der Gewalt« (Michael Geyer) als Schattenseite eines noch immer andauernden Prozesses der Emanzipation und der Erweiterung von Partizipationschancen. In Deutschland und anderswo in Europa erfolgte dies im 19. Jahrhundert formal durch die Verknüpfung von nationaler Zugehörigkeit, staatsbürgerschaftlichen Rechten und individuellem militärischem Engagement. Es sind auch andere Verknüpfungen (außerhalb der staatlichen Institution) denkbar und in Teilen der Welt auch beobachtbar, etwa zwischen der Bereitschaft zum Töten und Getötet-Werden und der Zuweisung besonderer Ehre, der Sicherung eines hervorgehobenen sozialen Status oder schlicht der Gewährleistung besserer Überlebenschancen, insbesondere wenn das zivile Leben sich als tagtäglich gefährdet erweist. Jedenfalls hat sich die Anwendung von militärischer Gewalt und in einem vielfachen Maße deren Erduldung zu einem Massenphänomen entwickelt. Es sind nicht mehr einzelne, vielleicht sogar bevorzugt ausgewählte gesellschaftliche Teilgruppen, die das Führen von Kriegen möglich machen und deren Folgen tragen, sondern es sind die Gesellschaften insgesamt, gleich ob sie sich in Staaten,

Stämmen oder Rotten organisieren, die Vorbereitung und Organisation sowie Führung und Durchführung von Kriegen verantworten. Damit schwindet die Differenz zwischen Kombattanten und Nichtkombattanten, zwischen Front und Nichtfront und potenziell auch die zwischen Tätern und Opfern. Dort wo gesamte Gesellschaften sich für den Krieg rüsten und mobilisieren sind diese Gesellschaften prinzipiell in ihrer Gesamtheit gefährdet. Die beiden Weltkriege des 20. Jahrhunderts lieferten dafür eine Fülle von Beispielen, und auch die Kriege in Südosteuropa am Ende des 20. Jahrhunderts brachten dem außenstehenden Betrachter nur die Erkenntnis, dass starre Kriegsfronten kaum mehr existierten, das Hinterland eher stärker durch Kriegseinwirkungen gefährdet war als die eigentlichen Kampflinien und die Täter von gestern die Opfer von morgen gewesen waren. ——— An die ersten beiden Punkte schließt sich drittens die Demokratisierung der Gewaltmittel, die allgemeine Verfügbarkeit von Waffen aller Art an. Für den allgemeinen Vertrieb von Vernichtungswaffen hatten sich schon früher neben den Nationalstaaten zunächst die großen Rüstungskonzerne, zunehmend auch international agierende, reine Handelsunternehmen fest etabliert. Es gab auch in Europa Zeitphasen, beispielsweise in Deutschland nach dem Ersten Weltkrieg, in denen Vernichtungswaffen jeder Reichweite buchstäblich auf der Straße lagen und gegen einen geringen finanziellen Aufwand von jedermann angeeignet werden konnten. Der Zusammenbruch der sozialistischen Regimes in Mittel- und Osteuropa wie auch in anderen Teilen der Welt, die Schwächung der zentralen Staatsgewalt in Krisenregionen und die Verringerung der Waffenarsenale in Ost und West auch im Zuge einer forcierten Abrüstungspolitik führten geradezu zu einer inflationären Überschwemmung des Weltmarktes – denn Abrüstung ist ja keineswegs gleichbedeutend mit Verschrottung und Abschaffung: Von Sprengstoffen und Handfeuerfeuerwaffen konventioneller Art über Atomwaffen und dem entsprechenden Know-how bis hin zu kleinen Armeen wird derzeit (und in der nächsten Zukunft) mit allem gehandelt, was zur Kriegführung benötigt wird. Als Kaufpartner treten nun nicht mehr vorwiegend Staaten auf, sondern Institutionen, Gruppen oder gar Einzelpersonen, die den Besitz von Waffen zu benötigen glauben und die entsprechenden finanziellen Ausgaben aufzubringen bereit und in der Lage sind. ——— Als vierten Punkt schließlich möchte ich die sich verändernde Bedeutung der medialen Inszenierung von Gewalt hervorheben. Dass in Kriegen gelogen wird, ist keine Erkenntnis erst des 20. Jahrhunderts. Militärische Propaganda, die Politik des Gerüchts, Taktiken der Vernebelung sowie die Zensur sind seit jeher feste Bestandteile der Kriegführung. Schon lange vor dem Zeitalter des digitalen Bildes existierten vielfältige Möglichkeiten zur Verhüllung, Verfälschung oder Produktion von Kriegsereignissen: Anzufangen ist wohl bei der Sprache – nicht zufällig verhandeln Militärhistoriker und Militärexperten derzeit eine neue, von Clausewitz abweichende Definition des Kriegsbegriffes –, in der militärische Operationen und ihre realen Konsequenzen bis zur Unkenntlichkeit gefasst werden können. Eine Schlachtenschilderung aus dem 19. Jahrhundert, ein Augenzeugenbericht aus dem Ersten Weltkrieg oder ein Wehrmachtsbericht aus dem Zweiten Weltkrieg, wenn sie nicht von vornherein gefälscht sind, sagen nur sehr wenig über das reale Geschehen auf dem Kriegsschauplatz aus. Ebensowenig können differenzierende Verklausulierungen militärischer Einsätze wie die Unterscheidung zwischen peace-keeping und peace-enforcing operations, die im Rahmen des militärischen Systemdenkens durchaus ihren Sinn haben, darüber hinweg täuschen, dass solche Einsätze realiter eine potenzielle Kriegshandlung darstellen. Dass auch Bilder lügen können, wissen

**Blick auf den Atatürk-Staudamm am Euphrat in der Türkei, 1992.** ZB Fotoagentur Zentralbild GmbH

ATATURK BARAJI VE

wir nicht erst seit der massiven Nutzung von Bildpropaganda nicht nur in den europäischen Diktaturen des 20. Jahrhunderts. Schon die überlieferten Darstellungen aus der
Zeit des Dreißigjährigen Krieges traten mit einer gezielten Botschaft an die Betrachter
heran, während das Unerwünschte, das Subversive ausgeklammert wurde. Das eigentlich
Neue an den bildlichen Darstellungen von Krieg am Ende des 20. Jahrhunderts liegt zunächst an der gewandelten Bedeutung des Bildes selbst und daran anschließend an der
sich wandelnden Vorstellungswelt der Betrachter von Bildern. Wer also im Medienzeital-
ter, in dem wir nun einmal leben, die Herrschaft über die Produktion von Bildern, von
Images besitzt, der besitzt auch die Steuerungs- und Verfügungsgewalt über die Vorstellungen, die sich die Menschen von der kriegerischen Realität machen. Das Image des
»sauberen Krieges«, den vor allem die NATO sowohl im Golfkrieg 1991 als auch im Jugos-
lawienkrieg 1999 über die Medien zu verbreiten suchte, hat in weiten Teilen der Öffentlichkeit eine neue Vorstellung vom modernen Krieg an sich produziert. Dieser Krieg,
gleich von welcher Intensität, scheint hierzulande seinen Schrecken verloren zu haben,
da die ebenfalls gelieferten Bilder von den Konsequenzen des Krieges – Zerstörung,
Kriegsopfer, Flüchtlingselend – zeitlich, räumlich und logisch davon abgekoppelt wurden. Diese hier knapp umrissenen historischen Bewegungen und Prozesse haben selbstverständlich zu jeder Zeit auch ihre Gegenbewegungen produziert und sind keineswegs
linear verlaufen. So wird es auch in der Zukunft bleiben. —— Es gibt in historischer wie
auch in aktuell-globaler Perspektive durchaus gute Gründe, andere Verlaufsszenarien zu
entwerfen oder Schwerpunkte zu setzen. Beispielsweise könnte man das Phänomen der
Wiederkehr martialisch-männlicher Kriegertugenden, ganz gleich ob in jugendlichen
Subkulturen der westlichen Gesellschaften, in fanatisierten religiösen Gemeinschaften
oder in Stammesorganisationen, betonen und sich im Anschluss daran mit der Frage
beschäftigen, aus welchen ganz unterschiedlichen Gründen Menschen überhaupt zur
Gewalt als Mittel der Konfliktaustragung greifen beziehungsweise sich mehr oder minder
bereitwillig dem Prinzip des Tötens und Getötet-Werden unterwerfen. Auch wenn dieser
Fragekomplex ganz offensichtlich ein zentraler Bestandteil eines jeden Nachdenkens über
den Krieg ist, bleibt er letztlich eingebettet in einen je historischen strukturellen Rahmen,
innerhalb dessen sich solche mentalen Einstellungen erst in Handlungen entfalten können. —— Die Frage nach der Zukunft des Krieges verlangt also zunächst ein Nachdenken
über mögliche Rahmenbedingungen der Ursachen zukünftiger Konflikte. An erster Stelle
stehen wohl die weltweit ungleiche Verteilung natürlicher Ressourcen und die ungleiche
Kostenverteilung nach ökologischen Katastrophen bei ebenfalls ungleicher Verteilung
der Bevölkerungsanteile. Die extremen Belastungen in unterprivilegierten Teilen der
Welt durch das Missverhältnis von Bevölkerungszahl und Ernährungslage haben schon
längst zumindest zu kriegsähnlichen Auseinandersetzungen geführt und werden sich,
verstärkt durch massive Migrationsbewegungen, weiter ausweiten und verschärfen. Das
liegt in erster Linie daran, dass die privilegierten Gesellschaften, deren natürliche Ressourcen für den überschaubaren Zeitraum der nächsten fünfzig Jahre gesichert sind, von
sich aus keine Anstalten zur Umschichtung und Umverteilung ihres Reichtums machen
und machen werden. Dies lässt sich auf globaler Ebene ebenso beobachten, wie auf regionaler oder gar lokaler: Weltweit wurden seit den fünfziger Jahren des 20. Jahrhunderts
circa 36 000 Staumauern gebaut, die dort, wo vertragliche Regelungen nicht existieren
oder eingehalten werden, die Unterlaufbewohner zu Abhängigen und damit Gefährde-

DER URGRUND ABER IST DAS WASSER. — WASSER IST EINE WAFFE. WIR KÖNNEN DEN WASSERFLUSS NACH SYRIEN UND IN DEN IRAK BIS ZU ACHT MONATE AUFHALTEN… UND DAMIT DAS POLITISCHE VERHALTEN DER ARABER REGULIEREN. — DER DIREKTOR DES ATATÜRK-STAUDAMMES AN DEM EUPHRAT IN DER TÜRKEI

ten degradierten, die Oberlaufbewohner hingegen zu Herrschern über das Wasser erhoben, die ihre hinzu gewonnenen Privilegien mit Zähnen und Klauen verteidigen. _____ Gerade das Problem der Wasserknappheit, das inzwischen in immer kürzeren Intervallen nicht mehr nur die Peripherie Europas, sondern auch die Zentren des gemäßigten Kontinents erfasst, und die dazugehörigen Folgeerscheinungen, wie massenhafte Fluchtbewegungen, könnten zu einer wesentlichen Ursache künftiger Kriege avancieren – zumal das globale Wasserreservoir bei gerechter Verteilung für die Weltbevölkerung auch mittelfristig ausreichen würde. Dies wäre der Krieg um die nackte Existenz, der sich in Formen des gewalttätigen Protests, des Aufruhrs und der massenhaften Panik sicherlich in den unterprivilegierten Zonen der Erde, vielleicht auch in den großen Städten und Agglomerationen der »Ersten Welt« (wo Existenz- und Lebenschancen ja ebenfalls ungleich verteilt sind, die Ungleichheiten seit geraumer Zeit sich zu verschärfen beginnen und das Recht des Stärkeren in einzelnen Stadtbezirken bereits heute schon ein Ordnungsfaktor ersten Ranges ist) abspielen. Als zukunftsfähigere Alternative ist ein Anwachsen der Bedeutung von global organisiertem, friedfertigem Widerstand, etwa unter der Führung von international agierenden Menschenrechts- und Naturschutzgruppen, in bestimmten Fällen denkbar und auch schon zu beobachten. Eher unwahrscheinlich scheint in diesem Zusammenhang der bewaffnete Konflikt im konventionellen Sinn, das militärische Vorgehen eines Staates oder einer gesellschaftlichen Gruppe gegen die Gefahr, von natürlichen Ressourcen dauerhaft abgeschnitten zu werden – obwohl solche Konstellationen durchaus existieren beziehungsweise fortdauernd neu geschaffen werden. _____ Die These vom »Kampf der Kulturen« (Samuel P. Huntington) in einer multipolaren Welt, die aus den Ruinen des »Kampfes der Ideologien« in einer bipolaren Welt entstanden ist, hat gerade in den Kreisen der Adressaten, der Bevölkerung in den westlichen Staaten, zu erheblichen Missverständnissen geführt. Falsch daran ist mit Sicherheit das Bestreben ein neues Paradigma zukünftiger Weltordnung zu entwickeln. Es wird neben den kulturellen auch weiterhin ökonomische, politische und ideologische Grenz- und Konfliktlinien geben, die zu militärischen Auseinandersetzungen führen können. In den meisten Fällen werden sich diese Linien und Felder überschneiden beziehungsweise überlappen und eine Vielzahl von Argumentationsstrategien zulassen. Dennoch ist Huntington mit Nachdruck zuzustimmen, dass das Ende des Ost-West-Konfliktes und die unbeholfenen Suchbewegungen nach einer neuen Statik im internationalen Staatensystem dieser Dimension der kriegerischen Auseinandersetzung Legitimität verleiht, die sie vorher nicht besaß. Es gehört durchaus zu den vorrangigsten Aufgaben nicht nur der westlichen Welt die Herausforderungen durch radikale, fanatisierte Kulturkämpfer und Religionsgemeinschaften anzunehmen, ihnen eine global brauchbare alternative Zukunft entgegenzustellen und somit den »Kampf der Kulturen« an sich zu delegitimieren, anstatt sich von vornherein auf diese Konzeption einzulassen und um sie herum eine neue Weltordnung mit Festungscharakter zu bauen. _____ Die vorstellbaren kriegerischen Aktionsformen sind vielfältig, auch sie bewegen sich vornehmlich unterhalb der Schwelle zum heißen Krieg, können als Konflikte geringer Intensität bezeichnet werden. In der Sprache der professionellen Militärs (man denke an die Sprachgebung des russischen Militärs im Feldzug gegen die tschetschenischen Rebellen) werden die Akteure als Guerillas, Terroristen, Verbrecher oder Kriminelle bezeichnet, laut Selbstbezeichnung handelt es sich freilich um Freiheitskämpfer oder Gotteskrieger, die mit den ihnen zur Verfügung stehenden Mitteln für die gerechte Sache kämpfen. Solche sprachlichen Differenzen laufen parallel zu den Differenzen im militärischen Verständnis. Martin van Crefeld liegt durchaus richtig mit seiner Beobachtung, dass in einer erweiterten, globalen Perspektive die Vorstellungen und Definitionen von Krieg auseinander driften. Die westliche Staatengemeinschaft sowie die Nachfolgestaaten des Sowjetimperiums haben auch deshalb noch keine adäquaten Mittel der Bekämpfung oder der Befriedung der Konflikte geringer Intensität entwickeln können, weil sie noch immer von gänzlich anderen Kriegssituationen ausgehen. Damit können zwar einzelne Schlachten gewonnen, vielleicht auch regionale Konflikte gelöst, aber keine Kriege entschieden werden. In der Neuorientierung des militärischen Denkens und der Neugestaltung militärischer Ressourcen durch die ehemaligen Supermächte und ihren Verbündeten liegt ein bedeutendes Entwicklungspotential und -risiko zukünftiger Kriegführung. Man muss kein Prophet sein, um zu sehen, dass in relativ kurzer Zeit die großen Landarmeen höchstens als Drohpotential oder als stille Reserven eingesetzt werden, während die Konfliktschauplätze von Spezialeinheiten und kleinen flexiblen Truppenteilen bevölkert sein werden. ____ Seit dem Ende des Kalten Krieges lässt sich bezüglich der Frage, wer den Krieg der Zukunft führt, eine hochbedeutende Verschiebung beobachten. Zwar sind es in unseren Breitengraden weiterhin die Staaten und ihre Gesellschaften, selbst wenn sie sich in Staatengemeinschaften organisieren, die das Führen von Kriegen als ein staatliches Hoheitsrecht reklamieren, doch in anderen Regionen wird durchaus die Tendenz zur Privatisierung von Kriegen deutlich. Aufgrund welcher Fähigkeiten auch immer werden autonome Kriegsherren an die Spitze von bewaffneten Verbänden gespült, die sich über den freien Waffenmarkt mit Vernichtungsmitteln versorgen und große Landstriche terrorisieren, weil sie aus dem Krieg heraus leben und sich über ihn ernähren. Sie sind zum kriegerischen Handeln gezwungen, ansonsten würde ihr Charisma, ihr Kriegerimage, schnell verblassen und sie würden ebenso schnell von der Bildfläche verschwinden wie sie aufgetaucht sind. Inzwischen kann man sich auf dem Weltmarkt fast beliebig Krieg einkaufen und umgekehrt kann man auch vermeintliche Sicherheit gegen Geld erwerben, letzteres geschieht seit einigen Jahren in den westlichen Ländern, ohne dass dies sonderlich aufgeregt hätte. ____ Handelt es sich bei den neighborhood watch communities in den USA noch um eine aus der spezifisch amerikanischen republikanischen Tradition entwickelte Form der Überwachung und Sicherung von Eigentum im Sinne der Nachbarschaftshilfe, so scheint mir das ungeheure Wachstum privater Sicherheitsagenturen zur Befriedung von Städten und Gemeinden durchaus etwas Neues zu sein. Sicherheit und damit auch Krieg sind zur beweglichen Ware geworden, die überall dort verkauft wird, wo man es sich leisten kann. Es ist offensichtlich, dass der Verlierer dieses freien, global agierenden Kriegsunternehmertums der klassische Nationalstaat ist, so wie wir ihn in Europa seit wenigstens zweihundert Jahren kennen. Wie dieser Konflikt gelöst werden wird, der vielen Zeitgenossen als solcher gar nicht bewusst ist, scheint mir eine der entscheidenden Fragen zu sein, wenn man über mögliche Formen des Krieges in der Zukunft nachdenkt. Denn hier geht es durchaus um mehr, nämlich um die Ausbildung einer stabilen Balance zwischen zivilen Bürgergesellschaften und militärischen Gemeinschaften. Nur wenn diese tragfähig ausgestaltet wird, kann die erste Hälfte des 21. Jahrhunderts in eine Epoche der Mäßigung münden.

→ **Belgien**

**La Louvière**
Collection de la Province de Hainaut-Belgique

→ **Deutschland**

**Beeskow**
Burg Beeskow, Sammlungs- und
Dokumentationszentrum Kunst der DDR
**Bensheim**
asb baudat, CAD Service GmbH
**Berlin**
Abguss-Sammlung Antiker Plastik Berlin
Berliner Medizinhistorisches Museum an der
Charité
Deutsches Historisches Museum
Deutsches Technikmuseum Berlin
Polizeipräsident in Berlin, Polizeihistorische
Sammlung
Prüfstelle für orthopädische Hilfsmittel,
Technische Universität Berlin
Staatliche Museen zu Berlin, Preußischer
Kulturbesitz
_ Ägyptisches Museum und Papyrussammlung
_ Antikensammlung
_ Ethnologisches Museum
_ Kunstbibliothek
_ Museum Europäischer Kulturen
_ Vorderasiatisches Museum
Stiftung Archiv der Akademie der Künste
_ Abteilung Baukunst
**Bonn**
Akademisches Kunstmuseum,
Antikensammlung der Universität Bonn
**Darmstadt**
Hessisches Landesmuseum Darmstadt
**Dessau**
Stiftung Bauhaus Dessau
**Dresden**
Sammlung Schwarzkopf im Deutschen Hygiene-
Museum Dresden
Stiftung Deutsches Hygiene-Museum Dresden,
Sammlung
Staatliches Museum für Völkerkunde Dresden
**Essen**
Alfried Krupp von Bohlen und Halbach-Stiftung
**Frankfurt am Main**
Museum für Vor- und Frühgeschichte,
Archäologisches Museum
**Hamburg**
Hamburger Kunsthalle
Museum der Arbeit
**Jena**
Friedrich-Schiller-Universität Jena, Hilprecht-
Sammlung Vorderasiatischer Altertümer
**Jülich**
Stadtgeschichtliches Museum Jülich / Museum
Zitadelle
**Kassel**
Museum für Sepulkralkultur
**Köln**
Galerie Alex Lachmann
Schnütgen-Museum
**Lauenförde**
TECTA/Stuhlmuseum Burg Beverungen

**Leipzig**
Jim Whiting
**Mannheim**
Städtische Kunsthalle Mannheim
**Mönchengladbach**
Städtisches Museum Schloß Rheydt,
Mönchengladbach
**München**
Architekturmuseum der Technischen Universität
München
Deutsches Museum
Bayerische Staatsgemäldesammlungen
_ Neue Pinakothek, München
**Passau**
Universität Passau, Institut für Geschichte der
Psychologie
**Potsdam**
Maskenstudio, Art Department, Studio Babelsberg
**Schwerin**
Verein Technisches Landesmuseum
Mecklenburg-Vorpommern e.V.
**Ulm**
Evangelische Münstergemeinde Ulm
**Weimar**
Bauhaus-Universität Weimar
Thüringisches Landesamt für Archäologische
Denkmalpflege, Weimar

→ **Frankreich**

**Châlons-en-Champagne**
Musées de Châlons-en-Champagne
**Colmar**
Musée Bartholdi, Colmar
**Lyon**
Musée des Beaux-Arts
**Montmorency**
Musée et Bibliothèque J.-J. Rousseau
**Paris**
Médiathèque du Patrimoine – Centre de recher-
ches sur les Monuments historiques, Paris
Centre Georges Pompidou, Musée national d'art
moderne/Centre de création industrielle
Musée Carnavalet
Musée des Collections Historiques de la
Préfecture de Police
**Valence**
Musée de Valence, France
**Vizille**
Musée de la Révolution française

→ **Italien**

**Florenz**
Museo di Storia Naturale dell'Università di
Firenze, Sezione di Zoologia »La Specola«

→ **Japan**

**Tokyo**
Obayashi Corporation
Tokyo Metropolitan Government

→ **Österreich**

**Innsbruck**
Tiroler Volkskunstmuseum, Innsbruck
**Wien**
Historisches Museum der Stadt Wien
Universität für angewandte Kunst, Ordinariat
für Architektur-Entwurf o. Univ.-Prof. Arch.
Hans Hollein, Sammlung Ort und Platz
Österreichische Nationalbibliothek
_ Porträtsammlung, Bildarchiv & Fideikommiß-
bibliothek
Wiener Kriminalmuseum

→ **Schweiz**

**Winterthur**
Technorama der Schweiz
**Zürich**
Schweizerisches Landesmuseum, Zürich

→ **Ungarn**

**Budapest**
Ungarische Nationalgalerie

→ **USA**

**New York**
Don Taffner's Entertainment Ltd.

→ **baukasten mensch**

**4/1 Nárcisz**
1881 | Gyula Benczúr (1844-1920) | Öl auf Leinwand, 116 x 100,5 cm | Budapest, Ungarische Nationalgalerie (MNG 6164)
*Der schöne Jüngling Nárkissos verschmähte die Liebe der Nymphe Echo und wurde von Aphrodite mit unstillbarer Selbstliebe bestraft. Beim Trinken beugte er sich über eine Quelle und verliebte sich in sein eigenes Bild. Da ihm das Objekt seiner Liebe unerreichbar blieb, verzehrte er sich immer mehr, bis er schließlich in die nach ihm benannte Narzisse verwandelt wurde. Der Narziss-Mythos verbindet Selbstliebe und Schönheitskult sowie die Vergeblichkeit des Strebens, Alter und Tod zu entkommen. In den antiken Traumbüchern bedeutet ›sich spiegeln‹ Tod. (J.-F.M.)*

**4/2 Schminkpalette**
Ägypten, um 3000 v. Chr | Fischförmig, mit eingeritzten Kiemengängen | Schiefer, 14,5 x 10 cm | Sammlung Schwarzkopf im Deutschen Hygiene-Museum Dresden (SK 2883)

❷ **4/3 Schminkgefäß**
Ägypten, Altes Reich, 2657-2154 v. Chr. | Alabaster, Dm 3,8 cm | Sammlung Schwarzkopf im Deutschen Hygiene-Museum Dresden (SK 2825)

❻ **4/4 Schminkdose mit Klappdeckel**
Um 1710 | Innen 4 Fächer mit Resten alter Schminksubstanzen; die dazugehörenden Deckel der Fächer mit silbernen Klappgriffen versehen; mittig kreisförmige Aussparung mit Silberdeckel und angearbeiteter Puderreibe (?), Blattwerk und figürliche Szenen im Stil Berains; naturbelassenes und rötlich gefärbtes Elfenbein | Elfenbein, Silber, 2 x 7,5 x 10,5 cm (geschlossen) | Sammlung Schwarzkopf im Deutschen Hygiene-Museum Dresden (SK 2688)

❶ **4/5 Dose für Schönheitspfläsiterchen**
Um 1790 | Herzförmig, mit aufklappbarem Deckel; auf der Schauseite: Profilansicht eines Frauenkopfes | Silber; ohne Marke, H 5 x T 4,5 cm | Sammlung Schwarzkopf im Deutschen Hygiene-Museum Dresden (SK 791)

❸ **4/6 Puderstreuer mit Blumengirlanden, Oberteil mit Streuöffnungen**
Um 1850 | Bauchiges Unterteil, darauf schlankes, mit Messinghülse aufgesetztes Oberteil, das seinen Abschluss in 5 Streulöchern findet. Ornament: umlaufende Blumenfestons in Purpur, Grün und Gold; angehängte Metallplakette: »Der Firma Schwarzkopf gewidmet am 12.4.59 Kongress der D.P.G.V. Interessengemeinschaft 1949« | Porzellan, Messing (leicht beschädigt), ohne Marke, H 22 cm, Dm Standring: 6,2 cm, Dm Korpus 9 cm | Sammlung Schwarzkopf im Deutschen Hygiene-Museum Dresden (SK 754)

**4/7 Massageapparat »Renée Derm Gesichtsbalneotherapie«**
Um 1960 | Renée Derm / Harald-Dieter

Mecklenburg KG | Koffer mit elektrischer Gesichtsbade- und Massagemaske, mit Gebrauchsanleitung | Holz, Kunststoff, Metall, Textil, elektrische Zuleitung, Papier, 15 x 36 x 30 cm | Stiftung Deutsches Hygiene-Museum Dresden, Dauerleihgabe der Kosmetik International (DHM 1996/170 L)

❹ **4/8 Perückenkopf**
Um 1770 | Kahlköpfige, aus dem Block gearbeitete weibliche Büste im Stil des Klassizismus; schwarzes, aufgemaltes Halsband mit ebenfalls gemaltem, kreuzförmigem Anhänger; blaugrüner, gemalter Gewandabschluss | Holz, massiv, farbig gefasst; quadratische Basis, 38 x 17 x 17 cm | Sammlung Schwarzkopf im Deutschen Hygiene-Museum Dresden (SK 63)

❺ **4/9 Perückenkopf**
Um 1805 | Kahlköpfige, aus dem Block gearbeitete männliche Büste im Stil des Empire; hemdartige Kleidung; Schultern und Oberkopf stellenweise mit Eisennägeln versehen; darunter Reste eines ledernen Überzuges (?) und einzelner Perückenhaare; vermutlich nach einem Kupferstich aus Jan Luikens ›Ständebuch‹ gearbeitet. | Holz, massiv; ovale Basis, 38,5 x 23 x 16 cm, Kopfumfang: 52,6 cm | Sammlung Schwarzkopf im Deutschen Hygiene-Museum Dresden (SK 1221)

**4/10 Frauen-Perücke à la Fontange, mit Stickerei**
Um 1650 | Nachbildung | Büffelhaar, Stickerei, Perlenkette, max. H ca. 58 cm, B ca 20 cm | Potsdam, Maskenstudio, Art Department, Studio Babelsberg

**4/11 Männer-Allongeperücke (Typ Louis XIV)**
Ende 17. Jh. | Nachbildung | Büffelhaar, max. H ca. 75 cm, B ca. 25 cm | Potsdam, Maskenstudio, Art Department, Studio Babelsberg

**4/12 Perücke der Königin Marie-Antoinette, mit echten Federn**
Um 1780 | Nachbildung | Büffelhaar, Federn, max. H ca. 67 cm, B 25 cm | Potsdam, Maskenstudio, Art Department, Studio Babelsberg

**4/13 Männer-Zopfperücke**
Ende 18. Jh. | Nachbildung | Büffelhaar, max. H ca. 40 cm, B ca. 20 cm | Potsdam, Maskenstudio, Art Department, Studio Babelsberg

**4/14 Tödlein (Knochenmann mit Sanduhr, Memento mori)**
Umkreis Thomas Schwanthaler (1634-1707) | Ende 17. Jh. | Holz mit Kreidegrundierung und Farbfassung. Die Schnitzereien des schwarz gefassten Sockels waren u.U. farbig gefasst, H ca. 120 cm (inkl. Sockel) | Kassel, Museum für Sepulkralkultur

**4/15 Unnatural Body**
1988 | Jim Whiting (geb. 1951) | Installation (Frauentorso mit Beinen) | Stahl, Feuerwehrschlauch / Installation, 180 x 50 x 25 cm | Leipzig, Jim Whiting

**4/16 Modulares Fußteil mit Blattfeder (Seattle-light-Fuß)**
Firma Model & Instrument Development | Kunststoff, 7 x 28 x 9 cm | Prüfstelle für orthopädische Hilfsmittel, Technische Universität Berlin

**4/17 Kunsthand**
Ältere Bauart in Metallausführung | L 32 cm | Prüfstelle für orthopädische Hilfsmittel, Technische Universität Berlin

**4/18 Elastischer Handformkörper**
L 36 cm | Prüfstelle für orthopädische Hilfsmittel, Technische Universität Berlin

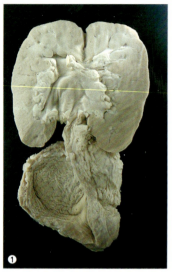

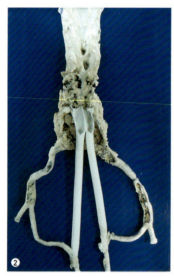

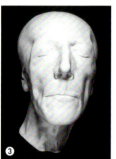

### 4/19 Hüfnerhand (Weiterentwicklung in Kunststoffausführung)

Kunststoff, L 21 cm | Prüfstelle für orthopädische Hilfsmittel, Technische Universität Berlin

### 4/20 Individuell angepasste PVC-Epithesen

Drei Teile (zwei Ohren, ein Auge und Nase) | PVC, Ohren: 6 bzw. 7 cm, Auge/Nase: 7 x 8 cm | Prüfstelle für orthopädische Hilfsmittel, Technische Universität Berlin

### 4/21 Elektromechanisch angetriebenes Ellbogengelenk

Firma Hosmer | H 26 cm (mit Sockel) | Prüfstelle für orthopädische Hilfsmittel, Technische Universität Berlin

### 4/22 Beinprothese

H 59 cm | Prüfstelle für orthopädische Hilfsmittel, Technische Universität Berlin

### 4/23 Implantierbares Einkammer-Kunstherz (Prof. Bücherl)

ca. 12 x 11 cm | Prüfstelle für orthopädische Hilfsmittel, Technische Universität Berlin

### 4/24 Handpassteil (elektro-mechanisch angetrieben)

Prüfstelle für orthopädische Hilfsmittel, Technische Universität Berlin

### ❷ 4/25 Blutgefäßersatz

Kunststoff, Nasspräparat | ca. 50 x 28 x 10 cm | Berliner Medizinhistorisches Museum an der Charité

### ❶ 4/26 Nierentransplantat

Kunststoff, Nasspräparat | ca. 40 x 20 x 10 cm | Berliner Medizinhistorisches Museum an der Charité

### 4/27 Herzpräparat mit künstlichen Herzklappen (Patientin, 42 Jahre alt)

1980 | Doppelter Klappenersatz | Metall/Kunststoff, Nasspräparat, 20 x 12 x 9 cm | Berliner Medizinhistorisches Museum an der Charité (740 / 1980)

### 4/28 Künstliches Kniegelenk

Metall/Kunststoff, Knochen, L ca. 85 cm (ausgeklappt) | Berliner Medizinhistorisches Museum an der Charité

### 4/29 Oberschenkelimplantate

Drei unterschiedliche Varianten | Metall, Kunststoff, L max. 25 cm | Berliner Medizinhistorisches Museum an der Charité

### 4/30 Herzschrittmacher

1977-1994 | 20 verschiedene Modelle | Metall/Kunststoff | Berliner Medizinhistorisches Museum an der Charité

### 4/31 Atomgetriebener Herzschrittmacher

1974 | Firma Biotronik, Berlin-Neukölln | Enthält das radioaktive Element Prometium zur Energieversorgung | Metall, ca. 6 x 4 x 2 cm | Berliner Medizinhistorisches Museum an der Charité

### 4/32 Handgeschnitzter Holzsarg in Form eines Autos (Mercedes Benz)

Ghana | Holz, geschnitzt, 74 x 75 x 212 cm | Staatliche Museen zu Berlin, Ethnologisches Museum (III C 45 449)

### 4/33 Abguss der Grabplatte von François I. in La Sarraz, Kanton Waadt

Um 1360 bis 1370 | Zement, 200 x 76 x 40 cm | Zürich, Schweizerisches Landesmuseum (Cop. 16)
*Das Original befindet sich in der Kapelle St. Antoine in La Sarraz in der Schweiz, die François I. um 1360 mit dem Dynastiegrab seiner Familie errichten ließ. Der Tote liegt unbekleidet, vier Kröten auf seinem Gesicht verdecken Augen und Mund und vier hocken auf seiner Scham. Auf den Gliedmaßen und dem Rumpf ringeln sich kleine Schlangen, fressen sich ins Fleisch hinein. Die Grabplatte von François I. gehört zu den nicht eben häufigen Aas- oder Transi-Gräbern, die den Verstorbenen als nackten, auch verwesenden oder mumifizierten Leichnam – »en transi« – zeigen. Bei den Tieren geht es nur vordergründig um die Darstellung der einsetzenden Verwesung. Hier wird die Sterblichkeit der körperlichen Hülle und die Endlichkeit der irdischen Macht thematisiert, indem der Herr von La Sarraz sich ohne Bekleidung und weltliche Attribute darstellen lässt. Es ist aber auch ein Bekenntnis*

*der eigenen Sündhaftigkeit, ausgedrückt in der Verteilung der Kröten auf Augen, Mund und Genitalien. Schließlich thematisierte der Stifter des Grabmales die Hoffnung auf Auferstehung und Rettung seiner Seele. (J.-F.M.)*

### 4/34 Tödlein als Kabinettstück (Memento Mori)

Skelett in der Tumba | Westschweiz, um 1520 | Elfenbein und Ebenholz, Tumba: 12 x 42 x 15 cm; Skelett L 36 cm | Köln, Schnütgen-Museum, Leihgabe aus der Sammlung Ludwig
*Diese kunstfertige Miniatur war für eine Kunst- und Wunderkammer bestimmt und sollte auch an diesem Ort des Kunstgenusses und des Studiums an die Unausweichlickeit des Menschenschicksals erinnern. In einem offenen Sarkophag liegt ein halb verwester Leichnam. Diese Kleinplastik mit perfekt geschnitzten Details lässt das Interesse der Renaissance an*

*der Anatomie erkennen und erinnert an die »Transi« monumentaler Fürstengräber des Hochmittelalters. Tod und Vergänglichkeit werden zum Bild, zum Memento mori, zu einem höchst kunstvollen Meditationsobjekt. Unter den sechs Figürchen, die den Leichnam umstehen, tragen der Mönch und der Edelmann Schriftbänder, die die Botschaft des Memento mori noch einmal in Worte fassen: »morir nous faut« (»wir müssen sterben«) sagt der Mönch, »quand dieu plat« (»wann es Gott gefällt«) der Edelmann. Die verschiedenen Gesellschaftsschichten begegnen unterschiedslos dem Tod. (J.-F.M.)*

### 4/35 Szene mit Chronos und den Verwesungsstadien

17. Jh. | Gaetano Giulio Zumbo (1656-1701) | Wachs, bemalt, 84,9 x 89,7 x 45,5 cm | Florenz, Museo di Storia Naturale dell' Università di Firenze, Sezione di Zoologia »La Specola«
*Gaetano Giulio Zumbo hatte Bildhauerei und Anatomie studiert und arbeitete überwiegend mit Farbwachs. In Florenz fertigte er vier Werke für seinen Schutzherrn Cosimo und dessen Sohn an, von denen eines verschwunden ist. Die drei restlichen Werke wurden im Museo del Bargello in Florenz aufbewahrt und später in das Museo di Storia della Scienza verlegt, wo sie das Hochwasser des Jahres 1966 beschädigte. Sie konnten dennoch hervorragend restauriert werden. Die »Szene mit Chronos und den Verwesungsstadien« stellt den Triumph der Zeit über das menschliche Leben, die menschliche Macht, die menschliche Pracht dar. Zumbo*

hat das Beispiel des Sturzes der antiken Zivilisation gewählt, Elemente wie Grab, Tempel und Statue sind unverkennbar römisch. (J.-F.M.)

### 4/36 Handtuchhalter (Memento mori)
17. Jh. | Zirbenholz, geschnitzt; Rückseite abgeflacht, polychrom gefasst, H 48 cm, B 40 cm, T 26 cm | Innsbruck, Tiroler Volkskunstmuseum (F 289)
*Der Handtuchhalter, zur einen Hälfte eine prächtig gekleidete Frau, zur anderen ein Skelett, soll an die Vergänglichkeit – auch die der Schönheit – erinnern. Er ist ein Beispiel für Gebrauchsgegenstände, die die Mahnung an den Tod ständig vor Augen führen. Er zeigt, wie Leben und Tod als untrennbare Einheit zu denken sind, wie unmittelbar und doch gegensätzlich eines dem anderen folgt. Schließlich spiegelt er auch Moralvorstellungen der frühen Neuzeit wider: wer sich reinigt und wäscht, ist nicht zu tadeln. (J.-F.M.)*

### 4/37 Der Anatom
1869 | Gabriel von Max (1840-1915) | Leinwand, 136,5 x 189,5 cm | München, Bayerische Staatsgemäldesammlungen, Neue Pinakothek (14680)
*Das Bild von Gabriel von Max vermittelt ein zwiespältiges Gefühl. Der Anblick der Leiche eines jungen Mädchens widerspricht der weitverbreiteten Vorstellung vom Tod, der mit hohem Alter und Hässlichkeit assoziiert wird. Jugend ist mit Anfang, Schönheit und Vollkommenheit verbunden, andererseits bedeutet Tod absolutes Ende: er ist sicher, seine Zeit aber ungewiss. So ähnlich könnten die Gedanken des Anatomen lauten, der über der Leiche meditiert. Zugleich ist die – man denke an Arthur Schnitzlers »Traumnovelle« – erotisch-nekrophile Dimension des Bildes deutlich. Die Fortschrittsgläubigkeit des 19. Jahrhunderts findet in dieser Genre-Szene dank des Rückgriffs auf das barocke Memento mori-Motiv sowie anatomische Darstellungen des 16. und 17. Jahrhunderts eine merkwürdige Brechung. (J.-F.M.)*

### 4/38 Wachsbüste von König Ferdinand IV. von Neapel (1751-1825)
1891 | Wachs, Glasaugen | H ca 75 cm, B 40 cm, T 25 cm | Wien, Österreichische Nationalbibliothek, Porträtsammlung, Bildarchiv und Fideikommißbibliothek (Sonderinventar, Nr. 140)
*Die beiden Wachsbüsten (vgl. auch 4/39) gehören zu einer Vierergruppe, die sich im Besitz der Fideikommißbibliothek in Wien befindet. In seiner 1911 entstandenen »Geschichte der Porträtbildnerei in Wachs« stellte der Wiener Kunsthistoriker Julius von Schlosser den kultischen Gebrauch der wächsernen Votivgabe dar. Im Mittelpunkt steht dabei die seit der Antike übliche und in der Renaissance wiedererstandene Verwendung im aristokratischen Begräbnisritual. Die Geschichte der sogenannten effigies, der wächsernen Scheinleiber, erscheint bei Schlosser als Verfallsprozess einer ursprünglich höfischen Kunst, die im Panoptikum des 19. Jahrhunderts endet. Die beiden in der Ausstellung gezeigten, eindrucksvollen*

Exemplare belegen, dass noch zu Beginn des 19. Jahrhunderts in Wien in den lebensteuen Wachsplastiken Verstorbener die ursprüngliche Funktion fortwirkt, den Scheinleib anstelle der Leiche auszustellen. Die beiden Skulpturen dienten jedoch hauptsächlich der Erinnerung, eine Funktion, die mittlerweile die Fotografie übernommen hat. (T.M.)

### 4/39 Erzherzogin Ludovika (gest.1791), einzige Tochter des Kaisers Franz II. (1768-1835) aus erster Ehe
Ende 18. Jh. | Wachs, Textil | H ca 65 cm, B 45 cm, T 45 cm | Wien, Österreichische Nationalbibliothek, Porträtsammlung, Bildarchiv und Fideikommißbibliothek (Sonderinventar, Nr. 100)

### 4/40 Totenmaske von Martin Luther (1483-1546)
Gebr. Micheli | Gips, 23,5 x 19 cm | Kassel, Museum für Sepulkralkultur (M 1989/104)

### ❸ 4/41 Totenmaske von Friedrich dem Großen (1712-1786)
Berlin, 1979 | Gips, 25 x 14 cm | Kassel, Museum für Sepulkralkultur (M 1979/7)

### ❻ 4/42 Totenmaske der Königin Louise von Preußen (1776-1810)
Berlin, 1979 | Gips, 18,8 x 14 cm | Kassel, Museum für Sepulkralkultur (M 1979/8)

### 4/43 Totenmaske von Napoleon (1769-1821)
Gips, 30 x 15 cm | Kassel, Museum für Sepulkralkultur (M 1992/87)

### ❹ 4/44 Totenmaske von Friedrich von Schiller (1759-1805)
Gips, 24,5 x 17,5 cm | Kassel, Museum für Sepulkralkultur (M 1992/85)

### ❼ 4/45 Totenmaske von Ludwig van Beethoven (1770-1827)
Gips, 22 x 19,3 cm | Kassel, Museum für Sepulkralkultur (M 1985/17)

### ❺ 4/46 Totenmaske von Josef Kainz (1858-1910)
Gips, 27,3 x 18 cm | Kassel, Museum für Sepulkralkultur (M 1992/90)

### 4/2555 Totenmaske der Unbekannten aus der Seine (»L'Inconnue de la Seine«)
Biskuitporzellan, 14 x 12,1 cm | Kassel, Museum für Sepulkralkultur (M 1994/54)
*Um die Jahrhundertwende zirkulierte in Paris eine Totenmaske, die von einer »Unbekannten aus der Seine«, einer jungen Selbstmörderin, stammen sollte und zum Kultobjekt wurde. Die Eigenschaften des Entrücktseins vom Irdischen, der glücklichen Erwartung des Jenseitigen, die man darin zu erblicken meinte, deuteten auf Unsterblichkeit und paradiesische Zustände. Wer so hinübertrete, dachte man, habe nichts zu befürchten. Es stellte sich allerdings später heraus, dass es sich nicht um eine Totenmaske handelte. (J.-F.M.)*

→ bilder der arbeit

### 4/48 Industria
1895 | Antoine Bourlard (1826-1899) | Öl auf Leinwand, 214 x 268 cm / gerahmt: 216 x 270 cm | La Louvière, Collection de la Province de Hainaut – Belgique (766-1894/1895B28)
*Gegen Mitte des 19. Jahrhunderts setzte eine fortschrittsgläubige Verherrlichung der Technik ein. In Gestalt von Allegorien und Symbolen verehrte man Technik und industriellen Fortschritt in oft pathetischer Weise. (J.-F.M.)*

### 4/49 Eine Industriestadt, Hüttenwerk, Ansicht der Werksanlagen
25. Mai 1917 | Tony Garnier (1869-1948) | Aquarelle, gerahmt unter Glas, 42,3 x 62,4 cm | Lyon, Musée des Beaux Arts (1952.38)
*Der Architekt und Stadtplaner Tony Garnier, von der Idee des Sozialismus beeindruckt, war ein aufmerksamer Beobachter der neuen, auch seine Heimatstadt Lyon prägenden, industriellen Zivilisation. Garnier arbeitete ab 1901 an einem umfangreichen Projekt einer Industriestadt, das 1917 veröffentlicht wurde und ihn sein ganzes Leben lang beschäftigte. Zum ersten Mal sollte ausschließlich Beton als Baumaterial verwendet werden. Er entwickelte in seinen weitgehend von Funktionalismus und Humanismus bestimmten Utopien Vorstellungen, die der zonierten Stadt der städtebaulichen Moderne etwa eines Le Corbusier nicht unähnlich waren. (J.-F.M.) S. Kat. 4/50*

### 4/50 Eine Industriestadt, Hüttenwerk, Ansicht der Hochöfen, Perspektive
3. Juli 1917 | Tony Garnier (1869-1948) | Aquarelle, gerahmt unter Glas, 42,3 x 62,4 cm | Lyon, Musée des Beaux Arts (1952.39)

### ❽ 4/51 10 Gebote für den neuen sozialistischen Menschen
1958 | Auf dem V. Parteitag der SED am 10. Juli 1958 von Walter Ulbricht verkündet | Plakat, gerahmt, 83 x 59 cm | Berlin, Deutsches Historisches Museum (P 90/1008)
*Auf dem V. Parteitag der SED 1958 erklärte Walter Ulbricht: »Nur derjenige handelt sittlich und wahrhaft menschlich, der sich aktiv für den Sieg des Sozialismus einsetzt, das heißt für die Beseitigung der Ausbeutung des Menschen durch den Menschen«. Nach dem Aufstand vom 17. Juni 1953, den Unruhen in Polen und dem Volksaufstand in Ungarn 1956 sowie nach den tiefen Verunsicherungen der eigenen Anhängerschaft durch den XX. Parteitag der KPdSU 1956, versuchte die SED, ein neues Sittlichkeitspostulat zu formulieren und gemeinschaftstiftende Grundwerte für die sozialistische Gesellschaft zu dekretieren. Diese Versuche fanden ihren Höhepunkt in der Verkündung der »10 Gebote der sozialistischen Moral«. (J.-F.M.)*

### ❿ 4/52 Büste von Karl Marx (1818-1883)
Keramik, H 21,5 cm | Burg Beeskow, Sammlungs- und Dokumentationszentrum Kunst der DDR

### ⓫ 4/53 Stehender Lenin (1870-1924)
Keramik, H 28,5 cm | Burg Beeskow, Sammlungs- und Dokumentationszentrum Kunst der DDR

### ❾ 4/54 Büste von Friedrich Engels (1820-1895)
Erwin Damerow | Gips, H 33,5 cm, T ca. 20 cm | Burg Beeskow, Sammlungs- und Dokumentationszentrum Kunst der DDR (14578)

### 4/55 Entwurf für den Palast der Sowjets
Ende der 30er Jahre | Boris Iofan (1891-1976) | Holzmodell, 42 x 25,3 x 48,7 cm | Köln, Galerie Alex Lachmann
*1931 wurde der Wettbewerb für den Entwurf des Palastes der Sowjets ausgeschrieben. Dieser sollte der Sitz der Regierung und das bedeutendste Gebäude der Sowjetunion sein. Aus der ganzen Welt wurden Pläne eingereicht, unter anderem auch von Le Corbusier und Gropius.*

❶

❷

❸

❻

❺

❹

❼

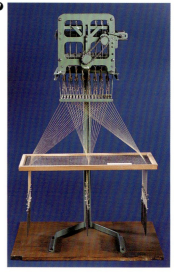

Die Partei entschied sich einhellig für eine neoklassizistische Lösung. Sie wurde 1934 bestätigt, als man sich endgültig für den von Boris Iofan gemeinsam mit Wladimir Gelfreich und Wladimir Schtschuko ausgearbeiteten Entwurf entschied. Die Fassade sollte wie eine Raketenabschussbasis in die Höhe aufragen, das Gebäude durch eine riesige Leninskulptur abgeschlossen werden, so dass die Architektur selbst nur die Rolle eines übergroßen Piedestals spielte. Als der Krieg die Tiefbauarbeiten unterbrach, wurde das Projekt aufgegeben. (J.-F.M.)

❺ 4/56 »›Sowjetarchitektur‹ an die Stelle des Berliner Schlosses!«
Unbekannter Künstler | Um 1951-1959 | Deckfarben, Tempera auf Karton, getuscht; gerahmt, 60,7 x 90 cm | Berlin, Deutsches Historisches Museum (GR 93/76)
Die neugegründete DDR stellte ab 1949 den »Generalplan für den Neuaufbau Berlins« vor, der für die städtebauliche Entwicklung der Hauptstadt eines neuen Deutschlands erarbeitet worden war. Der Grundgedanke sah die Schaffung einer räumlichen Verbindung des historischen Zentrums mit dem Ostteil der Stadt vor, als Magistrale vom Brandenburger Tor über den Alexanderplatz bis in die Frankfurter Allee

hinein – der späteren Stalinallee. Im Herzen dieser sogenannten »Zentralen Achse«, im Bereich des abgerissenen Schlosses und des an seiner Stelle entstandenen Marx-Engels-Platzes, sollte als neuer politischer Mittelpunkt und städtebauliche Dominante der Stadt ein »Zentrales Gebäude« entstehen, der Sitz von Ministerrat und Volkskammer, den wichtigsten Organen des neuen Staates. Der neugeschaffene Marx-Engels-Platz war als repräsentativer Ort für politische Demonstrationen des Regimes gedacht. 1959 entwarf Gerhard Kosel im Rahmen des Wettbewerbs »Zentrum der Hauptstadt der DDR« ein der ausgestellten Zeichnung sehr ähnliches Hochhaus, das als Sitz einer gesamtdeutschen Konföderationsregierung hätte dienen sollen. (J.-F.M.)

4/57 Industrie
1897 | Peter Breuer (1856-1930) | Bronze, H 75 cm | Berlin, Deutsches Technikmuseum
Großer Beliebtheit erfreuten sich im späten 19. Jahrhundert in der Gattung der Genreplastik neben idyllischen, mythologischen oder religiösen Themen auch Darstellungen von Arbeitsfleiß und Unternehmungsgeist. Zu diesen zählt Peter Breuers Statuette, die als eine mit Lederschürze, Hammer und Zahnrad versehene Frauenfigur die Industrie personifiziert. (J.-F.M.)

4/58 Strecker im Walzwerk
Um 1900 | Constantin Meunier (1831-1905) | Bronze, H 66 cm | Hessisches Landesmuseum Darmstadt (Pl. 04:11)
Im Jahre 1880 hielt sich Constantin Meunier im Industriegebiet um Mons auf. Die Industrielandschaft des Borinage, die soziale Not und die Arbeitsbedingungen der Bergleute waren für Meuniers weiteres Schaffen bestimmend. Die Welt des Arbeiters wurde sein Hauptthema in Malerei und Plastik. In dieser Plastik eines Streckers wird der Arbeiter wie ein neuer Herakles nach den gültigen Regeln antiker Idealität heroisiert. (J.-F.M.)

❷ 4/59 Aufbauhelferin
1954 | Fritz Cremer (1906-1993) | Bronze, 66 x 27,5 x 29 cm | Berlin, Deutsches Historisches Museum (Kg 67/12 (MfDG))

❸ 4/60 Vase mit dem Porträt von Karl Marx
um 1960 | Gastgeschenk aus dem Nachlass von Wilhelm Pieck | Porzellan, H 79 cm, Dm 30 cm | Berlin, Deutsches Historisches Museum (SI 90/931)

❻ 4/61 Arbeiter mit Zahnrad
um 1938 | Gastgeschenk der Warschauer Ursus-Werke an Wilhelm Pieck | Messing, Holz, 25 x

42 x 11,5 cm | Berlin, Deutsches Historisches Museum (SI 90/716 MfDG)

*Im Dezember 1950 reiste Wilhelm Pieck als Präsident der DDR zu seinem ersten offiziellen Staatsbesuch in das Nachbarland Polen. Bei einer Visite in den Warschauer Ursus-Werken wurde Pieck diese kleine Plastik überreicht. (J.-F.M.)*

### 4/62 Roboter

1978 | Erinnerungsgeschenk des Kybernetischen Instituts Kiew der Akademie der Wissenschaften der UdSSR an Erich Honecker anlässlich seines Besuchs 1978 | Eisen, Messing, 17 x 8 x 8 cm | Berlin, Deutsches Historisches Museum (SI 90/389 MfDG)

### ❼ 4/63 Modell einer Jacquardmaschine (bzw. eines Jacquardaufsatzes)

ca. 75 x 45 x 45 cm | Städtisches Museum Schloß Rheydt, Mönchengladbach

*Im 18. und 19. Jahrhundert vollzog sich durch immer weitergehende Mechanisierung und Aufteilung der Arbeitsgänge der Umbruch von der Handarbeit zur industriellen Fertigung. Eine umwälzende Erfindung für die Weberei machte 1805 der Franzose Joseph Marie Jacquard (1752-1834). Durch den nach ihm benannten Jacquard-Apparat werden am Webstuhl durch mustermäßig gestanzte Lochkarten die einzelnen Kettfäden unabhängig voneinander gehoben oder gesenkt, wobei das gewünschte Muster entsteht. (J.-F.M.)*

### 4/64 Modell der Maschinenfabrik Naumburg, 1905

1931-1986 | H 130 x L 236 x B 97 cm | Schwerin, Verein Technisches Landesmuseum Mecklenburg-Vorpommern e. V.

### 4/65 Demonstrations- und Antriebsmodell einer einzylindrigen Bockdampfmaschine mit Schiebersteuerung und Zentrifugalregler

Um 1900 | 30 x 18 x 18 cm | Deutsches Technikmuseum Berlin (Gruppen-Nr. 5, Objekt-Nr. 8, in Kiste Nr. 50)

*Sämtliche Dampfmaschinenmodelle der Abteilung »Zivilisation« sind als Urphänomene des Industriezeitalters zu verstehen. (T.M.)*

### 4/66 Betriebsmodell einer liegenden, zweizylindrigen, doppeltwirkenden Dampfmaschine mit regelbarer Schiebersteuerung

Um 1900 | 20,4 x 35,4 x 25,7 cm | Deutsches Technikmuseum Berlin (Gruppen-Nr. 5, Objekt-Nr. 15, in Kiste Nr. 53)

### 4/67 Demonstrationsmodell einer stehenden Dampfmaschine mit unterliegendem Zylinder mit Schiebersteuerung und Kondensatpumpe.

Um 1870 | 26 x 24,7 x 16,4 cm | Deutsches Technikmuseum Berlin (Gruppen-Nr. 5, Objekt-Nr. 9, in Kiste Nr. 53)

### 4/68 Demonstrationsmodell einer stehenden Dampfmaschine mit obenliegendem, doppelwirkendem Zylinder, schiebergesteuert

Um 1890 | 29 x 19,1 x 19,1 cm | Deutsches Technikmuseum Berlin (Gruppen-Nr. 5, Objekt-Nr. 10, in Kiste Nr. 49)

### 4/69 Modell einer liegenden, einzylindrigen, doppeltwirkenden Dampfmaschine mit Schiebersteuerung und einem seitlichen Schwungrad

Um 1890 | 16 x 32 x 15 cm | Deutsches Technikmuseum Berlin (Gruppen-Nr. 5, Objekt-Nr. 19, in Kiste Nr. 49)

### 4/70 Stempeluhr mit Nummernrad 75 cm

1920 | Hersteller unbekannt | Holz, Metall, Mechanik, 150 x 50 x 50 cm | Winterthur, Technorama der Schweiz (3130 a)

### ❶ 4/71 Arbeitsordnung der Firma Douglas Söhne

7. April 1892 | Einblattdruck, 27,7 x 46,2 cm | Hamburg, Museum der Arbeit (Leihgabe der Firma J.S. Douglas Söhne, MA.A 1999/124)

### ❹ 4/72 Porträt von Alfred Krupp (1812-1887)

Künstler unbekannt | Öl auf Leinwand, 81 x 38 cm, oval | Essen, Alfried Krupp von Bohlen und Halbach-Stiftung (619)

### 4/73 Universales Tremometer

J. Germain | Baustahl, Eiche, ca. 7 x 22 x 19,5 cm | Universität Passau, Institut für Geschichte der Psychologie (01380)

*Nach 1907 begann in Deutschland die Rezeption des Forschungsgebietes »Arbeitswissenschaft« in Gestalt des Taylorismus. Die Anwendung der neuen Disziplin Psychologie spielte eine entscheidende Rolle. Es wurden »psychotechnische« Geräte entwickelt, die die Berufseignung der Arbeiter und Angestellten prüfen und messen sollten. Zu diesem Zweck wurden auch sogenannte Tremometer eingesetzt: Auf einem Kasten ist eine Metallplatte mit Löchern von unterschiedlichem Durchmesser und Schlitzen von verschiedener Weite und Form angebracht. Der Prüfling soll einen Metallstift, der mit einem beweglichen Draht an eine elektrische Klingel angeschlossen ist, in die Öffnungen einführen, ohne die Ränder zu berühren. Tut er dies, ertönt ein Klingelzeichen. Gewertet wird, welches das engste Loch ist, in das er den Stift ohne Klingeln einführen kann und wie oft das Klingelzeichen ertönt. Danach bemessen sich Ruhe und Sicherheit der arbeitenden Hand. (J.-F.M.) Vgl. auch 4/74 und 4/75*

### 4/74 Tastsinnprüfer nach Schulze

E. Zimmermann (Hersteller) | Aluminium, Messing, Holz , 6 x 11 x 10 cm | Universität Passau, Institut für Geschichte der Psychologie (01631)

*In einem flach liegenden Metallring wird durch Drehen einer Schraubspindel mit Handrad eine Scheibe auf und ab bewegt, so dass sie mit dem Ring gleichgestellt ist, übersteht oder absinkt. Die Stellung der Scheibe kann an einem Messgerät am Handrad, das für den Prüfling nicht sichtbar ist, abgelesen werden. Der Nullstrich entspricht der Gleichstellung*

*von Ring und Scheibe. Der Prüfling soll nun Scheibe und Ring miteinander bündig einstellen. Der auf dem Messgerät abgelesene Grad der Abweichung vom Nullstrich gibt den Grad der Feinfühligkeit der Finger, des Tastsinns, an. (J.-F.M.)*

### 4/75 Stangenfallapparat mit Steuergerät

Baustahl, Messing, Federstahl verchromt, Buche, 138 x 35 x 15 cm, Steuergerät 5 x 9,5 x 14 cm | Universität Passau, Institut für Geschichte der Psychologie (00044)

*Der Stangenfallapparat dient zur Untersuchung der Reaktionsgeschwindigkeit und zur Prüfung des Verhaltens bei Wahlreaktionen. Zwei Stangen werden an Elektromagnete gehängt und können gleichzeitig oder auch einzeln von einem Schaltbrett aus zum Fallen gebracht werden. Der davor sitzende Prüfling soll diese Stangen im Fall aufhalten. An einer Skala ist die Reaktion abzulesen. (J.-F.M.)*

→ **polis, kosmopolis**

### 4/76/77/78/79/80 Fünf Gemälde aus dem Zyklus »The Course of Empire«, Repro-Fotografien als Standprojektion a) »The Savage State«, Öl auf Leinwand, 99,7 x 160,6 cm b) »The Arcadian or Pastoral State«, Öl auf Leinwand, 99,7 x 160,6 cm c) »The Consummation of Empire«, Öl auf Leinwand, 130,2 x 193 cm d) »Destruction«, Öl auf Leinwand, 84,5 x 160,6 cm e) »Desolation«, Öl auf Leinwand, 99,7 x 160,6 cm | 1836 | Thomas Cole (1801-1848) | New-York Historical Society

*Der Amerikaner Thomas Cole konzipierte seinen aus fünf Teilen bestehenden Gemäldezyklus »The Course of Empire« in den Jahren 1832-1836 nach einem langen Aufenthalt in Italien, wo ihn die Ruinenlandschaften der Antike beeindruckt hatten. Coles Geschichte der Zivilisation ist eine kulturkritische Meditation über die Entwicklung der Zivilisation in fünf Etappen: vom barbarischen Natur- über den pastoralen zum imperialen, von Reichtum und Luxus erfüllten Kulturzustand, auf den das Endstadium einer vegetationsüberwucherten Ruinenlandschaft folgt, die in den Naturzustand zurückkehrt. Cole konzipierte »The Course of Empire« als moralische Geschichtslektion für eine junge Nation, deren einzigartige weltgeschichtliche Stellung betont und symbolisiert werden sollte. Kunst war für den Romantiker Cole das Gegengift zum Materialismus der Amerikaner. Von der Wildheit der nordamerikanischen Landschaften begeistert, stellt sein Oeuvre eine Warnung vor Industrialisierung und Landschaftszerstörung durch fortschreitende Besiedelung dar. (J.-F.M.)*

### 4/81 Doryphoros des Polyklet

Um 440 v.Chr. | Abguss der Marmorskulptur (römische Replik des griechischen Originals) aus dem Museo Nazionale, Neapel | Gips, H 212 cm | Abguss-Sammlung Antiker Plastik Berlin (82/21 (V 250)

*Von der Figur des »Doryphoros«, des Speerträ-*

*gers, sind außergewöhnlich viele Umbildungen und Repliken erhalten, nicht jedoch das bronzene Original aus der Werkstatt des Polyklet von Argos (5. Jhr. v.Chr.). Der berühmte griechische Bildhauer wollte aufgrund zahlreicher Messungen an menschlichen Körpern ein mittleres Maß gewinnen, in dem er die richtigen Proportionen, die Symmetrie, die Schönheit schlechthin suchte. Die Idealmaße des Speerträgers, der vermutlich den homerischen Helden Achill darstellt, symbolisieren das Idealbild des (athenischen) Bürgers. In der römischen Kaiserzeit schmückten die Kopien des Speerträgers öffentliche Plätze, Theater und Thermenanlagen. Der gezeigte Abguss ist die vollständigste und bekannteste Replik; das Original wurde in Pompeji gefunden. (J.-F.M.)*

### 4/82 Doryphoros des Polyklet, Torso »Pourtalès«

Um 440 v.Chr. | Abguss der Marmorskulptur aus der Antikensammlung Berlin | Gips, H 131 cm | Abguss-Sammlung Antiker Plastik Berlin (82/6 (V 251)

*In der frühen Kaiserzeit entstandene römische Kopie des Doryphoros des Polyklet. An dieser Skulptur hat der Bildhauer seine kunsttheoretische Schrift über die Proportionen des Menschen verdeutlicht, deren Titel »Der Kanon« auch auf die Statue übertragen wurde. Der Torso wurde 1873 auf dem Palatin in Rom gefunden und gelangte zuerst in die Sammlung des deutschen Botschafters in Russland, Graf Pourtalès. Bei der Plünderung der Botschaft nach der Kriegserklärung 1914 wurde er beschädigt, seit 1926 steht er im Berliner Pergamonmuseum. (J.-F.M.)*

### 4/83 Korinthischer Helm

Ende 6. Jh. v.Chr. | Bronze, 21,3 x 23,3 x 27,3 cm | Staatliche Museem zu Berlin, Antikensammlung (L 25)

*Der im gesamten Mittelmeerraum verbreitete korinthische war der gebräuchlichste griechische Helm. Er bedeckte den Kopf vollständig, der auf Augenöffnungen und einen Mundschlitz beschränkte Gesichtsausschnitt verlieh dem Träger ein maskenhaftes Aussehen. Der Helm war Teil der Panhoplie, der Hoplitenrüstung. Jeder Hoplit sollte auf dem Schlachtfeld den Zusammenhalt der Phalanx gewährleisten. Tapferkeit diente nicht persönlichem Ruhm, sondern war Grundlage wohlverstandener Solidarität: niemand durfte von seinem Posten weichen und seine Kampfgefährten im Stich lassen. Zusammen mit dem Speerträger des Polyklet und den Typenhäusern in Piräus repräsentiert der Hoplit in der Abteilung »Zivilisation« den Zentralgedanken athenischer Polis, der Homonymie, der Bürgergleichheit. Siehe auch 4/84. (J.-F.M.)*

### 4/84 Schwerbewaffneter Krieger (Krieger im Lanzenkampf, aus Dodona, Gefäßaufsatz)

Um 510 v.Chr. | Originalabguss der Bronzefigur aus der Antikensammlung Berlin | Gips, H 12,8 cm | Abguss-Sammlung Antiker Plastik Berlin (00/1 IV 270) | siehe auch 4/83

**4/85 Bildnis des Perikles**

Um 430 v.Chr. | Originalabguss des Marmorkopfes aus der Antikensammlung Berlin mit Hermesbüste, die das Original nicht hat | Gips, H 64 cm | Abguss-Sammlung Antiker Plastik Berlin (86/14 V236)

*Perikles, nach dem die Blütezeit Athens das »perikleische Zeitalter« benannt wird, lebte von ca. 490-429 v.Chr., vom griechischen Sieg über die Perser bis zum Beginn des Peloponnesischen Krieges zwischen Athen und Sparta. Seit Ende der 60er Jahre prägte er die Politik Athens. Die Volksversammlung wählte ihn während einer Zeitspanne von fünfzehn Jahren immer wieder zum Strategen, ein Amt, zu dem außer militärischen auch administrative und finanzielle Befugnisse gehörten. Die Büste zeigt Perikles mit einem zurückgeschobenen korinthischen Helm, der auf seine militärische Position hinweist. Pausanias erwähnt im 2. Jh. v.Chr. eine Statue des Perikles auf der Akropolis von Athen. Den Kopf dieser Statue geben wahrscheinlich die zahlreichen römischen Kopien wieder, zu denen auch die der Berliner Antikensammlung zählt. (J.-F.M.)*

**4/86 Modell der Akropolis in Athen (um 470-400 v.Chr.)**

1982/83 | Modellbau: Ulrich Weger | 20 x 40 x 87 cm | Wien, Universität für angewandte Kunst, Ordinariat für Arch. Entwurf o. Univ.-Prof. Arch. Hans Hollein, Sammlung Ort und Platz (82/83-1)

*Das Wort »Akropolis« kommt aus dem Griechischen und bedeutet Oberstadt, das heißt, der am höchsten gelegene, meist befestigte Teil der Stadt. Fast alle Städte der Antike hatten eine Akropolis. Ihr Vorbild ist die Akropolis von Athen, eine der berühmtesten monumentalen Anlagen der Antike. Ursprünglich eine Siedlung, stellte sie in der Antike jedoch hauptsächlich ein Heiligtum im Mittelpunkt der Stadt dar. Zur Zeit ihrer Ausgestaltung war sie eines der wichtigsten Zentren politischen und religiösen Lebens der antiken Welt. Nach der Beseitigung von Adelsherrschaft und Tyrannis verkörperte die Akropolis des 5. Jh. v.Chr. mit ihren Bauten, Skupturen und Bildern das Selbstbewusstsein und die Anschauungen der Bürger der athenischen Demokratie. (J.-F.M.)*

**❻ 4/87 Piräus, Rekonstruktionsversuch einer Insula mit Typenhäusern des Hippodamos**

1985 | Modell einer idealen Insula (von C. Kress) rekonstruiert von W. Hoepfner und E.-L. Schwandtner | Modellbau: U. Kellersmann | Holz und Pappe, 20 x 113,5 x 101,5 cm | Abguss-Sammlung Antiker Plastik Berlin (51/99 (V 950)

*Piräus wurde seit dem späten 5. Jahrhundert v.Chr. zum Hafen Athens ausgebaut und als vollwertige Stadt mit all ihren vielfältigen urbanen Einrichtungen konzipiert. Piräus wurde von dem aus Milet stammenden Architekten Hippodamos geplant. Die hippodamische Stadtplanung mit rasterartigem, regelmäßigem Grundriss wurde hier perfektioniert. Die standardisierten Wohnhäuser als Ausdruck der Bürgergleichheit als grundlegender Idee der*

griechischen Polis. Typenhäuser hatten ursprünglich gleiche Grundstücksabmessungen und ähnliche Grundrisse. Jeweils zweimal vier Einzelhäuser mit Nord-Süd-Ausrichtung bildeten eine Einheit, eine sogenannte Insula. Das Modell stellt den möglichen Ursprungszustand einer beliebigen Insula in Piräus dar. Der Idealzustand der Häuser mit ihren Grundstücksabmessungen wurde jedoch im Laufe der Zeit modifiziert. Nur das Straßensystem blieb stabil. (J.-F.M.)

**4/88 Das Maison Carrée in Nîmes**

Modell aus dem 18. Jh. | Holz, 87 x 70 x 140 cm | Staatliche Museen zu Berlin, Kunstbibliothek (1999, 30 / KB Modellsammlung)

*Das »Maison Carrée« im südfranzösischen Nîmes ist einer der schönsten und am besten erhaltenen Tempel der galloromanischen Zivilisation. Es war den Enkeln des Kaisers Augustus geweiht und in der Antike Teil des Forums, des Zentrums öffentlichen Lebens. (J.-F.M.)*

**4/89 Daidalos und Ikaros**

Anfang 19. Jh. | Vincenzo Monti | Gips, 71 x 58,5 cm | Akademisches Kunstmuseum, Antikensammlung der Universität Bonn

*Nachdem Daidalos seinen Neffen Talon aus Eifersucht auf dessen Erfindertalent getötet hatte, floh er zu König Minos nach Kreta, wo er das berühmte Labyrinth baute, das den Minotauros beherbergen sollte. Als er Theseus hilft, aus dem Labyrinth wieder herauszufinden, fällt er bei König Minos in Ungnade und wird samt seinem Sohn Ikaros in das Labyrinth gesperrt. Um entfliehen zu können, fertigt er für sich und Ikaros Flügel aus Federn und Wachs. Die Flucht endet in einer Katastrophe. Übermütig und dem Rausch des Fliegens erlegen, steigt Ikaros trotz der Warnung seines Vaters immer höher. Er nähert sich zu sehr der Sonne, das Wachs schmilzt und Ikaros stürzt in das Meer. Es ist nicht nur der Ungehorsam und der Leichtsinn des Ikaros, welche die Moral von der Geschichte ausmachen, sondern das originär griechische Gedanke von den Schranken des Menschen, die ungestraft nicht überschritten werden dürfen. Das Relief zeigt den Erfinder bei der Arbeit. Daidalos sitzt über einen Flügel gebeugt, den er mit einem Werkzeug bearbeitet. Ein weiterer Flügel steht schon fertig auf dem Boden. Von anderen Reliefs mit derselben Darstellung wissen wir, daß sein Sohn das für ihn bestimmte Flügelpaar bereits umgeschnallt hat, weshalb man auf der nackten Brust des lässig dastehenden Jünglings die gekreuzten Bänder erkennt. Daidalos' langer Mantel passt außerdem nicht zur Bekleidung eines Handwerkers. Diese ikonografischen Unstimmigkeiten machen das Relief als Fälschung verdächtig. (J.-F.M.) Vgl. auch 4/90*

**❷ 4/90 Römischer Zirkel**

Bronze, L. ca. 15 cm | Staatliche Museen zu Berlin, Antikensammlung (Fr. 1208a)

*Zirkel, Töpferscheibe und Säge galten in der Mythologie der griechischen Antike als Erfin-*

dungen des Talon. Dieser wurde von Daidalos, dem Baumeister des kretischen Labyrinths, von der Akropolis gestürzt und getötet, worauf er die Erfindungen für sich reklamierte. Vgl. auch 4/89, 4/91 und 4/92.

**❸ 4/91 Schwungrad einer römischen Töpferscheibe**

Basaltlava, Dm ca. 80 cm, Stärke ca. 12 cm | Frankfurt am Main, Museum für Vor- und Frühgeschichte, Archäologisches Museum | siehe auch 4/90 und 4/89

**❹ 4/92 Fragment einer römischen Spannsäge**

Limeszeitlich, 80-260 n.Chr. | Eisen, sich verjüngend, L18,6, B 1,8-3,5 cm, Stärke 0,2-0,3 cm | Thüringisches Landesamt für Archäologische Denkmalpflege Weimar (MW 323/84). Vgl. auch 4/90 und 4/89.

**4/93 »Dresdner Artemis«**

Abguss der Artemis aus der Skulpturensammlung Dresden | Gips, weiß, H 152 cm | Abguss-Sammlung antiker Plastik Berlin (8/90 -V 463)

*Artemis war die Göttin der Jagd. In dieser Funktion kam ihr eine wesentliche Rolle in der Erziehung junger Männer zu. Artemis, auf der Schwelle zwischen dem Wilden und dem Zivilisierten, heiligte die Unberührtheit der Grenzverläufe, deren extreme Zerbrechlichkeit durch die Jagd bis zu dem Punkt, diese Grenze herauszufordern, betont wurde. Artemis achtete darauf, dass die Grenze zwischen Wildnis und Zivilisation durchlässig blieb, denn die Jagd erlaubte den Übergang von einem Zustand in einen anderen. Gleichzeitig blieben die Grenzen erhalten, andernfalls wären die Männer wieder in den Zustand der Wildnis zurückgefallen. Polybius erzählt die Geschichte der Arkadier von Cynaetha im dritten Jahrhundert: sie lehnten die Riten von Artemis ab und regredierten auf einen vorzivilisatorischen Zustand. Sie verließen ihre Städte, lebten auf eigene Gefahr und zeigten die Unbändigkeit wilder, sich gegenseitig massakrierender Tiere. Zusammen mit dem Daidalos-Mythos symbolisiert die mythologische Funktion der Artemis in der Abteilung »Zivilisation« die Zerbechlichkeit der Zivilisation als quasi transhistorische Konstante. Vgl. auch 4/94 und 4/95. (J.-F.M.)*

**❺ 4/94 Sphinx der Schepenutet II.**

25. Dyn. (689-63 v.Chr.) | Gottesgemahlin mit Weihgabe für Amun von Theben (mit Kopf des Widders des Amun) | Schwarzer Granit, H 50 cm, B 82 cm | Staatliche Museen zu Berlin, Ägyptisches Museum und Papyrussammlung (7972)

*Die beiden am Eingang (vom Lichthof) zur Abteilung »Zivilisation« platzierten Sphingen erinnern an den Ödipus-Mythos, auch an dessen Bedeutung in der Psychoanalyse von Sigmund Freud. Die Sphinx, die den Zugang zur griechischen Stadt Theben (in einer anderen Variante hielt sich außerhalb der Stadt auf) bewachte, kann als Schwellenwesen betrachtet werden, das – wie die Göttin Artemis – die*

*Dialektik von Zivilisation und Antizivilisation verkörpert. (T.M.) Vgl. auch 4/93*

**4/95 Sphinx**

Von der Sphingenallee vor dem Serapeum in Memphis | Kalkstein, H 42 cm, B 36 cm, L 120 cm | Staatliche Museen zu Berlin, Ägyptisches Museum und Papyrussammlung (7777) | Vgl. auch 4/93

**4/96 »Principes du Droit Politique«**

(Erstausgabe des Contrat Social) | Amsterdam, 1762 | Jean-Jacques Rousseau (1712-1778) | Gedruckt, 323 Seiten, 8°, 20,5 x 12 cm | Montmorency, Musée et Bibliothèque J.-J. Rousseau

*»Der Mensch ist frei geboren, und überall ist er in Ketten«. So beginnt »Der Gesellschaftsvertrag«, der 1762 erschien. Rousseau schlägt eine neue Gesellschaftsform vor, seine Staatsphilosophie begründet und rechtfertigt die politische Organisation der bürgerlichen Gesellschaft. Die Idee des Gesellschaftsvertrags ist die Forderung einer tragfähigen Legitimation von Herrschaft durch die Beherrschten selbst. (J.-F.M.)*

**❶ 4/97 Unabhängigkeitserklärung der Vereinigten Staaten von Amerika**

4. Juli 1776 | Erste deutsche Übersetzung der amerikanischen Unabhängigkeitserklärung, gedruckt von Steiner und Cist in deutscher Sprache, Philadelphia (6.-8. Juli 1776) | Handgeschöpftes, geripptes Papier, 41 x 33,4 cm | Berlin, Deutsches Historisches Museum (Do 93/101)

*Die amerikanische Unabhängigkeitserklärung wurde am 4. Juli 1776 verabschiedet und wenige Tage später, zwischen dem 6. und 8. Juli, in Philadelphia auch in deutscher Sprache gedruckt. Sie ist eines der bedeutendsten Dokumente der Neuzeit. In ihr werden die unveräußerlichen Rechte der Menschen auf Leben, Freiheit und Streben nach Glückseligkeit als Grundlage politischen Handelns festgeschrieben. Das von Thomas Jefferson in weiten Teilen formulierte Dokument spiegelt Gedankengut der Aufklärung sowie ein in Amerika gewachsenes Selbstbewusstsein wider. Die Unabhängigkeitserklärung vom 4. Juli 1776 wurde richtungsweisend für die »Erklärung der Menschenrechte« der Französischen Revolution von 1789 und nachfolgend Grundlage demokratischer Bewegungen in Europa und anderen Teilen der Welt. (J.-F.M.)*

**❼ 4/98 Modell der Freiheitsstatue**

1876 | Frédéric Auguste Bartholdi (1834-1904) | Terrakotta, 128 x 43 x 39 cm | Musée Bartholdi, Colmar (SB 7)

*Die »Freiheit, die die Welt erleuchtet«, gemeinhin »Freiheitsstatue« genannt, war ein Geschenk des französischen Volkes an die amerikanische Nation zum hundertsten Geburtstag der Unabhängigkeit der Vereinigten Staaten (4. Juli 1876). Das gezeigte Exemplar ist das »Komiteemodell«, die endgültige Fassung, die Bartholdi vervielfältigen und zum Verkauf freigeben ließ. Damit sollte ein Teil der Mittel*

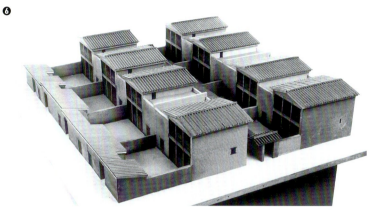

115

**1**

**2**

**3**

**4**

**5**

für die Konstruktion der Kolossalstatue aufgebracht werden. Die Statue wurde erst 1886 in New York eingeweiht. (J.-F.M.)

**4/99 La Révolution Française**
Ende 18. Jh. | A. Duplessis | Radierung, 57,4 x 73,5 cm | Vizille, Musée de la Révolution Française (MRF 1987-41)
*Die komplizierte allegorische Darstellung stammt von dem in Paris lebenden Radierer und Verleger A. Duplessis. Die strahlende Wahrheit im Himmel beleuchtet die Nation; die Freiheit zerbricht die Symbole des Despotismus in der Bastille; ein guter Geist schreibt die Namen der Abgeordneten in eine Bronzesäule; der Regenbogen kündigt den Frieden an; der Feldzug begleitet den Sarg mit den Missbräuchen des Ancien Régime, die zu Grabe getragen werden. Im Vordergrund sind sowohl emigrierende Aristokraten als auch einige Philosophen und Schriftsteller sichtbar, wie etwa Rousseau mit seinem Contrat social. In der rechten Ecke zerstört eine Allegorie der Zeit die Reste des feudalen Systems. (J.-F.M.) Vgl. auch 4/96*

**④ 4/100 Modell der Bastille mit Tragplatte**
Um 1790 | Pierre-François Palloy (1755-1835) | Aus Baustoffen der Bastille gebaut, 38 x 93 x 52 cm | Musée de Valence, France (Ar. 237)
*Es handelt sich um eines der Modelle, die 1790 den damals 83 französischen Départements von dem Bauunternehmer Pierre-François Palloy geschenkt wurden. Der »Patriot« Palloy war mit dem Abriss der Bastille beauftragt und fertigte aus den Baumaterialien Modelle der Bastille und andere Souvenirs (Büsten, Steine, Tintefässer ...). Heute existieren noch 44 kleine Bastillemodelle. Das ausgestellte Exemplar war wahrscheinlich für das Département Drôme bestimmt und besitzt heute noch die Holzplatte mit den vier dazu gehörenden Metallhandgriffen, die das Tragen der »Ikone« bei den der Revolution gewidmeten Prozessionen ermöglichte. (J.-F.M.)*

**⑤ 4/101 Stein aus der Bastille**
1791 | Pierre-François Palloy (1755-1835) | Rahmen aus originalem Stein, Kopie des originalen Porträts in Holz und Gips eingefügt | 82,5 x 48,5 x 5,5 cm | Montmorency, Musée et Bibliothèque J.-J. Rousseau
*Palloy, für die Abrissarbeiten der Bastille beauftragt, stellte diverse Souvenirs aus den Baumaterialien der Festung her. Die von ihm angefertigten Modelle der Bastille waren anfangs zu teuer, weshalb er begann, kleinere Souvenirs wie diesen aus dem Fundament gehauenen Stein zu produzieren. Neben der Büste von Rousseau ist deutlich die Inschrift zu lesen »Cette pierre vient des cachots de la Bastille | Donné aux amis de la Constitution | du Canton de Montmorency | par Palloy patriote l'an 3 de la Liberté« (Dieser Stein kommt aus den Kerkern der Bastille | Geschenkt an die Freunde der Verfassung | des Bezirks Montmorency | von dem Patrioten Palloy im 3. Jahr der Freiheit«). Andere Steine zeigen ein Porträt Ludwigs XVI.,*

eine Jakobinermütze oder die Erklärung der Menschenrechte. (J.-F.M.) Vgl. auch 4/96

**❸ 4/102 Kapitel XIV der Verfassung und allgemeine Bestimmungen für die Gesellschaft**
Oktober 1795 | Pierre-François Palloy (1755-1835) | Kupferstich, 56,5 x 35,5 cm | Vizille, Musée de la Révolution française (MRF 1994-32)
*Die Verfassung von 1795 ist, nach der von 1791 und 1793, diejenige, die Frankreich eine politische Staatsform gab. Die Verfassung von 1795 unterscheidet sich jedoch sehr von den Absichten von 1793. Schon die Einführung gibt den Ton an: Es geht nicht mehr bloß um eine Erklärung der Rechte, sondern um eine Erklärung von Rechten und Pflichten. Die Verfassung selbst verschärft die Gewaltenteilung und isoliert die Gewalten voneinander. Diese extreme Gewaltentrennung und die Mittelmäßigkeit der Regierenden führten zu zahlreichen Staatsstreichen. Der letzte, am 9. November 1799, war für das Regime tödlich, wodurch für Bonaparte der Platz frei war. Das letzte Kapitel der Verfassung von 1795 mit den allgemeinen Bestimmungen für die Gesellschaft erinnert teilweise an die Prinzipien von 1789. (J.-F.M.)*

**4/103 Der Triumph der Zivilisation**
1795 | Jacques Réattu (1760-1833) | Öl auf Leinwand, 98 x 130 cm | Hamburger Kunsthalle (5304)
*»Der Triumph der Zivilisation« wurde kurz nach dem Sturz Robespierres von dem Revolutionsmaler Réattu gemalt. Das Gemälde ist von der Antike beeinflusst (Herkules, die Darstellung der Einheit, die Büste von Janus, der Marmorkopf im Vordergrund) und sollte die humanitären und geistigen Errungenschaften der Revolution darstellen. Eine Allegorie des Tages führt die wichtigsten französischen Städte (als weibliche Figuren dargestellt) zur Zivilisation. Die Einheit in der Mitte des Gemäldes symbolisiert das einige und friedliche Frankreich, das vor neuem kulturellen Glanz steht. (J.-F.M.)*

**❷ 4/104 Etienne Arnal (1794-1872), Schauspieler, Théâtre des Variétés**
Jean-Pierre Dantan, genannt »Dantan Jeune« (1800-1869) | Bronze, H 25,5 | Paris, Musée Carnavalet (S.1061)
*Der Bildhauer Dantan realisierte zahlreiche kleine Figuren von Berühmtheiten seiner Zeit, die er in seinem eigenem Museum in Paris, dem »Dantanorama«, der Öffentlichkeit zeigte und zum Kauf anbot. Diese Darstellungen sind von besonderem dokumentarischen Wert für die Geschichte der Kunst und der französischen Gesellschaft des 19. Jahrhunderts. Im Gegensatz zu Daumier blieb Dantan politisch neutral und stellte – von Porträts englischer Politiker abgesehen – das damalige Politikpersonal nicht dar. In einer Zeit, wo das Pantheon nur den wirklichen »Grands Hommes« der Nation offenstand, befriedigten die kleinen Büsten und Statuetten Dantans den Hunger nach persönlichem Ruhm und gesellschaftlicher Anerkennung*

auch der nicht ganz so Großen. (J.-F.M.) Vgl. auch 4/105, 4/106, 4/107

**4/105 François-Joseph Ducoux (1808-1873), Polizeipräfekt im Jahre 1848, Leiter der Compagnie des Petites Voitures**
Jean-Pierre Dantan, genannt »Dantan Jeune« (1800-1869) | Bronze, H 33 cm | Paris, Musée Carnavalet (S.196) | Vgl. auch 4/104

**❶ 4/106 Jakob Liebmann Meyer Beer, genannt Giacomo Meyerbeer (1791-1864), Komponist**
Jean-Pierre Dantan, genannt »Dantan Jeune« (1800-1869) | Bronze, H 36,7 cm | Paris, Musée Carnavalet (S.203) | Vgl. auch 4/104

**4/107 Etienne, Augustin Tousez, genannt Alcide (1806-1850), Schauspieler**
Jean-Pierre Dantan, genannt »Dantan Jeune« (1800-1869) | Bronze, H 21 cm | Paris, Musée Carnavalet (S.1081) | Vgl. auch 4/104

**❻ 4/108 Der Parlamentarier Marquis Joseph de Podenas (1782-1851)**
Honoré Daumier (1808-1879) | Terrakotta, gefärbt, H 21 cm | Paris, Musée Carnavalet (S.3421)
*Auf Verlangen des Direktoren der satirischen Zeitung »La Caricature« fertigte Honoré Daumier in den Jahren 1832-35 eine Reihe von 36 Kleinbüsten von Parlamentariern an, die im Schaufenster der Zeitung ausgestellt werden sollten. Die Lebendigkeit dieser Figuren zog das Publikum an. Daumier arbeitete zu dieser Zeit als Karikaturist und war ein entschlossener Gegner des Julikönigtums (wegen seiner Zeichnungen wurde er Ende 1832 mehrere Monate lang inhaftiert). Nach der Revolution von 1830 wurde zwar die ultrareaktionäre Monarchie von Charles X beseitigt, dennoch waren Daumier und seine Freunde von Louis-Philippe bald enttäuscht: die neuen Regierenden waren müde Repräsentanten der früheren Regimes, Mitglieder der an ihren Privilegen hängenden Geschäftsbourgeoisie, die 1835 die Pressefreiheit aufhoben. In der Ausstellung werden vier Büsten gezeigt, die Akteure der damaligen französischen Politik darstellen. (J.-F.M.) Vgl. auch 4/109, 4/110, 4/111*

**❼ 4/109 Der Parlamentarier Comte Auguste de Kératry (1769-1859)**
Honoré Daumier (1808-1879) | Terrakotta, gefärbt, H 12,5 cm | Paris, Musée Carnavalet (S.3424) | Vgl. auch 4/108

**❽ 4/110 Der Parlamentarier Clément Prunelle (1777-1853)**
Honoré Daumier (1808-1879) | Terrakotta, gefärbt, H 13,5 cm | Paris, Musée Carnavalet (S.3428) | Vgl. auch 4/108

**❾ 4/111 Der Parlamentarier François Guizot (1787-1874)**
Honoré Daumier (1808-1879) | Terrakotta, gefärbt, H 22 cm | Paris, Musée Carnavalet (S.3432) | Vgl. auch 4/108

**❶ 4/112 Die Verfassung des Deutschen Reichs**

Prachtausgabe der Weimarer Verfassung zum 10. Verfassungstag 1929 (mit persönlicher Widmung von Reichsinnenminister Carl Severing für den Oberpräsidenten der Provinz Hessen-Nassau) | Leder, geprägt, Pergament, bedruckt, 31,4 x 22,2 cm | Berlin, Deutsches Historisches Museum (1988/992)

*Die im wesentlichen von dem liberalen Staatsrechtler Hugo Preuß entworfene Verfassung der Weimarer Republik entstand 1919 als Kompromiss zwischen der Sozialdemokratie und den bürgerlichen Koalitionspartnern DDP und Zentrum. Sie wurde im Juli 1919 von der Nationalversammlung in Weimar verabschiedet. Zum ersten Mal in seiner Geschichte war Deutschland eine demokratische Republik. Die von dem Sozialdemokraten Hermann Müller geführte Große Koalition beging den 10. Jahrestag der Weimarer Verfassung am 11. August 1929 mit einer Reihe von Feiern. Zu diesem Anlass ließ sie 24 Prachtexemplare der Verfassung auf Pergament und 430 numerierte Exemplare auf »handgeschöpftem Blüttenpapier« drucken. (J.-F.M.)*

**❷ 4/113 Grundgesetz für die Bundesrepublik Deutschland**

8. Mai 1949 | Mit Autogramm von Konrad Adenauer auf der Titelseite | Druck, Autograph, 29,1 x 20,8 cm | Berlin, Deutsches Historisches Museum (1990/160)

*Im August 1948 wurde der Entwurf einer Verfassung für einen »Weststaat« erarbeitet und anschließend im Parlamentarischen Rat unter Vorsitz von Konrad Adenauer beraten. Angenommen am 8. Mai 1949, wurde die Verfassung nach Genehmigung durch die drei Militärgouverneure am 23. Mai verkündet und trat am nächsten Tag in Kraft. Damit war die Bundesrepublik Deutschland als parlamentarische Demokratie gegründet. Diese Verfassung wurde Grundgesetz genannt, um ihren provisorischen Charakter zu betonen. (J.-F.M.)*

**❾ 4/114 Stadtplan von Nippur**

ca. 1500 v.Chr. | Tontafel , 18 x 21 cm | Friedrich-Schiller-Universität Jena, Hilprecht-Sammlung Vorderasiatischer Altertümer

*Die Tontafel gilt als ältester Stadtplan der Welt und wurde von dem Assyriologen Hermann Hilprecht (1859-1925) während einer seiner Expeditionen gefunden. Sie zeigt das Ekur (den Tempel Enlils, das größte Heiligtum ganz Sumers), den Bezirk Anniginna, den Stadtpark, das Hohe Heiligtum, den Euphrat, den Stadtkanal sowie die Stadtmauer mit ihren Toren. Der Plan gibt auch Längenmaße an, aus denen hervorgeht, dass er sogar annähernd maßstabsgerecht gezeichnet ist. Anhand dieser Maßangaben konnte man beweisen, dass es sich um einen Plan der ganzen Stadt handelt, nicht nur ihrer östlichen Hälfte. (J.-F.M.)*

**❸ 4/115 Der Babylonische Turm (Rekonstruktionsmodell)**

1991 | Hansjörg Schmid (Rekonstruktion) | Hans Hallmann (Ausführung) | Gips, H ca. 50 cm, Grundplatte 97 x 76 cm | Staatliche Museen zu Berlin, Vorderasiatisches Museum

*Babylon war die größte Stadt ihrer Zeit und politische, religiöse und wirtschaftliche Metropole vieler unterschiedlicher Reiche. Der »Turm zu Babel« war mit 90 Metern Höhe eines der gewaltigsten Bauwerke der Alten Welt. Seit seiner Zerstörung haben zahlreiche Künstler den im Alten Testament und von antiken Autoren wie Herodot erwähnten Turm mit mehr oder minder schöpferischer Fantasie dargestellt. Der erste Versuch nüchterner Rekonstruktion ist der des englischen Architekten Lethaby aus dem Jahre 1892; die ersten archäologischen Untersuchungen fanden 1913 statt. Die neueren Rekonstruktionen gehen davon aus, dass sich der Turm von einer viereckigen, zum Teil im Erdreich versenkten Basis in 6 Stufen erhob. Der Hochtempel bildete die 7. Stufe. Die Rekonstruktion von Hansjörg Schmid stellt den neuesten Stand der Kenntnisse dar. (J.-F.M.)*

**4/116 Ziegel mit einer Inschrift des Königs Assurbanipal (668-627 v.Chr.) für den Bau des Tempels von Etemenanki**

Gebrannter Ton, 31,5 x 31,5 x 8,5 cm | Staatliche Museen zu Berlin, Vorderasiatisches Museum (VA Bab 4052 h)

*Nach der Zerstörung Babylons im Jahre 689 v.Chr. ließ Assurbanipal zahlreiche Bauten der Stadt restaurieren oder weiterführen. Der König fühlte sich nicht nur für die Pflege der Tempel Babylons verantwortlich, sondern ließ auch in anderen südmesopotamischen Kultstätten – wie in Ur – größere Umgestaltungen und Neubauten vornehmen, ganz zu schweigen von den Arbeiten an den Tempeln und Palästen Assyriens. Am Turm Etemenanki wurde während der Regierungszeit der beiden letzten großen Könige auf dem Thron Assyriens, Asarhaddon und Assurbanipal, eifrig gebaut. Ob er beendet wurde, ist heute schwer nachzuweisen. (J.-F.M.)*

**❽ 4/117 Pont du Gard**

Zwischen 1862 und 1882 | Modellbau: Charles-Joseph Mohen (1818-1895) | Holz, 48 x 221 x 21 cm | Musées de Châlons-en-Champagne (882-12-4)

*Der römische Aquädukt Pont du Gard war ein bedeutender, äußerst komplizierter Abschnitt des Wasserversorgungssystems von Nîmes. Mit fast 49 Metern Höhe und 275 Metern Länge ist das über 2000 Jahre alte Bauwerk die größte Brücke der römischen Antike. (J.-F.M.)*

**❹ 4/118 Das Pantheon in Rom**

1995 | Modellbau: Berliner Studenten der Architekturfakultät der Hochschule der Künste (Klasse Prof. Hartmut Bonk) | Gips, 63 x 80 x 103 cm | Staatliche Museen zu Berlin, Kunstbibliothek

*Das Pantheon (griechisch »für alle Götter«) ließ Kaiser Hadrian als Tempel vermutlich 118-128 n.Ch. errichten. Der heute existierende Rundbau mit Säulenvorhalle ist nicht nur der bedeutendste Kuppelbau der römischen Antike, sondern auch – trotz vieler Veränderungen – der am besten erhaltene Tempel Roms. Seine grandiose Kuppel setzte für anderthalb Jahrtausende den unübertroffenen Maßstab für freitragende Wölbungen, erst in der Renaissance fand die Baukunst mit den Kuppeln des Domes in Florenz und der Peterskirche in Rom neue Lösungen in ähnlichen Dimensionen. Der Bautypus war nicht nur ein Höhepunkt römischer Architektur, sondern auch ein bis ins 18. Jahrhundert wirksames, in zahllosen Abwandlungen zitiertes Vorbild. (J.-F.M.)*

**❼ 4/119 Modell des Triumphbogens des Septimius Severus in Rom**

Vor 1798 | Modellbau: Antonio Chichi (1743-1816) | Kork, 55 x 66 x 33,5 cm | Berlin, Stiftung Archiv der Akademie der Künste, Abteilung Baukunst (84/56/244)

*Antonio Chichi war der bedeutendste Korkmodellbauer seiner Zeit. Er fertigte dieses Modell in seinem römischen Atelier. Korkmodelle antiker Bauten waren als Erinnerungsstücke wie als Studienobjekte bei Fürsten, Künstlern und Gelehrten beliebt. Der dreitorige Bogen am Westrand des Forum Romanum wurde 203 n.Chr. zum zehnten Jahrestag der Erhebung des Kaisers Septimius Severus errichtet. Seit der Renaissance wurde er als Musterbeispiel antiker Architektur zum Vorbild für zahllose Bauten. (J.-F.M.)*

**❺ 4/120 Die Kathedrale Notre-Dame de Paris 1843**

Gips, Holz, Metall, bemalt, H 55 cm (+ Sockel 108 cm) x 127 x 64 cm | Médiathèque du Patrimoine – Centre de Recherches sur les Monuments Historiques, Paris (41 )

*Das Modell wurde in den vierziger Jahren des 19. Jahrhunderts gebaut und stellt den Bauzustand vor der erfolgreichen Restaurierung von Eugène Viollet-le-Duc (1844-64) dar. Das Dach sowie die Seitenschiffe können geöffnet werden, wodurch die Innenausstattung, das Pflaster, die Altäre, die Gemälde und die Goldschmiedekunstwerke sichtbar werden. Die Türme können angehoben werden und ihr Fachwerk zeigen. (J.-F.M.)*

**❻ 4/121 Das Ulmer Münster vor seiner Fertigstellung**

1813 | Modellbau: Johann Konrad Metzger | Holz, bemalt, H 78 (First), 142 (H Turm) x 78 x 189,5 cm | Evangelische Münstergemeinde Ulm

*Das Ulmer Münster ist der höchste Kirchturm der Welt (161 m). Der Bau wurde 1377 begonnen, der Turm erst 1890 fertiggestellt. Das bemalte Holzmodell von 1813 zeigt den damaligen Bauzustand mit dem noch nicht vollendeten Turm. Vollständig wiedergegeben sind Innenarchitektur und Ausstattungsstücke, wie die Altarmensen, der »Westlettner«, der Glockenstuhl im Westturm. Der hohe Turm des Münsters erfüllt seit seiner Fertigstellung das gotische Ideal von Transparenz und Leichtigkeit. (J.-F.M.)*

❶

❷

**3**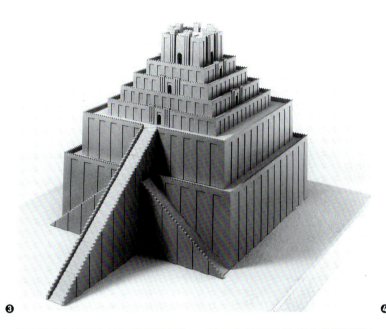

**4**

**5**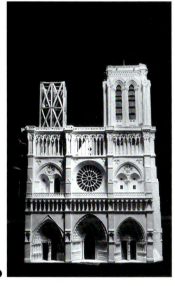

**6**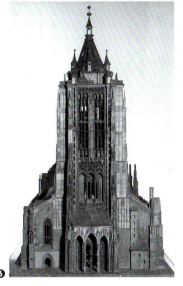

**7**

**8**

**9**

**①**

**②**

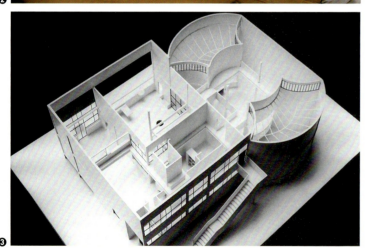

**③**

**❶ 4/122 Modell des Petersplatzes in Rom (1656-65)**

1988/89 | Modellbau: Wolfgang Czihak | Holz, H ca. 30 cm, Grundplatte 122 x 80 cm | Wien, Universität für angewandte Kunst, Ordinariat für Arch. Entwurf o. Univ.-Prof. Arch. Hans Hollein, Sammlung Ort und Platz (88/89-1-7)

*Berninis monumentaler Petersplatz in Rom (1656-65) ist das beste Beispiel der barocken Inszenierung öffentlicher Stadträume. Die zur Peterskirche führende zentrale Achse begleitet eine Abfolge größerer und kleinerer Räume. Die Kolonnade umschließt den an eine Umar-*

*mung erinnernden elliptischen Platz und bringt die imposante Peterskirche in der Perspektive zur Geltung. (J.-F.M.)*

**❷ 4/123 Modell der »Glasgow School of Art« nach ihrer Fertigstellung (1909)**

1994-95 | Charles Rennie Mackintosh [1868-1928] | Modellbau: Brian Gallagher, B. G. Models Ltd. | 80 x 160 x 68,5 cm | New York, Don Taffner's Entertainment Ltd.

*Die Arbeiten von Charles Rennie Mackintosh sind zum Aushängeschild der schottischen Metropole Glasgow geworden. Mit seiner dortigen Kunstschule schuf er sein – unter den Zeitgenossen heftig umstrittenes – Hauptwerk, das zum Vorbild für die Wiener Sezession und die Architektur der Moderne wurde. (J.-F.M.)*

**4/124 Modell der Kirche am Steinhof (1904-07)**

1984/85 | Otto Wagner [1841-1918] | Modellbau: Dipl. Designer Christoph Wurzer | Grundplatte ca 90 x 120, H ca 100 cm | Historisches Museum der Stadt Wien

*Dieses von Otto Wagner, dem bedeutendsten Architekten des Wiener Fin-de-Siècle, erbaute Gottehaus ist mit seinem lichten Innenraum, dem geometrischen Goldmuster und der prächtigen Altargestaltung der schönste Sakralbau des Wiener Jugendstils. Der kubische Bau mit einer von zwei Türmen flankierten, großen, goldenen Kuppel, sowie einem darunter durchlaufenden ornamentalen Fries, weist byzantinischen Einfluss auf. (J.-F.M.)*

**4/125 Modell des Glashauses von Bruno Taut**

1992-93 | Modellbau: Michael Kurz | Farbiges Acrylglas, Messing, Epoxyd-Harz, Elektrik, H 70 cm (mit Sockel 140 cm), Grundplatte 110 x 135 cm | Berlin, Museum der Dinge

*Bruno Taut (1880-1938) baute sein gläsernes Haus für die Werkbund-Ausstellung in Köln 1914 als Reklamepavillon der Glasindustrie. Er brachte auf dem Fries Verse des Dichters und bekanntesten Vertreters der »Gläsernen Kette«, Paul Scheerbart, an: »Ohne einen Glaspalast / Ist das Leben eine Last«, oder »Das Glas bringt uns die neue Zeit / Backsteinarchitektur tut uns nur leid«. Dieser Bau war das mit den technischen Mitteln der Zeit erbaute Modell einer möglichen Zukunftarchitektur. Sein halluzinatorisch wirkendes Interieur sollte es ermöglichen, aus dem Alltag herauszutreten und als erneuerter Mensch hervorzugehen. (J.-F.M.)*

**4/126 Modell des Einsteinturmes in Potsdam (1919-21)**

1978 | Erich Mendelsohn [1887-1953] | Modellbau: Étienne Follefant | Holz, gefasst, 35,5 x 71,5 x 24,5 cm | Paris, Centre Georges Pompidou, Musée national d'art moderne / Centre de création industrielle (AM 1978-731)

*Der Einsteinturm in Potsdam war Erich Mendelsohns erstes großes Werk und wohl auch das einzige, bei dem er seiner ersten Vision fast vollständig treu bleiben durfte. Die große Popularität des Einsteinturms geht nicht nur auf*

*die umwälzende Wirkung der Relativitätstheorie zurück, sondern auch auf den außergewöhnlichen Entwurf Mendelsohns. (J.-F.M.)*

**4/127 Glashochhaus an der Friedrichstrasse, Entwurf von 1922**

Rekonstruktionsmodell von 1986 | Architekt: Ludwig Mies van der Rohe [1886-1969] | Plastik, Plexiglas, 98 x 50 x 50 cm | Bauhaus-Universität Weimar

*Der spektakuläre Entwurf zu einem in Glas konzipierten 22-geschossigen Hochhaus entstand für den im Winter 1921/22 durchgeführten Wettbewerb zu einem »Turmbau« am Bahnhof Friedrichstraße in Berlin. Mies' Architekturutopie überstrahlte das 20. Jahrhundert, gehört zum Inventar der Moderne und ihrer Meilensteine und ist aus der universellen Architekturgeschichte ebensowenig wegzudenken wie aus derjenigen des modernen Berlin. Obwohl das Projekt nicht realisiert wurde, ist mit ihm Berlin als Geburtsstätte des Neuen Bauens, das von hier aus die Welt eroberte, international zum Begriff geworden. (J.-F.M.)*

**4/128 Modell der Lenintribüne (1924)**

1985 | Rekonstruktionsmodell auf Basis von Zeichnungen von El Lissitzky [1890-1941] | Stahl, Blech, Messingprofile, Holz, 150 x 70 x 40 cm | Lauenförde, TECTA / Stuhlmuseum Burg Beverungen

*Die Lenintribüne von El Lissitzky ist, neben seinen »Wolkenbügeln« und Tatlins Denkmal für die III. Internationale, eins der berühmtesten Projekte der russischen Konstruktivisten der Zwanziger Jahre. (J.-F.M.)*

**❸ 4/129 Pavillon »Esprit Nouveau«**

1925 (Rekonstruktionsmodell) | Le Corbusier [1887-1965] | Modellbau: Lothar Elster und Engelbert Gottsmann | Holz, Pappe, bemalt; Fenster: Plexi oder Acryl, H 29,6 cm; Grundplatte 103 x 76 cm | Architekturmuseum der Technischen Universität München [Modell M 1:33 1/3 / 17°]

*Der Pavillon »Esprit Nouveau« wurde für die »Internationale Ausstellung für Angewandte Kunst« 1925 in Paris errichtet und bestand aus zwei Teilen. In der Rotunde wurden Le Corbusiers städtebauliche Arbeiten ausgestellt: der »Plan Voisin« (1925) sowie die »Zeitgenössische Stadt für drei Millionen Einwohner« (1922). Der rechtwinklige Teil des Pavillons fasste eine komplett eingerichtete Zelle mit Wohnung und Dachgarten von Le Corbusiers »Villenblockprojekte«. Der Pavillon wurde nach der Ausstellung abgerissen. (J.-F.M.)*

**4/130 Bauhausgebäude Dessau, 1925/26**

1994 | Walter Gropius [1883-1969] | Modellwerkstatt der Stiftung Bauhaus Dessau | Sperrholz, Plexiglas, lackiert, 32 x 90 x 125 cm | Stiftung Bauhaus Dessau

*Das Bauhausgebäude in Dessau ist das zu Stein gewordene Programm des Bauhauses. Jeder Funktion wurde ein Kubus zugeordnet, einer überspannt eine Straße, so dass sich die L-förmigen*

*Körper (sowohl in der Ebene als auch vertikal)
mit dem Umraum verzahnen. Der Grundriss
suggeriert in seiner Asymmetrie eine Drehbe-
wegung. Der Bau, der keine Haupt- und Neben-
ansichten kennt, ist nur in der Bewegung er-
schließbar. Einzig die mitkomponierte Sicht aus
der Luft gibt eine Vorstellung der Komplexität.
Ende 1926 wurde die »Hochschule für Gestaltung« eingeweiht. (J.-F.M.)*

**❹ 4/131 Entwurf für das Büro- und Geschäfts-
haus »Haus Berlin« am Potsdamer Platz**
1929-1931 | Hans und Wassili Luckhardt mit
Alfons Anker | 110 x 95 x 80 cm | Berlin, Stiftung
Archiv der Akademie der Künste, Abteilung
Baukunst

*Die Luckhardts entwarfen dieses Hochhaus ab
1929 im Rahmen einer von Martin Wagner
geleiteten Neuordnungsplanung des Potsdamer
Platzes, der damals verkehrsreichsten Kreuzung
Berlins. Diese Planungen setzten Abriss oder
Verlegung vieler existierender Gebäude voraus.
An Stelle des berühmten Café Josty am westlichen Ende der Leipziger Straße sollte das
neue Hochhaus als Markierung der Achse entstehen, wofür eine Sondergenehmigung zur
Überschreitung der Bauhöhe bewilligt wurde.
Das zylindrische Gebäude mit seinen nach außen verlegten Stahlstützen und seinen breiten
Reklameschriften blieb wegen der Wirtschafts-
krise unausgeführt. (J.-F.M.)*

**4/132 Das Ei, Projekt für New York (Modell)**
1977-1978 | André Bruyère (1912 -1998) |
Dreiteiliges Modell, Glas, Pappe, Holz, Metall
und Filz, 40 x 71 x 51 cm | Paris, Centre Georges
Pompidou, Musée national d'art moderne /
Centre de création industrielle (AM 1997-2-255)

*Im Jahre 1971 nahm André Bruyère am Wett-
bewerb für den Bau des Centre Pompidou in
Paris teil und entwarf ein Hochhaus in Form
eines Eies. Nach dessen Ablehnung versuchte er,
dieses Projekt in Paris-La Défense, New York
und Hongkong durchzusetzen. In New York
forderte er einen Platz unter den Wolkenkratzern
(Geschäfte in den unteren Geschossen, Büros
darüber, Wohnungen und Restaurants ganz
oben). Das Ei wurde nicht gebaut, dennoch war
dieses Projekt Basis für weitere Entwürfe des
Architekten. (J.-F.M.)*

**4/133 Der Millennium-Tower in Tokyo (Modell)**
1990 | Modell eines Projekts von Sir Norman
Foster (geb. 1935) | Acryl, Kunststoff, 100 x 100
cm (Grundplatte), H ca. 150 cm | Tokyo, Obayashi
Corporation

*Mit 840 Metern und 170 Geschossen sollte der
von Sir Norman Foster in der Bucht von Tokyo
geplante Millennium-Tower fast zweimal die
Höhe des momentan höchsten Gebäudes der
Welt erreichen. Der konische Turm wurde wie
eine Mittelstadt von 50000 Einwohnern mit
einer Mischung aus Arbeit, Wohnen und Frei-
zeitaktivitäten konzipiert. Die Basis des Turmes
hat einen Durchmesser von 130 Metern und
wird von einem Jachthafen umgeben. Im Abstand von dreißig Geschossen sind Sky Center*

mit Gemeinschaftseinrichtungen untergebracht, zu denen Schnelllifte führen, die 150 Personen transportieren. Die Pläne zum Ausbau der Bucht von Tokyo wurden durch den Fall der Immobilienpreise in Japan nicht weiter verfolgt. (J.-F.M.)

→ polis, police

**❶ 4/134 Die Zitadelle Jülich**

1802 | Modellbau: François Gramet (französischer Ingenieur) | Kirschholz, 129 x 118 cm, H 17 cm | Stadtgeschichtliches Museum Jülich / Museum Zitadelle

*Die Zitadelle, Hauptbauwerk der Jülicher Idealstadtanlage, wurde ab 1548-49 als Residenz für Herzog Wilhelm V. von Jülich-Kleve-Berg nach Plänen des italienischen Architekten Alessandro Pasqualini gebaut. Sie schließt nördlich an die Stadt an, die nach einem verheerenden Stadtbrand 1547 mit einem Fünfeck als Grundfigur völlig neu aufgebaut wurde. Die neun Hektar große, den Vorstellungen idealer Zivil- und Militärarchitektur folgende Zitadelle ist ein Baudenkmal von europäischem Rang. Von besonderer architekturhistorischer Bedeutung ist die Ostfassade des Schlosses mit Chorhaus und Apsis der Schlosskapelle. (J.-F.M.)*

**4/135 Stuhl mit Sockel für fotografische Aufnahmen**

Um 1890 | Holz, H 129 cm, Sockel 59 x 59 cm | Polizeipräsident in Berlin, Polizeihistorische Sammlung (Raum A, freistehend, T.1.2.1.)

**4/136 Kamera mit Gestell**

Um 1890 | Metall, Holzgestell, 170 x 43 x 54 cm | Polizeipräsident in Berlin, Polizeihistorische Sammlung (Raum A, freistehend, T. 1.2.1.)

**4/137 Fahndungsbuch**

Um 1910 | Album mit Fotografien von gesuchten Personen, 39,5 x 73 cm (geöffnet) | Polizeipräsident in Berlin, Polizeihistorische Sammlung (Vitrine 4, U.1., Nr. 399)

**4/138 »Verbrecheralbum«**

1876 | Album mit Fotografien, 40 x 30 cm (geschlossen) | Polizeipräsident in Berlin, Polizeihistorische Sammlung (Vitrine 25, U.1.)

**4/139 Brett mit Ohrenabgüssen**

Holz und Gips, ca. 95 x 46 cm | Wiener Kriminalmuseum

**4/140/141 Zwei Abgüsse einer Schuhspur**

Gips, 3 x 18 x 34 cm und 6 x 18 x 32 cm | Polizei-

präsident in Berlin, Polizeihistorische Sammlung (Vitr. 27, V.3)

**4/142 Schuhspur auf Folie**

Kunststoff, 35 x 12,5 cm | Polizeipräsident in Berlin, Polizeihistorische Sammlung (Vitr. 27, V.3.)

**4/143/144/145 Abgüsse einer Reifenspur**

Gips, 4 x 15 x 26,5 cm, 4 x 12 x 24 cm, 4 x 23 x 23 cm | Polizeipräsident in Berlin, Polizeihistorische Sammlung (Vitr. 27, V.3.)

**4/146 Plastival**

Zentralstelle für kriminalistische Registrierung der ehemaligen DDR | 41 x 24 x 29 cm | Polizeipräsident in Berlin, Polizeihistorische Sammlung (K.4, T.2.)

*Diese Plastival wurde in der Zentralstelle für kriminalistische Registrierung der DDR als Hilfsmittel zur Codierung der Finger- und Handflächenabdrücke für das EDV-System DRAT / SPUT benutzt. Der Code wurde mittels eines Kleincomputers erfasst. (J.-F.M.)*

**4/147 Computer der Volkspolizei der DDR (Robotron A 5120)**

3 Teile: Speicher, Monitor, Tastatur | Speicher: 30 x 48 x 42 cm, Monitor: 28 x 67 x 43 cm | Polizeipräsident in Berlin, Polizeihistorische Sammlung (K. 4., T.2.)

**4/148 Bildmontagegerät**

33 x 33,5 x 16 cm | Polizeipräsident in Berlin, Polizeihistorische Sammlung (Vitr. 38, T.2.)

*Dieses Gerät wurde in Verbindung mit einer Videokamera und einem Monitor eingesetzt. Der Anschluss eines Videorecorders und Videoprinters war ebenfalls möglich. Das Bildmotagegerät erlaubte das Kombinieren verschiedener individueller Gesichtsmerkmale (Augen, Mund, Nase, Bart, Haare), die anhand von vier Fotos optisch montiert werden konnten. (J.-F.M.)*

**4/149 Karteikasten mit Lichtbildern für den Einsatz im Bildmontagegerät**

Karteikasten aus Holz mit Lichtbildern, 26 (geöffnet) x 34,5 x 16 cm | Polizeipräsident in Berlin, Polizeihistorische Sammlung (Vitr. 38, T.2)

**4/150 Schublade mit Fingerabdruckkarteien**

Um 1940 | Holzschublade, Papier, 9,5 x 25 x 36,5 cm | Polizeipräsident in Berlin, Polizeihistorische Sammlung (Vitr. XXX, D.1.2 u. T.2.)

**4/151 Vergrößerte Fingerabdrücke von Raymond Callemin (1890-1913), genannt »Raymond la Science« (»Raymond die Wissenschaft«).**

Komplize von Jules Bonnot, Affäre der Bonnot-Bande, 1912 | Fotografie, 30 x 40 cm | Paris, Musée des Collections Historiques de la Préfecture de Police

**4/152 Tafel mit den unterschiedlichen Färbungen der menschlichen Regenbogenhaut**

Alphonse Bertillon (1853-1914) | Von Alphonse

Bertillon an den Leiter des Sicherheitsamtes
Herrn Goron gewidmet, 17. Dezember 1891 |
Chromotypogravur, mit Ölfarbe überhöht, 31 x
72 cm (gerahmt) | Paris, Musée des Collections
Historiques de la Préfecture de Police

**4/153 Alphonse Bertillons Handkoffer mit
anthropometrischen Vermessungsintrumenten**
Um 1890 | Holz und Metall, 74 x 24 cm (geöffnet:
74 x 48 cm) | Paris, Musée des Collections His-
toriques de la Préfecture de Police

**4/154 Anthropometrisches Besteck zur Kör-
permessung nach Rudolf Virchow (1821-1902)**
Um 1880 | J. Thamm | Im Etui, dunkelblau:
**a) Craniometer** (3 Teile), Messing, **b) Tasterzir-
kel** mit Schlüssel, vernickelt, **c) Maßstab**, Messing, **d) Bandmaß**, Stahl, 3 x 28 x 13 cm (Futteral)
| Staatliches Museum für Völkerkunde Dresden

→ **wasserstellen am datenhighway**

❷ **4/155 Wasserleitungen im alten Rom:
Aquaedukte. Kreuzung der Aqua Marcia, Aqua
Tepula und Aqua Iulia mit der Aqua Claudia
und Aqua Anio Novus**
1914 | Zeno Diemer (1867-1939) | Öl auf Lein-
wand (ungerahmt), 200 x 301 cm | München,
Deutsches Museum (41374)
*Über die Wasserversorgung Roms unterrichtet
uns bestens der Traktat des Frontinus, seit 97
n.Chr. ›curator aquarum‹ (Inspektor der Aquädukte). Das System der damals 24 Aquädukte
erdachte man für den Bau der Aqua Appia im
4. Jhr. v.Chr. Nach dem Vorbild der Abwas-
serkanäle verwandte man die offene Rinne und
entschied sich gegen die Druckwasserleitung
Alexandriens. Die Aquädukte entwickelte man,
um Täler zu überbrücken und um (nahe der
Städte) Verunreinigungen und unberechtigte
Entnahme zu verhindern. Seit der Aqua Marcia
(Anfang des 2. Jhr. v.Chr.) waren sie so hoch,
dass sie auch die Hügellagen in Rom versorgen
konnten. Aufgrund sehr fortschrittlicher Mess-
technik konnte man sie über eine Distanz von
fast 100 km mit stetem, sehr geringem Gefälle
errichten. Fast alle Leitungen führten im Süd-
osten an der Spes Vetus in die Stadt – außer
denen, die Trastevere versorgten, und der berühmten Aqua Virgo, die von Norden kam. Für
jeden Römer stand unter Trajan mehr als dop-
pelt so viel Wasser bereit wie 1968. Das Gemälde von Zeno Diemer zeigt die Kreuzung
zweier Aquädukte in der Via Latina, südöstlich
von Rom. Die Aqua Claudia (im linken Vordergrund ) ist weder die größte noch die älteste
Leitung. Dennoch ist sie einmalig und war
für Plinius das Schönste auf Erden. Frontinus
schrieb: »Was sind neben den vielen und notwendigen Aquädukten die Pyramiden, völlig
nutzlos, ebenso die allbekannten Schöpfungen
der Griechen?«. (J.-F.M.)*

❸ **4/156 Römische Wasserleitungen in der
Campagna**
1839 | Heinrich Bürkel (1802-1869) | Öl auf Lein-

❷

❸

wand, 58,7 x 87,7 cm | Städtische Kunsthalle Mannheim (M 74)

**4/157 Wasserleitung Fistula aquaria Ostia**
Um 100 n.Chr. | Römisch | Blei, 6 x 36 x 8,5 cm | München, Deutsches Museum (13 179)

**4/158 Wasserleitung**
Blei, H 6,6 x B 7,5 x L 54,5 cm | München, Deutsches Museum (13177)

**❷ 4/159 Bleirohrabschnitt mit Bronzemundstück von der römischen Villa in Baldringen**
Römisch | Nachbildung von 1906 | Bleirohr, 26 x 9,5 x 9 cm | München, Deutsches Museum (9015)

**❸ 4/160 Römischer Brunneneimer, 2. Jh. n.Chr.**
Nachbildung | Holz, mit zwei Metallringen und Metallhenkel, Dm 27,1 cm, H. 27,1 cm, mit Handgriff H. ca. 43 cm | München, Deutsches Museum (62802)

**4/161 Römischer Badekrug mit Heizvorrichtung**
Nachbildung von 1908 | Gips, bemalt, Dm 33 cm, H 47 cm | München, Deutsches Museum (17 054)

**4/162 Wasserschlauch (»erba«) aus Ägypten**
Leder, H 1,7 cm L 100 cm B 46 cm | München, Deutsches Museum (19 328)

**4/163 Wasserkrug (»ballari«) aus Ägypten mit rundem Untersatz**
Ton, gebrannt, Untersatz: Korbweide, H 46 cm, Dm 31,5 cm | München, Deutsches Museum (19 329)

**4/164 Lederner Wassereimer**
Leder, Holz, 101,5 x Dm 25 x T 43,5 cm (mit Griff) | München, Deutsches Museum (31 176)

**4/165 Wassereimer aus gespaltenem spanischen Rohr**
Rohr, geflochten, H 36 cm, Dm 26 cm | München, Deutsches Museum (40735)

**4/166 Wassereimer mit Deckel aus Stroh**
Stroh, geflochten, mit Verzierungen, H 35,5, B 22,8, T 19,5 cm | München, Deutsches Museum (34092)

**4/167 Wasserkrug**
Rheinland | H ca. 23 cm, Dm 12,5 cm | Staatliche Museen zu Berlin, Museum Europäischer Kulturen (11/43,50)

**4/168 Wasserkrug (Mittelalter)**
Rheinland | H ca. 25 cm, Dm 14,5 cm | Staatliche Museen zu Berlin, Museum Europäischer Kulturen (11/43,73)

**❹ 4/169 Abschnitt eines hölzernen Wasserleitungsrohres der alten Danziger Wasserleitung**
15. Jh. | Holz, Dm 41 cm, H 30 cm, L 43 cm | München, Deutsches Museum (69255)

**❺ 4/170 Hölzernes Rohrstück der ersten Wasserleitung der Stadt New York (mit Erklärungsschild)**
Holz, Dm 30 cm, L 125 cm | München, Deutsches Museum (67741)

**4/171 Mischventil Duplex**
1930 | Metall, 20,5 x 26,3 x 12,5 cm | München, Deutsches Museum (63731 d)

**4/172 Mischbatterie**
1930 | Metall mit Holzgriff, 23,3 x 25,3 x 16,6 cm | München, Deutsches Museum (63731b)

**4/173 Wasserkanne**
Rheinland-Pfalz | Kupfer, Eisenring, H 36 cm, B (Henkel) 32,5 cm, Dm 20 cm | Staatliche Museen zu Berlin, Museum Europäischer Kulturen (8 E 538)

**4/174 Wasserkessel, 19. Jh. (?)**
Kupferblech, Messing, H 32 cm, B 35,5 cm (Tülle), Dm 23 cm | Staatliche Museen zu Berlin, Museum Europäischer Kulturen (4 G 22)

**❶ 4/175 Modell eines Wasserrades**
Holz, H 100 x L 150 x B 75 cm | Schwerin, Verein Technisches Landesmuseum Mecklenburg-Vorpommern e.V.

→  **virtuelles stadtwelttheater**

**4/176 TOKYO DATA MAP**
Computergenerierte Statistik zur Stadtentwicklung Tokyos | Bildplatte (DVD oder Laser Disc 1125 Zeilen); Format High Vision | Tokyo Metropolitan Government
*Die Stadtregierung von Tokyo hatte vor einiger Zeit an die Werbeagentur Dentsu den Auftrag erteilt, die Besucherströme in der Stadt Tokyo zu visualisieren. Man hat die Pendler und Besucher der Stadt statistisch erfasst und sie entlang der Hauptverkehrsadern der Stadt in visueller Form und nach Tageszeiten unterteilt*

*dargestellt. Ein höchst dynamisches Bild der Stadtbesucher hat sich auf diese Weise ergeben. Die ›visuellen Daten‹ sind hier zum ersten Mal in Europa zu sehen. Wir danken der Stadt Tokyo und der Firma Dentsu für die Unterstützung unserer Ausstellung. (G.S.)*

**4/177 Präsentation von 3D Rekonstruktionen und Simulationen: a) Architektura Virtualis b) 3D CAD Rekonstruktionen c) Projektionen von Standbildern aus den Rekonstruktionen**
asb baudat CAD SERVICE GmbH und Technische Universität Darmstadt, | Prof. M. Koob | Realisierung von Modul 4.23 a) teilinteraktive Powerpoint Text-Bild-Präsentation b) CAD Filme mit Wahlmenue für Projekte in einzelnen Filmsequenzen c) Dia-Projektionsbilder bzw. digitale Projektion | 3D-CAD Rekonstruktion auf Datenträger | Bensheim, asb baudat und Technische Universität Darmstadt
*Seit vielen Jahren hat es Manfred Koob von der Technischen Universität Darmstadt unternommen, eine architectura virtualis zu kreieren. Mit den Mitteln moderner Rechner sind in den letzten zehn Jahren 3D-Modelle entstanden, die eine neue Form der Architekturbetrachtung ermöglichen. In Berlin zeigen wir eine gemeinsam mit Manfred Koob bestimmte Auswahl der rechnergestützt erarbeiteten Modelle. Wir zeigen Gebautes und Ungebautes je als virtuelles Modell: Kloster Cluny, das Colosseum, das »Denkmal für die Dritte Internationale« von Vladimir Tatlin, Die »Ville Contemporaine« von Le Corbusier, den »Wolkenbügel« von El Lissitzky, das »Ukrainische Staatstheater« von Walter Gropius, Piranesi's »Gefängnis«, Kloster Lorsch, das Heidelberger Schloss, ein historisches Stadtmodell von Bensheim, den Dom zu Speyer, den Vatikanischen Palast, das »Haus am Gardasee« von Pius Pahl. (G.S.)*

G.S. Gereon Sievernich
J.-F. M. Jean-François Machon
T.M. Thomas Medicus

→ hotel digital

**Mini-Bar (Modul 4.29)**
Im Raum »Hotel Digital« hat der isländische
Designer Hrafnkell Birgisson eine Mini-Bar als
Teil eines Hotelzimmers der Zukunft entworfen.

→ bilder der arbeit

**Nanotechnologie im Kontext Arbeit. Vier
QuicktimeFilme in Endlosschleife, ca. 2-3
Minuten**
Eine Arbeit des »Institutes für zeitbasierte Me-
dien« der Fachgruppe ID5 der Hochschule der
Künste Berlin (Claudia Baumgartner, Friedrich
Huber, Léon Rottwinkel, Nicole Vilain) unter
Leitung von Prof. Burkhard Schmitz.
*Auf vier im Boden eingelassenen Plasmabild-*
*schirmen wird der Wandel des Themas Arbeit*
*visualisiert. Plakativ und abstrahiert zeigen*
*Hintergrundbilder und Objekte Metamorphosen*
*der Arbeitswelten. Im letzten Schritt wird*
*Nanotechnologie visualisiert.*

→ polis, kosmopolis

**Elektronische Litfaßsäule (Modul 4.35)
Aufprojektion von CD**
Diese Arbeit ist entstanden im Auftrag der Ber-
liner Festspiele und in Zusammenarbeit mit den
Staatlichen Museen zu Berlin, Kunstbibliothek
(Sabine de Günther, Daniela Dietsche, unter
Mitwirkung von Dr. Anita Kühnel)
*Auf dieser elektronischen Litfaßsäule im Raum*
*»Polis, Kosmopolis« wird eine Auswahl von*
*etwa 300 Plakaten aus dem Fundus der*
*Kunstbibliothek zu den Stichworten Urbanität,*
*Mobilität und Technikbegeisterung projiziert.*
*Die elektronische Litfaßsäule erinnert daran,*
*dass die erste Litfaßsäule im Jahre 1855 in*
*Berlin aufgestellt wurde.*

→ virtuelles stadtwelttheater

**4/176 Tokyo Data Map
Computergenerierte Statistik zur
Stadtentwicklung Tokyos
Bildplatte (Laser Disc)**
*Tokyo Metropolitan Government*
*Die Stadtregierung von Tokyo hatte vor einiger*
*Zeit an die Werbeagentur Dentsu den Auftrag*
*erteilt, die Besucherströme in der Stadt Tokyo*
*zu visualisieren. Man hat die Pendler und*
*Besucher der Stadt statistisch erfasst und diese*
*Statistik entlang der Hauptverkehrsadern der*
*Stadt in visueller Form und nach Tageszeiten*
*unterteilt dargestellt. Ein höchst dynamisches*
*Bild der Stadtbesucher hat sich auf diese Weise*
*ergeben. Die ›visuellen Daten‹ sind hier zum*
*ersten Mal in Europa zu sehen. Wir danken der*
*Stadt Tokyo und der Firma Dentsu für die Un-*
*terstützung unserer Ausstellung.*

**4/177 Architektura Virtualis**
*Präsentation von 3D-CAD-Rekonstruktionen*
*der Firma asb baudat, Bensheim und der*
*Technischen Universität Darmstadt*

**Filme**
– Cluny
– Colosseum (Rom)
– Wladimir Tatlin: Denkmal für die III.
Internationale (geplant für Moskau)
– Le Corbusier: Ville Contemporaine
– El Lissitzki: Wolkenbügel (geplant für Moskau)
– Walter Gropius: Totaltheater
– Walter Gropius: Ukrainisches Staatstheater
(geplant für Kiew)
– Piranesi: Gefängnis
– M.C. Escher: Relativität
– Hauptsynagoge Frankfurt
– Kloster Lorsch (Hessen)
– Heidelberger Schloss
– Historisches Stadtmodell Bensheim
– Dom zu Speyer
– Der Vatikanische Palast im Zeitalter der
Hochrenaissance
– Pius Pahl: Haus am Gardasee

**3D Dias**
– Walter Gropius: Direktorenzimmer
– Hannes Meyer / Hans Wittwer: Petersschule
– Theo van Doesburg: Café Aubette
– Hans Wittwer: Flughafen Halle
– Hannes Meyer: Arbeiterbank
– Le Corbusier: Palast der Sowjets
– Marcel Breuer: Haus eines Sportlers
– Ludwig Mies van der Rohe: Haus Hubbe
– Synagoge am Börneplatz (Frankfurt am Main)
– Friedberger Anlage
– Meisterbauten Darmstadt

Siehe Verzeichnis der Leihgaben (4/177)

**Virtuelle Modelle der Firma artemedia**
– Berlin im Jahre 2010
– Chemnitz
– Frankfurt am Main: Paulskirche um 1848
– Berlin: Reichstag in der Kaiserzeit
– Berlin: Bundestag 2000
– München: Messestadt Riem
– Sao Paulo: Konzerthaus »Julio Prestes«
*Die Firma »artemedia« zeigt in diesem Raum*
*eine Auswahl ihrer Virtual-Reality-Modelle.*
*Per Joystick können die Besucher zum Beispiel*
*die historische Architektur der Paulskirche*
*erkunden. In der virtuellen Stadt »Berlin 2010«*
*können die Besucher über die Dächer und in den*
*Straßen Berlins fliegen und sogar in U-Bahn-*
*höfe tauchen. Das Berlin-Modell ist seit 1995*
*in Zusammenarbeit mit dem Berliner Senator*
*für Bau- und Wohnungswesen von artemedia*
*kontinuierlich weiterentwickelt worden. Es ist*
*das weltweit größte virtuelle Stadtmodell.*

→ **Beitrag Thomas Medicus**

**Bexte, Peter** *Erinnerungen an die Zukunft. Zur Grammatik der Zeitmaschinen* | in: Bexte, Peter / Künzel, Werner, Maschinendenken/ Denkmaschinen. An den Schaltstellen zweier Kulturen, Frankfurt am Main/Leipzig 1996
**Breuer, Stefan** *Bürokratie und Charisma. Zur politischen Soziologie Max Webers* | Darmstadt 1994
**ders.** *Die Gesellschaft des Verschwindens. Von der Selbstzerstörung der technischen Zivilisation* | Hamburg 1995
**Meier, Christian** *Athen. Ein Neubeginn der Weltgeschichte* | Berlin 1993
**Miller, Norbert** *Archäologie des Traums. Versuch über Giovanni Battista Piranesi* | München 1994
**Vernant, Jean-Pierre** *Die Entstehung des griechischen Denkens* Frankfurt am Main 1982
**Woods, Lebbeus** *Radical Reconstruction* | New York 1997
**ders.** *Terra Nova 1988-1991* | Tokyo 1991
**ders.** *Anarchitecture: Architecture is a Political Act* | New York 1992

→ **Beitrag Heiner Keupp**

**Adorno, Theodor W.** *Negative Dialektik* | Frankfurt am Main 1967
**ders.** *Minima Moralia. Reflexionen aus dem beschädigten Leben* | in: ders., Gesammelte Schriften, Bd. 4., Frankfurt am Main 1980
**Albrow, Michael** *Abschied vom Nationalstaat. Staat und Gesellschaft im Globalen Zeitalter* | Frankfurt am Main 1998
**Antonovsky, A.** *Unraveling the mystery of health. How people manage stress and stay well* | San Francisco 1987
**Beck, Ulrich (Hrsg.)** *Die Zukunft von Arbeit und Demokratie, Edition Zweite Moderne* | Frankfurt am Main 2000
**Castells, Manuel** *The rise of the network society. Vol. I von The information age: Economy, society and culture* | Oxford 1996
**Fromm, Erich** *Über Methode und Aufgabe einer analytischen Sozialpsychologie* | in: Zeitschrift für Sozialforschung, 1, 1932. Wiederabgedruckt in: Fromm, Erich, Analytische Sozialpsychologie und Gesellschaftstheorie, Frankfurt am Main 1970, S. 9-40
**Giddens, Anthony** *Der dritte Weg. Die Erneuerung der sozialen Demokratie* | Frankfurt am Main 1999
**Habermas, Jürgen** *Die postnationale Konstellation* | Frankfurt am Main 1998
**Keupp, Heiner / Höfer, Renate (Hrsg.),** *Identitätsarbeit heute* | Frankfurt am Main 1997
**Keupp, Heiner / Ahbe, Thomas / Gmür, Wolfgang / Höfer, Renate u. a.** *Identitätskonstruktionen. Das Patchwork der Identitäten in der Spätmoderne* | Reinbek 1999
**Marx, Karl und Engels, Friedrich,** *Manifest der Kommunistischen Partei, 1848* | in: dies., Ausgewählte Schriften., Band I, S. 17-57, Berlin (DDR) 1966

→ **Beitrag Thomas Y. Levin**

**Bentham, Jeremy / Bozovic, Miran** *The Panopticon and Other Prison Writings* | New York 1995
**Bogard, William** *The Simulation of Surveillance: Hypercontrol in Telematic Societies* | Cambridge University Press 1996
**Crary, Jonathan** *Techniques of the Observer: On Vision and Modernity in the Nineteenth Century* | Cambridge, Mass., MIT Press, 1991 (dt. Techniken des Beobachters. Über Sehen und Modernität im 19. Jahrhundert, Dresden 1995)
**Dandeker, Christopher** *Surveillance, Power and Modernity: Bureaucracy and Discipline from 1700 to the Present Day* | Cambridge 1990
**Debord, Guy** *La société du spectacle* | Paris 1967 (dt. Die Gesellschaft des Spektakels, Hamburg 1978)
**Dürrenmatt, Friedrich** *Der Auftrag oder Vom Beobachten des Beobachters der Beobachter. Novelle in vierundzwanzig Sätzen* | Zürich 1986
**Foucault, Michel** *Surveiller et punir: Naissance de la prison* | Paris 1975 (dt. Überwachen und strafen : die Geburt des Gefängnisses, Frankfurt am Main 1977)
**Martin Heidegger** *Die Zeit des Weltbildes [1938]* | in: Holzwege, Frankfurt am Main, 6. Auflage 1980, S. 73-110
**Lyon, David** *The Electronic Eye: The Rise of Surveillance Society* | Minneapolis, University of Minnesota Press, 1994
**Orwell, George,** *Nineteen Eighty-Four: A Novel [1949]* | New York 1997 (dt. Neunzehnhundertvierundachtzig, Frankfurt am Main 1984)
**Panofsky, Erwin** *Die Perspektive als 'symbolische Form' (1924/25)* | in: ders., Aufsätze zu Grundfragen der Kunstwissenschaft , Berlin 1985, S. 99-167

→ **Beitrag Norbert Bolz**

**Bauman, Zygunt** *Postmodernity and its Discontents* | Cambridge 1997
**Bolz, Norbert** *Die Konformisten des Andersseins* | München 1999
**Hirschman, Albert O.** *Shifting Involvements* | Oxford 1982
**Luhmann, Niclas** *Die Gesellschaft der Gesellschaft* | Frankfurt am Main 1998
**Negroponte, Nicholas** *Being Digital* | London 1995
**Rapp, Stan / Collins, Tomas** *The Great Marketing Turnaround* | Hempstead 1991
**Schulze, Gerhard** *Die Erlebnisgesellschaft* | Frankfurt am Main 1993

→ **Beitrag Thomas Macho**

**Agentur Bilwet** *Elektronische Einsamkeit. Was kommt, wenn der Spaß aufhört?* | Köln 1997, S. 113
**Baureithel, Ulrike / Bergmann, Anna** *Herzloser Tod. Das Dilemma der Organspende* | Stuttgart 1999

**Borkenau, Franz** *Todesantinomie und Kulturgenerationen* | in: Löwenthal, Richard, Ende und Anfang. Von den Generationen der Hochkulturen und von der Entstehung des Abendlandes, Stuttgart 1984, S. 83-119
**Canetti, Elias** *Die Befristeten* | in: Dramen. München / Wien 1976, S.185-252
**Elias, Norbert** *Über die Einsamkeit der Sterbenden in unseren Tagen* Frankfurt am Main 1982
**Marquard, Odo** *Plädoyer für die Einsamkeitsfähigkeit* | in: Skepsis und Zustimmung. Philosophi-sche Studien, Stuttgart 1994, S. 122
**Silver, Lee J.** *Das geklonte Paradies. Künstliche Zeugung und Lebensdesign im neuen Jahrtausend* | München 1998

→ **Beitrag Marcus Funck**

**Clausewitz, Carl von** *Vom Kriege* | Frankfurt am Main / Berlin 1994
**Crefeld, Martin van** *Die Zukunft des Krieges* | München 1998
**Dießenbacher, Hartmut** *Kriege der Zukunft. Die Bevölkerungsexplosion gefährdet den Frieden* | München / Wien 1998
**Hobsbawm, Eric** *Das Zeitalter der Extreme. Weltgeschichte des 20. Jahrhunderts* | München / Wien 1995
**Howard, Michael** *Der Krieg in der europäischen Geschichte* | München 1981
**Huntington, Samuel P.** *Kampf der Kulturen. Die Neugestaltung der Weltpolitik im 21. Jahrhundert* | München / Wien 1996
**Keegan, John** *Die Kultur des Krieges* | Berlin 1995

**Norbert Bolz** (geb. 1953) studierte Philosophie, Germanistik, Anglistik und Religionswissenschaften in Mannheim, Heidelberg und Berlin. Doktorarbeit über die Ästhetik Adornos bei dem Religionsphilosophen Jacob Taubes. Habilitation über Philosophischen Extremismus zwischen den Weltkriegen. Assistent von Taubes bis zu dessen Tod. Gastprofessuren in Bochum, Klagenfurt und Bloomington (Indiana). Seit 1992 Universitätsprofessor für Kommunikationstheorie am Institut für Kunst- und Designwissenschaften der Universität Essen. Arbeitsschwerpunkte: Medien und Kommunikationstheorie, Designwissenschaft.

**Marcus Funck** (geb. 1967) ist Historiker. 1994 bis 1996 wissenschaftlicher Mitarbeiter bei der Stiftung Topographie des Terrors, seit 1996 wissenschaftlicher Mitarbeiter am Institut für Geschichtswissenschaft der Technischen Universität Berlin. Veröffentlichungen zur Geschichte des deutschen Adels im 19. und 20. Jahrhundert und zur Geschichte des preußisch-deutschen Offizierkorps.

**Boris Groys** (geb. 1947) studierte Philosophie und Mathematik an der Universität Leningrad. Bis 1976 Assistent an mehreren Hochschulen in Leningrad. 1976 bis 1981 Assistent an der Universität Moskau. Dezember 1981 Einreise in die BRD. 1988 Gastprofessor an der University of Pennsylvania in Philadelphia. 1991 Gastprofessor an der University of Southern California in Los Angeles. 1992 Promotion in Philosophie an der Universität Münster. Seit 1994 Professor für Philosophie und Medientheorie an der Hochschule für Gestaltung beim ZKM in Karlsruhe.

**Rainer Hank** (geb. 1953) studierte Literaturwissenschaft, Philosophie und Theologie in Tübingen und Fribourg / Schweiz. Von 1988 bis 1999 arbeitete er als Wirtschaftsredakteur der F.A.Z. in Frankfurt am Main. Rainer Hank ist Leiter der Wirtschaftsredaktion des Tagesspiegel, Berlin. Im Frühjahr 2000 erschien von Hank bei S. Fischer: »Das Ende der Gleichheit. Oder Warum der Kapitalismus mehr Wettbewerb braucht«.

**Heiner Keupp** (geb. 1943) ist Hochschullehrer für Sozial- und Gemeindepsychologie an der Universität München. Seine Arbeitsinteressen beziehen sich auf soziale Netzwerke, gemeindenahe Versorgung, Gesundheitsförderung, Jugendforschung, postmoderne Identität und Kommunitarismus.

**Thomas Y. Levin** (geb. 1957) ist Kulturtheoretiker in New York. Er lehrt Philosophie, Geistesgeschichte und Medientheorie an der Princeton University, wo er auch als Gastprofessor im Fachbereich Germanistik tätig ist. Er hat Kunstgeschichte und Philosophie an der Yale University studiert und in Bern, Hamburg und Wien unterrichtet. Er war außerdem Fellow am J. Paul Getty Center for the History of Art and the

Humanities (1990), am Collegium Budapest (1994) und am Internationalen Forschungszentrum Kulturwissenschaften, Wien (1995).

**Thomas Macho** (geb. 1952). 1976 Promotion (mit einer Dissertation zur Philosophie der Musik); 1984 Habilitation für das Fach Philosophie (mit einer Habilitationsschrift über Todesmetaphern); 1976 bis 1987 Universitätsassistent, danach Universitätsdozent für Philosophie am Institut für Philosophie der Universität Klagenfurt. 1987 bis 1992 Leiter des Studienzentrums für Friedensforschung in Stadtschlaining (Burgenland). 1993 Berufung auf den Lehrstuhl für Kulturgeschichte an der Humboldt-Universität Berlin. Gastprofessuren an der Universität Klagenfurt, an der Hochschule für künstlerische und industrielle Gestaltung Linz und am Institut für interdisziplinäre Forschung und Fortbildung Wien.

**Jean-François Machon** (geb. 1972). Studium der Geschichte an der Universität Lille / Frankreich 1990 bis 1995 mit dem Schwerpunkt Wiederaufbau und Städtebau der französischen Städte nach den beiden Weltkriegen. 1995 bis 1996 Sprachtutor an der Brandenburgischen Technischen Universität Cottbus. 1996 bis 1997 Poststudiumsdiplom am Centre d'Etudes Germaniques in Straßburg, Abschlussarbeit über »Städtebau und Architektur in Berlin seit dem Mauerfall«. Mitwirkung bei der Arbeitsgruppe »Berlin, Paris & Co.: Vergleichende Großstadtforschung« am Berliner Centre Marc Bloch.

**Thomas Medicus** (geb. 1953). Studium der Germanistik, Politikwissenschaften und Kunstgeschichte (Dr. phil.). Arbeitete als Dramaturgieassistent, freier Journalist sowie von 1992 bis 1996 als Sachbuchredakteur des Berliner »Tagesspiegel«. Von 1996 bis 1999 Autor im Feuilleton der F.A.Z. Seit September 1999 leitender Redakteur im Feuilleton der »Frankfurter Rundschau«. Zahlreiche Veröffentlichungen, u.a. »Städte der Habsburger« (1991).

**Christian Meier** (geb. 1929) ist Professor für Alte Geschichte in München. Er ist Verfasser von »Caesar« und von »Athen. Ein Neubeginn der Weltgeschichte« und auch als Publizist tätig. Christian Meier ist Präsident der Deutschen Akademie für Sprache und Dichtung.

**Walter Prigge** (geb.1946) ist Stadtsoziologe und stellvertretender Direktor der Stiftung Bauhaus Dessau. Zuletzt erschienen in der Edition Bauhaus: »Peripherie ist überall« (1998) und »Ernst Neufert: Normierte Baukultur im 20. Jahrhundert« (1999).

**Lebbeus Woods** (geb. 1940). Studium der Architektur an der University of Illinois und des Ingenieurbauwesens an der Purdue University. Mitarbeit im Architekturbüro »Eero Saarinen and Associates« (1964 bis 1968), dann Gründung seines eigenen Büros. Ab 1976 wandte er sich theoretischen und experimentellen Projekten zu. Mitgründer und wissenschaftlicher Leiter

des »Research Institute for Experimental Architecture, Europe (REIAeuropa)«. Weltweite Ausstellungen seiner Projekte, Unterricht an zahlreichen Hochschulen und zahlreiche Publikationen. Wichtige Entwürfe: das Solohouse (1988), Berlin Free-Zone (1991), die Havana Projects (1995 bis 1996) sowie Projekte für den Wiederaufbau von Sarajevo (1993 bis 1996). Neuestes Buch: »Radical Reconstruction« (1997).

→ **Abbildungen Umschlag**

**Vorderseite außen:**
Nach dem Gemälde von Thomas Cole,
**Der Verlauf der Zivilisation: Die Zerstörung
(The Course of Empire: Destruction),** 1836
(Collection of The New-York Historical Society) |
B. Starosta, **»Electronic Planet«** (© Science
Photo Library/Agentur Focus Hamburg) |
**Oberfläche eines integrierten Schaltkreises**
(© A. Syred/Science Photo Library/Agentur
Focus Hamburg) | **Millennium Tower Tokyo,**
von Norman Foster, Modell, 1990 (Obayashi
Corp. Tokyo/Foster and Partners, London,
© Foto: Richard Davies), siehe auch Seite 33
und Kat.Nr. 4/133 | **Rekonstruktionsmodell
des Babylonischen Turms,** 1991 (Staatliche
Museen zu Berlin, Vorderasiatisches Museum),
siehe Kat.Nr. 4/115
**Vorderseite innen:**
**Blutgefäßersatz,** Präparat im Berliner Medi-
zinhistorisches Museum an der Charité (Foto:
Christa Scholz), siehe Kat.Nr. 4/25 | **Filmku-
lisse in »Metropolis«,** 1926, UFA Film von Fritz
Lang, (Stiftung Deutsche Kinemathek, Berlin),
siehe Seite 57
**Rückseite innen:**
**Pamela Anderson,** amerikanische Fernseh-
darstellerin und Model, 1998 (Ullstein Bilder-
dienst) | **Piercing** (dpa Zentralbild Berlin)
**Rückseite außen:**
Jim Whiting, **Unnatural Body** (Ausschnitt),
1988 (Foto: © Christian Baur, Basel, mit freund-
licher Genehmigung von Galerie Klaus Litt-
mann, Basel), siehe Seite 92 und Kat.Nr. 4/15

→ **Abbildungen Innenseiten**

Berliner Festspiele (Fotos: Roman März,
Berlin): 8, 9, 50/1, 51/2, 52/1-4, 53/5;
(Archiv): 10, 11, 12, 13/1, 13/2, 89/3.
Staatsbibliothek zu Berlin – Preußischer Kul-
turbesitz: 14/2, 22/2.
Archiv für Kunst und Gesellschaft, AKG: 14/3.
Staatliche Museen zu Berlin, Kupferstich-
kabinett (Foto Jörg Anders): 15/1.
Hamburger Kunsthalle (Fotografie © Elke Wal-
ford, Hamburg): 16/1.
Sir John Soane's Museum - Photographic
Services Ltd., London: 16/2, 64/1.
The New-York Historical Society: 17/3, 17/4,
17/5, 17/6, 17/7.
apply pictures - urban life image: 18-19, 21,
26-27, 28-29, 40-41, 42-43, 43r., 70-71, 72-73.
Ullstein Bilderdienst: 22/1, 38/1, 38l/2, 38/3,
45/2, 45/4, 45/5, 74/1, 74/2, 76/2, 84/1, 85/2, 95.
Archäologisches Institut und Akademisches
Kunstmuseum der Universität Bonn
(Foto: Wolfgang Klein): 23/3.
The Bridgeman Art Library, London – New York
(Peter Willi): 24.
Musée des Beaux-Arts de Lyon: 30/1, 31/2.
asbbaudat CAD Service GmbH Bensheim/
TU Darmstadt, Fachgebiet CAD in der Archi-
tektur: 32/1.
Artemedia AG, Chemnitz, Berlin: 32/2.
Agentur Focus © Hans Sautter: 33/3.

Pelli & Associates Inc., New Haven: 34-35.
Centre Georges Pompidou
© (photo Jean-Claude Planchet), Paris: 37.
Staatliche Museen zu Berlin,
Antikensammlung; 45/1 (Foto J. Laurentius),
115/2.
Wien, Universität für angewandte Kunst,
Ordinariat für Arch. Entwurf
(Fotograf: Sina Baniahmad): 45/3, 120/1.
Freunde und Förderer der Abguß-Sammlung
Antiker Plastik e.V. (Foto: B. Paetzel): 47/3,
47/4, 47/5, 115/6.
Musée de la Révolution française, Vizille:
46/1, 116/3.
Musée et Bibliothèque J.-J. Rousseau
Montmorency © (photo B. Plotard): 46/2, 116/5.
Archiv der Stiftung Deutsche Kinemathek,
Berlin: 57/1, 57/2 (© Twentieth Century-Fox);
57/3, 57/4.
Landeskriminalamt Berlin: 62/1, 62/2, 63/1.
Tecta, Lauenförde: 64/2.
Bauhaus-Universität Weimar
(Foto © Foto-Atelier Louis Held): 67.
Fondation le Corbusier, Paris ©: 68-69.
dpa Deutsche Presseagentur GmbH,
Zentralbild: 76/1, 104-105.
Hrafnkell Birgisson, Berlin ©: 79 (alle).
Technorama der Schweiz, Wintterthur: 80/1.
Verein Technisches Landesmuseum
Mecklenburg-Vorpommern e.V.
( © Foto: Egon Fischer): 81/2, 124/1.
Deutsches Technik Museum, Berlin: 81/3.
Province de Hainaut, Commission Provinciale
des Beaux-Arts, La Louvière: 82/2.
Deutsches Historisches Museum DHM, Berlin
©: 82/2, 111/8, 112/2, 112/3, 112/5, 112/6, 115/1,
118/1-3.
Hessisches Landesmuseum Darmstadt: 83/3.
Institut für zeitbasierte Medien, Hochschule
der Künste Berlin: 86-87.
Berliner Medizinhistorisches Museum an der
Charité (Fotos Christa Scholz): 89/1, 110/1, 110/2.
Kassel, Museum für Sepulkralkultur: 89/2
(Foto: Dieter Schwerdtle); 91/3-5, 110/3-7
(Fotos H.-J. Grigoleit / F. Hellwig).
Rheinisches Bildarchiv Köln: 89/4.
Bayerische Staatsgemäldesammlungen
(Foto: Blauel/Gnamm ARTOTHEK): 91/1.
Magyar Memzeti Galéria mng, Budapest
(Foto: Tibor Mester): 91/2.
Università degli Studi di Firenze, Museo
Zoologico de »La Specola«
© (Foto Saulo Bambi): 91/6.
Tiroler Volkskunstmuseum, Innsbruck: 91/7.
Staatliche Museen zu Berlin, Museum
für Völkerkunde (Foto: Dietmar Katz): 91/8.
Verein Aktionskunst e.V. Leipzig
© J. Whiting 2000 (Foto: Christian Baur,
Basel): 92.
Informations- und Medienzentrale der Bundes-
wehr (IMZBw), Bildarchiv: 97/1.
Presse-/Informationszentrum Flotte
(© PIZF, Foto: J. Claret): 97/2.
Presse & Informationszentrum Luftwaffe
(Foto PIZLw): 98-99.
Bundesministerium der Verteidigung
(Foto: Detmar Modes/BMVg): 100-101.

Stiftung Deutsches Hygiene-Museum.
Sammlung (Foto: David Brandt): 109 /1-6.
Burg Beeskow, Sammlungs- und Dokumen-
tationszentrum Kunst der DDR: 111/9-11.
Hamburg, Museum der Arbeit: 112/1.
Historisches Archiv Krupp, Essen: 112/4.
Städtisches Museum Schloß Rheydt,
Mönchengladbach (Foto: Detlef Ilgner): 112/7.
Frankfurt am Main, Museum für Vor- und
Frühgeschichte, Archäologisches Museum:
115/3.
Thüringisches Landesamt für Archäologische
Denkmalpflege, Weimar: 115/4.
Staatliche Museen zu Berlin, Ägyptisches
Museum und Papyrussammlung: 115/5
(Foto: G. Murza, 1985).
Musée Bartholdi, Colmar (reprod. C. Kempf):
115/7.
Photothèque des Musées de la Ville de Paris
© (cliché Lyliane Degraces): 116/1, 116/2,
117/6-9.
Musée de Valence, France (photo Philippe Pe-
tiot): 116/4.
Staatliche Museen zu Berlin, Vorderasiatisches
Museum: 119/3.
Staatliche Museen zu Berlin, Kunstbibliothek
(Fotos Dietmar Katz, 1999): 119/4.
Médiathèque du Patrimoine - Centre de
Recherches sur les Monuments Historiques,
Paris: 119/5.
Ulmer Museum, Stadt Ulm: 119/6.
Stiftung Archiv der Akademie der Künste,
Berlin, Abteilung Baukunst: 119/7, 121.
Musées de Châlons-sur-Marne
(photo: Hervé Maillot): 119/8.
Hilprecht-Sammlung Vorderasiatischer
Altertümer, Friedrich-Schiller-Universität
Jena: 119/9.
Don Taffner's Entertainment Ltd. DLT,
New York: 120/2.
Architekturmuseum der Technischen
Universität München: 120/3
Stadtgeschichtliches Museum Jülich/Museum
Zitadelle (© Fotostudio Arno Petersen): 122.
Deutsches Museum München ©: 123/2, 124/2-5.
Städtische Kunsthalle Mannheim: 123/3.

→ **Textnachweis**

Wir danken folgenden Verlagen, Agenturen
und Autoren für die Genehmigung zum Abdruck
von Texten:

**Mohrbooks AG, Zürich** Allan Bloom | **Verlag
F. A. Brockhaus Mannheim, Brockhaus
Visionen 2000** Eckart Ehlers, Reinhold Mess-
ner | **Wilhelm Goldmann Verlag, München**
Gero von Boehm | **Editions Flammarion,
Paris** Le Corbusier | **Oldenbourg Verlage,
München** Paracelsus | **Lichtenberg Verlag,
München** Michio Kaku | **Droemer Knaur
Verlag, München** Robert Kaplan

In einigen Fällen konnten die Rechteinhaber
nicht ermittelt werden. Die Berliner Festspiele
GmbH ist selbstverständlich bereit, rechtmäßi-
ge Ansprüche auf Anforderung abzugelten.